Dieu
par la face nord

Hervé Clerc

Dieu par la face nord

Albin Michel

Pour Pascale

Prologue

Dans l'un de ses textes sacrés que l'Inde nomme Upanishads, nous lisons ceci : « Il n'y a ici-bas aucune diversité. Il va de mort en mort celui qui croit voir ici-bas de la diversité. »

Le monde est un. Or nous le voyons divers. Quel est ce paradoxe ?

Qui parvient à l'unité, ajoute le texte, laisse derrière lui la mort. Je ne sais pas si c'est vrai, mais j'ai voulu vérifier*.

Vous la connaissez sans doute. C'est l'histoire des aveugles et de l'éléphant. Elle a été racontée mille fois, toujours de façons différentes mais avec un tronc commun. Elle est peut-être d'origine persane ou bien indienne. On ne sait pas. Ce n'est pas une histoire drôle. Je vous la raconte tout de même parce qu'elle va servir de fil conducteur à ce livre. La voici : six aveugles (ou cinq ou quatre) vivent dans un petit village de l'Hindoustan (ou

* Ce texte provient de la *Katha Upanishad*. Des références, annotations, aperçus figurent en appendice à la fin de ce livre mais sans indication numérotée de renvoi dans le texte pour ne pas entraver la lecture.

de Perse). Un étranger (parfois un roi) arrive dans leur village sur le dos d'un éléphant. Les aveugles commencent à palper l'animal. « C'est une grosse colonne », dit celui qui touche une patte. « C'est un tuyau rugueux », dit celui qui touche la trompe. « Vous n'y êtes pas, les gars, c'est une grande balayette », dit un autre en tripotant une oreille. « C'est une corde », dit l'aveugle qui serre la queue. Ils continuent longtemps à se disputer.

L'éléphant symbolise une réalité singulière nommée brahman par les hindous, Allâh par les musulmans – encore que ce mot recouvre bien d'autres choses – et « déité » par maître Eckhart, l'un des grands mystiques de l'Occident. Les aveugles appréhendent cette réalité unique de manière fragmentaire. Ils ignorent que les choses peuvent acquérir, dans certaines conditions, un caractère fulgurant d'unité. Alors ils roulent « de mort en mort », comme dit l'Upanishad. Les aveugles, c'est nous, bien sûr.

Où est l'éléphant ? Il est partout présent (nous verrons qui dit cela), il brille comme mille soleils mais, paradoxalement, nous ne le voyons pas : « Ils ont des yeux mais ne voient pas, ils ont des oreilles mais n'entendent pas. » C'est très mystérieux, n'est-ce pas ? Nous sommes en face d'une réalité qui occupe l'intégralité de notre champ de conscience mais qui nous échappe totalement. Cette petite fable nous introduit dans une catégorie singulière : l'évidence cachée, l'incognito éclatant.

En Occident, nous ne savons pas désigner l'éléphant en entier. Nous ne disposons même pas d'un mot spécifique pour le nommer. Nous l'appelons parfois « Dieu ». Mais l'éléphant n'est pas Dieu au sens où nous l'entendons ordinairement. C'est Dieu dans un tout autre sens. Alors, pour éviter la confusion, nous devons, à chaque fois, apporter un éclaircissement : quand je dis « Dieu », je ne pense pas à un père ou à un ami, au créateur et au seigneur des mondes, que l'on prie dans les temples, églises, synagogues, mosquées, je ne pense pas au guide, sauveur, protecteur des hommes. Je ne sais pas s'il existe mais en tout cas ce n'est pas à lui que je pense ; lui, c'est l'éléphant en morceaux, alors que moi, je tâtonne pour trouver l'éléphant en entier.

Qu'est-ce que l'éléphant en entier ? C'est simple : l'unité du réel.

Qu'est-ce que l'unité du réel ? Si un jour on vous le demande, et que vous vous trouvez bien ce jour-là, et surtout si rien, mais vraiment rien ne fait obstacle à votre spontanéité, vous pouvez lever la main, tendre l'index et montrer le chat pelé au fond de la cour ou la jardinière de légumes dans la cocotte. C'est une réponse abrupte, éclatante, digne d'un maître zen. En ce qui me concerne, j'en suis bien incapable : c'est trop fort pour moi. Alors j'écris ce livre.

Au vieux conte oriental de l'éléphant fait écho, en Occident, le mythe de la caverne que nous racontent Platon et son porte-parole Socrate dans *La République*. Des hommes vivent au fond d'une caverne. Ils sont résignés à leur vie obscure et confinée. Pire : ils n'ont même pas conscience que leur vie est obscure et confinée. Ils n'imaginent pas qu'une autre vie soit possible. Des ombres dansent sur un mur en face d'eux. Ils ne voient qu'elles. Ils sont fascinés. Ils pensent que ces ombres sont la réalité. À tort. Pour voir la réalité, il faudrait qu'ils tournent la tête, qu'ils parviennent à tourner la tête (personne n'a dit que c'était facile) vers la lumière du jour.

L'Occident, avec le passage des millénaires, a oublié cette leçon inaugurale d'humilité. Aujourd'hui, l'immense majorité des Occidentaux sont certains d'être aux prises avec la réalité, et ils en veulent pour preuve le pouvoir qu'ils ont de la transformer. Regardez ces villes qui s'étendent, ces avions qui sillonnent le ciel, ces forages qui creusent la mer, la pauvreté qui recule, la vie qui s'allonge : ne sommes-nous pas devenus, comme le prophétisait Descartes, « maîtres et possesseurs de la nature » ?

La divergence entre cette vision conquérante du monde et une vision plus traditionnelle, qui reste en profondeur, et de plus en plus secrètement, celle de l'islam et de l'Inde – nos deux « Autres » principaux –, est fondamentale. Elle nourrit de l'intérieur ce que nous pourrions appeler, après Samuel Huntington, le « choc des civilisations », qui serait mieux nommé le *choc des cultures.* Comment se comprendre si l'on n'a pas la même conception du réel ? Du sens de la vie ? Du rapport avec le monde ? Avec le temps ? Du centre et de la périphérie ? De l'usage de la raison ?

D'un côté ou de l'autre, de notre côté ou du leur, il y a eu – quand, comment, pourquoi ? – déviance, décentrage, dérive de l'intelligence.

Une phrase ou un mot sont ambigus quand ils contiennent deux sens ou plus qui sont peu ou mal distingués. C'est le cas du mot « Dieu ». Il désigne l'être personnel, ami et guide des hommes que j'évoquais plus haut – c'est le premier sens du mot, celui qui vient naturellement à l'esprit –, mais aussi une réalité abyssale, impersonnelle, sans forme ni figure, lisse, abrupte, vertigineuse, innommable, par laquelle sont happés quelques

« mystiques » – mot qu'il faudra expliquer lui aussi –, philosophes, poètes, artistes, et même, cela peut arriver, des hommes tout à fait ordinaires.

À ce double sens du mot Dieu correspondent deux approches distinctes : d'un côté, une mystique « unitive », illustrée en Occident par Plotin ou Eckhart, de l'autre, une mystique dualiste, dont Thérèse d'Avila, entre mille, est un flambeau. Les deux approches sont enchevêtrées, combinées selon des degrés variables, et on peut supposer que leur différence finit par se résorber comme les rayons se résorbent au moyeu de la roue.

Cette ambivalence n'est pas très connue. Il arrive que des savants – philosophes, sociologues, scientifiques et même théologiens – emploient le mot Dieu comme si son sens était univoque, comme s'il était établi une fois pour toutes. La situation est curieuse sur un plan sémantique, un peu comme si nous ne disposions que d'un seul et même mot pour désigner le soleil et la lune : que de malentendus, de disputes absurdes en résulteraient entre astronomes, qui auraient pu être évités par l'invention d'un mot distinct, comme l'ont fait depuis longtemps les hindous !

Un exemple : quand Nietzsche annonce, dans *Le Gai Savoir*, au milieu d'un torrent de paroles, qu'il attribue à un insensé, que « Dieu est mort », on comprend qu'il utilise le mot dans son sens courant : il fait référence au Dieu d'Abraham, Isaac, Jacob, Jésus, Mohammed, sensible au cœur, dont on se dit par ailleurs, aujourd'hui, qu'il met beaucoup de temps pour mourir. Peu importe. C'est le diagnostic de Nietzsche : les croyants s'adressent à qui n'entend plus, ne répond plus, ne récompense plus, ne protège plus, ne punit même plus : le grand *Répondant* est mort. Enfin libres !

Mais quand Hannah Arendt, dans ses *Considérations morales,* écrit que cette parole de Nietzsche est une « absurdité évidente à tous égards », une parole proprement insensée, elle fait référence à l'autre sens du mot : le Dieu sans qualités ni attributs, sans fissures ni aspérités, trou noir métaphysique auquel les théologiens accolent parfois, à tort, le qualificatif de « transcendant ». Cela ne peut pas mourir puisque cela ne naît pas. N'entrant pas dans ce trou de souris que nous appelons le devenir (un éléphant ne peut pas y entrer), cela ne peut pas en sortir. C'est un lieu commun de la théologie.

Entre le Dieu nu des mystiques et le Dieu anthropomorphe des croyants, il existe une incompatibilité logique. Le premier, à cause de son caractère absolu, ne laisse subsister aucune réalité extérieure à lui. C'est sa caractéristique principale : de la diversité il fait table rase. Il est « sans second », dit le vedânta, la grande pensée de l'Inde ; « sans associé », dit l'islam. Où que vous tourniez votre regard, en haut en bas, en dedans en dehors, c'est lui. Mais alors pourquoi ne le voyons-nous pas ? Le grand engloutissant ne peut pas être objet de connaissance, car, si c'était le cas, il faudrait concevoir un sujet de la connaissance distinct de lui. Impossible. En cela, il est pareil à la chose en soi de Kant, inaccessible à l'entendement humain, ou encore à la matière noire indétectable des physiciens.

Face à une réalité sans dehors, la question se posera du statut des êtres qui en ont un, ou croient en avoir comme nous, et du caractère bien fondé ou non de cette croyance.

Le Dieu personnel et le Dieu absolu sont aussi différents l'un de l'autre que le ciel et la terre, dit un théologien. Pourtant, du silence à la parole, du vide au plein, de la face nord à la face sud, l'expérience montre qu'il y a passages, échos, émois, interactions. Quand le Dieu des croyants meurt, comme l'annonce Nietzsche – mettons que ce soit maintenant –, qu'advient-il ? Une réponse, que j'essaierai d'étayer, est celle-ci : quand Dieu meurt, ce à quoi il fait place est encore Dieu – mais dans l'autre sens du mot, le sens obscur, que je tente, dans ce livre, de tirer au clair. Si cette intuition est juste, ce phénomène protéiforme que nous appelons la « modernité » est en gestation de quelque chose de très nouveau, très étonnant, déroutant même, dont nous pouvons déjà percevoir les signes avant-coureurs.

Depuis un certain temps, l'homme occidental se détourne du Dieu personnel que lui ont transmis les générations passées. Humain, trop humain, pense-t-il. Il se tient debout, bras croisés, l'air un peu raide de celui à qui on l'a fait une fois, mais à qui on ne la fera pas deux, et il attend, observant l'horizon : que va-t-il se passer ? L'accouchement est difficile. C'est un éléphant en entier qui demande à voir le jour. Et la porte est étroite…

Ce qui va peut-être advenir, nous pouvons encore l'appeler Dieu mais nous pouvons aussi l'appeler « rien » ou « cela », ou bien, comme François Cheng, l'« Ouvert ». Pour le moment, c'est juste un point noir sur l'écran. Cela grandit ? Comment l'immuable pourrait-il grandir ? Une taie, dites-vous, est en train de tomber ? Ce grand tournant que nous appelons la modernité serait une taie qui se désagrège et tombe de nos yeux ? De plus en plus vite, dites-vous ? Une chose est sûre : dans l'entre-deux, où nous sommes, entre la disparition et l'apparition de « Dieu », quelque chose manque à l'homme, d'aussi essentiel que le soleil pour la terre et la lumière pour les plantes. Oui, on pourrait l'appeler le sens de la vie.

Objection : vous distinguez deux réalités dans le mot Dieu, très bien, mais enfin, pour quelle raison vous aurait-on attendu, vous l'auteur, pour y voir clair dans une affaire qui retient tout de même l'attention générale depuis deux ou trois mille ans ? La vérité est que personne ne m'a attendu. Le risque de confusion a été signalé à maintes reprises. Mais quand des théologiens, des philosophes ou des mystiques se sont avisés d'y aller voir de près – et je pense ici à maître Eckhart en Occident ou à un Mansur al-Hallâj dans l'islam –, ils se sont retrouvés, chacun dans leur sphère, en butte aux adeptes de la pensée close, ceux que nous appelons les « intégristes », et contraints de se taire. Quand ils furent entendus, leur audience fut si faible, si clairsemée qu'il vaut la peine de répéter ce qu'ils ont dit, avec nos mots, aujourd'hui plus encore qu'hier, et d'en souligner les conséquences.

Il n'est pas impossible que la désaffection massive qui frappe en Occident la religion et la crise parallèle qui grandit dans l'islam aient pour cause, parmi d'autres, notre incapacité à dire clairement de quoi nous parlons quand nous disons « Dieu ».

Quand on est aux prises avec un tel sujet – bien différent, par exemple, de la maladie de la pomme de terre en Irlande au XIXe siècle –, le risque est grand de planer dans la stratosphère. Il faut donc toucher terre souvent, et même s'agripper au moindre arbrisseau comme par grand vent. C'est pourquoi j'ai agencé mon enquête autour d'un certain nombre de *noms divins,* empruntés les uns à l'hindouisme, les autres à l'islam – la plus ancienne et la plus récente des grandes religions du monde. Ces noms m'ont servi de points d'ancrage. Ils ont assujetti mon travail et l'ont rythmé.

Quels noms divins ? Toutes les religions qualifient Dieu, même pour dire qu'il est fondamentalement inqualifiable. Ces noms sont dépourvus de caractère dogmatique. Ils n'appartiennent à personne. Chacun peut méditer sur eux, quelle que soit sa religion ou son absence de religion. D'où leur modernité.

Une première nomenclature désigne le Dieu personnel, celui dont Nietzsche annonce la mort : il est le clément, le miséricordieux, le seigneur, le régent des mondes, le protecteur… Une seconde série désigne le Dieu abyssal des mystiques (de quelques mystiques) et philosophes : il est l'immuable, l'esseulé, le sans pareil… On le « cerne » – façon bien impropre de s'exprimer – en disant ce qu'il n'est pas : non, l'éléphant n'est pas une corde, pas une balayette, pas une colonne, non, non, mes amis, cherchons encore, cherchons mieux.

Pas ceci, pas cela.

Ni… ni.

Cette manière de procéder est parfois dénommée « théologie négative ». Il est tout aussi absurde, affirme maître Eckhart, de dire de Dieu qu'il est bon que de dire du soleil qu'il est noir.

Pourquoi avoir choisi l'hindouisme et l'islam ? Les noms divins ne sont-ils pas également riches et variés dans le judaïsme et le christianisme ? Prenons un homme de Sirius et déposons-le sur la terre compliquée. Il n'a pas encore perdu la simplicité de son regard. Dans la religion, phénomène vaste, multiforme, grouillant – quelquefois répugnant – il perçoit, d'un coup d'œil, trois familles : les monothéismes (judaïsme, christianisme, islam), les deux grandes religions de l'Inde (hindouisme et bouddhisme) et les trois « grands fleuves » chinois (taoïsme, confucianisme et bouddhisme sinisé).

Pour être complet, et afin que le spectre du phénomène religieux soit largement couvert, je ne devais pas prendre pour support de mon enquête deux religions de la même famille, comme l'islam et le christianisme, mais deux religions de sensibilité et formulation distinctes. Le bouddhisme, déclinaison laïque de l'hindouisme, ne se prêtait pas au rapprochement : les dieux y tiennent une place marginale. Le taoïsme non plus, qui, par pudeur, se retient de nommer l'absolu et se contente d'une nomination a minima : le Tao. Le confucianisme est hors jeu pour mille raisons. Restait, sur le versant le plus oriental, l'hindouisme et ses milliers de dieux, qui sont autant de masques du brahman. Du côté monothéiste, l'islam s'est imposé à cause de la place centrale, formalisée, canonique qu'il octroie aux noms divins.

Mais pourquoi faudrait-il que le spectre du phénomène religieux soit largement couvert, comme le projette modestement l'auteur ? Le but principal de ce livre est de jeter quelques lueurs sur un sens occulté du mot Dieu, mais si ce travail mettait incidemment en lumière la convergence de deux grandes religions, l'islam et l'hindouisme, qui se sont déchirées pendant mille ans, il gagnerait en utilité. Dans un siècle qui menace de devenir fanatiquement religieux, comme le précédent a été fanatiquement nationaliste, rien n'est négligeable de ce qui renforce l'ouverture d'esprit et la tolérance.

Il existe une manière unanimement louée de voyager qui consiste à adopter intégralement les us et coutumes des pays traversés. Ryszard Kapuściński, l'auteur polonais d'*Ébène*, journaliste de l'agence PAP, voyageait ainsi, tout comme Carsten Niebuhr, unique survivant de l'expédition danoise qui partit en janvier 1761 vers l'Arabie heureuse – aventure magistralement racontée par Thorkild Hansen dans son livre *La Mort en Arabie*. Ces hommes se fondaient dans le paysage : africains avec les Africains, arabes avec les Arabes, pauvres avec les pauvres, vivant avec les vivants, morts avec les morts, « tout à tous », comme l'apôtre Paul. Mais il existe une autre manière de voyager qui consiste, à l'autre bout de la terre, à retrouver ses compatriotes, cultiver ses habitudes culinaires et médire des indigènes…

« Partir c'est mourir un peu, mourir c'est partir un peu trop », dit un homme avisé. En tout, il faut choisir une voie médiane. Je me suis aventuré dans ce monde étranger des grandes religions de l'Orient comme l'escargot : avec ma maison sur le dos. Quelle maison ? Notre maison commune, la Grèce, où toutes choses trouvent place et mesure. Socrate, que l'on a parfois comparé au sage indien, m'a accompagné. Son ironie bienveillante, sa bonhomie, son œil acéré ont fait office de contrepoints quand je me suis trouvé confronté aux envolées mystiques de l'Inde et de l'islam. Dans cette via ferrata, il me fut corde, casque et longe.

Comment, islam, Inde, Grèce ? N'est-ce pas trop pour un seul homme ? Et l'une des maximes favorites de la Grèce ne fut-elle pas, justement : « Rien de trop » ? L'homme mesuré borne ses recherches. Je tenterai de répondre à cette objection en évoquant plus loin la figure de l'humaniste, l'homme qui trop étreint. Il me dépasse, autant que les aveugles sont dépassés par leur éléphant, mais son idéal est le mien et je le crois pleinement actuel en notre temps de repli communautaire.

Comme il convient à des amis de ne pas cacher la vérité, je reconnais avoir exercé pendant longtemps le métier de journaliste, dénigré par des gens sérieux, et qui le sont parfois, comme Schopenhauer, ou par d'autres qui croient l'être et ne le sont pas. Cette profession comporte en principe deux volets : le journaliste doit faire un travail d'enquête puis en présenter le résultat d'une façon rigoureuse et plaisante, utile et agréable, à ses lecteurs, auditeurs ou spectateurs. Me souvenant de mon ancien métier, j'ai donné le pas, autant que possible, à la vie sur l'abstraction, à l'image sur les concepts, aux faits, aux histoires et parfois même aux anecdotes sur la théorie. Il m'a semblé qu'une certaine familiarité ou *enfance de style* n'était pas contraire à la majesté de Dieu, et même qu'elle en ressortait mieux, comme la noblesse de Don Quichotte dans la compagnie du fidèle Sancho.

L'islam dit de Dieu qu'il est rusé et même le « meilleur de ceux qui rusent ». L'Inde dit qu'il est joueur. Ses jeux sont surprenants. La souris devient éléphant, et inversement. L'orant, prosterné dans la poussière, est catapulté dans les étoiles. Dans la jarre, il y avait de l'eau et maintenant il y a du vin : surprise ! Puis le vin redevient eau. Ainsi va la vie des hommes, d'un prophète l'autre. Mais pour nous, c'est une nouvelle surprise. Dieu rit beaucoup alors que l'homme, pourtant fait à son image, pleure beaucoup.

Il ne serait pas convenable de terminer ce prologue sans rendre hommage aux grands universitaires et savants grâce auxquels les hommes en quête d'une vision ouverte, la seule soutenable dans un monde ouvert, peuvent aller de l'avant. Où ils ont semé d'autres moissonnent. J'ai utilisé notamment, pour le *versant indien* de ce livre, les ouvrages de Mircea Eliade, Olivier Lacombe, Jean Varenne et, pour l'islam, ceux de Michel Chodkiewicz et Henry Corbin, Jacques Berque et Louis Massignon. J'ai gardé à portée de main l'ouvrage de référence de Daniel Gimaret, *Les Noms divins en Islam*, mais j'ai puisé dans celui, plus commode, de Maurice Gloton, *Les 99 Noms d'Allâh.* Je me mets à l'abri derrière ces hautes autorités comme un croyant se protège des aléas de la vie en conservant précieusement dans la doublure de son vêtement la calligraphie d'un nom divin.

I

Comment chercher l'éléphant

Le langage des symboles, qui est celui des poètes et qui devrait être aussi celui des religions, et qui l'est tant que les esprits dogmatiques ne s'en mêlent pas, est souple comme l'eau, libre comme l'air, chatoyant comme la flamme. Rien n'empêche les métamorphoses, les tours et détours de la pensée.

Nous sommes partis de l'image de la montagne, qui est devenue éléphant, et qui va maintenant devenir soleil, avant de redevenir éléphant. Les trois images, vous l'aurez compris, désignent, comme les rois mages, une seule et unique réalité, que les hindous appellent brahman et les musulmans Allâh. Ces images ont un point commun : pour apercevoir la montagne, l'éléphant ou le soleil, si l'on est un homme ou une femme, on doit lever les yeux.

Traduites dans le langage des concepts, nos images pourraient donner quelque chose d'apparemment simple comme : Dieu est transcendant. L'homme d'esprit dogmatique s'empare de ce qualificatif, « transcendant », il le tourne et retourne avec délectation, « transcendance », il en aime la connotation. Oui, se dit-il, il y a du solide là-dedans, oui Dieu est transcendant, il dépasse l'imagination, et tout ce que l'homme peut concevoir, et moi aussi un peu, je m'élève au-dessus de moi-même et des autres, quelque part dans la transcendance, par l'emploi de tels mots. Il ne lui vient pas à l'esprit que Dieu, occupant l'intégralité du réel, comme l'enseignent l'hindouisme et l'islam, ne peut être transcendant, ni immanent à rien. À quoi serait-il transcendant s'il est tout, et partout entier ?

Mais ils n'ont cure de subtilités. Ils vont, proclamant partout qu'« Allâh est grand », en jetant leur poing en avant, sans songer qu'un être infini ne peut pas être grand, mais que s'il l'était il devrait aussi être tout petit, et tenir dans le creux de la main comme un œuf d'hirondelle.

1

Histoire d'un roi de l'Hindoustan

Dieu est l'aimé par essence, enseigne une Upanishad, l'aimé universel. Nous croyons aimer une femme, une maison, des enfants, le Manchester United, un paris-brest… Erreur, erreur, erreur : nous n'aimons jamais que lui, l'éléphant en entier, mais nous ne le savons pas ; alors nous le cherchons où il n'est pas.

Qui veut trouver des perles, dit Djalâl-ud-Dîn Rûmî, fondateur de l'ordre des derviches tourneurs, ne doit pas se contenter de regarder la mer, il doit plonger. Un homme qui cherche une chose dont l'essence est l'entièreté doit lui-même devenir entier. Il doit jeter tout son poids dans la balance. Je ne connais pas d'homme de cette trempe. Mais on en croise parfois dans les livres d'histoire antique, dans Plutarque par exemple, ou bien en lisant les textes sacrés de l'Inde. Une Upanishad nous raconte l'histoire de l'un de ces hommes qui ne se contentent pas de rêver sur la berge. Il était roi dans l'Hindoustan…

Mais avant de poursuivre, un avertissement : cette histoire va nous faire entrer de plain-pied dans l'Inde des dieux et des yogis, du brahman et des maharadjas, des gourous et des charlatans, où l'on doit progresser avec circonspection comme un renard sur la glace. Qui va crier gare pour nous ? L'avocat du diable, où irons-nous le chercher ? J'ai une idée. Prenons ce M. Bertin dont Ingres a fait le portrait, accroché dans une galerie du Louvre (mais on peut aussi le voir sur Internet). Le tableau est justement célèbre : il représente le bourgeois en soi, le « Bouddha de la bourgeoisie », comme le dit Manet, la prose de l'existence, son quotidien. Le soir venu, quand la galerie se vide, vous l'entendrez souffler, soupirer, maugréer, M. Bertin, patron pour l'éternité, et à l'époque qui l'occupe, c'est-à-dire sous la monarchie de Juillet, patron du *Journal des débats*. Cet homme habite la terre et rien que la terre, vissé à son fauteuil comme un busard à sa proie, avec son front large, ses bajoues, son visage rougeaud, son œil rusé. Il a l'air goguenard de celui à qui on ne la fait pas, M. Bertin.

Le soir venu, penchez-vous. Tendez l'oreille. Tirez la sienne. Saisissez-le par le bouton de son gilet. Venez, monsieur Bertin, venez chez nous, dans ce XXIe siècle commençant. Et regardez autour de vous, vous n'en croirez pas vos yeux : innombrable est votre postérité, comme les grains de la mer, comme les étoiles du ciel. Réjouissez-vous ! Des M. Bertin, partout, fleurissent ! Jusqu'en Chine ! Pardon ? Que bougonnez-vous, monsieur Bertin ? Que dites-vous ? Vous n'avez pas gagné ? Comment cela ? Et c'est à son tour, maintenant, de nous tirer par la manche. Il nous dit ceci : Ne voyez-vous pas ces niaiseries, fariboles, élucubrations, ce tissu d'indiâneries qui encombrent les esprits ? Et dire que cela se passe chez vous, au XXIe siècle ! N'êtes-vous pas saturés, jeunes gens, de cette soupe mysticisante qui nous vient par les femmes, comme toujours, et les faibles d'esprit ? N'êtes-vous pas exaspérés par ces buveurs de jus de carotte, de tisanes à l'ail d'ours, ces mangeurs de yaourts de brebis, par tous ces astrologues, sophrologues, numérologues ? N'êtes-vous pas las des Jésus à sandales et bâtonnets d'encens ? Il faut choisir son camp. Et si vous m'en croyez, vous irez vers les gens sérieux qui retroussent leurs manches, font tourner les entreprises et nous gagnent des parts de marché.

Voilà ce que j'ai entendu du plus rassis des hommes, et je me suis dit : Comme M. Bertin a raison !

Comme vous, monsieur Bertin, je n'aime pas la bouillie new age, je me garde des vieux hippies et des amateurs de mantras, mais vous m'accorderez, puisque vous êtes un homme raisonnable, cartésien même, qu'il est bon, ici comme ailleurs, d'exercer son discernement. Et si vous regardez ce magma de près, en prenant votre temps et, d'accord, en vous bouchant les narines de temps en temps, si vous y regardez de près, vous verrez des formes lentement se dessiner, les unes prendre du relief et les autres se dissiper ; vous saurez alors, comme beaucoup de gens le savent depuis longtemps, que les textes sacrés de l'Inde – les quatre Vedas, les Upanishads et la *Bhagavad-Gîtâ*, vieux de plusieurs millénaires – sont aussi vivants aujourd'hui qu'au premier jour, que leur portée est universelle, et qu'ils donnent – attention, grand mot, gros mot, monsieur Bertin ! – un *sens à la vie*.

« La pensée de l'Inde est assez *ancienne* pour donner quelque chose de tout à fait *nouveau* », écrivait le philosophe Jean Grenier. Elle tient les deux bouts : le ciel et la terre, le corps et l'esprit, le passé et l'avenir. Nous n'avons pas l'équivalent chez nous.

Mon ami Emmanuel fait du yoga, ses amis font du yoga, sa femme Hélène fait du yoga, ma femme Pascale va faire du yoga, ma coiffeuse Martine veut devenir professeur de yoga, ma sœur Isabelle fait du yoga, elle écrit dans une revue de yoga, je fais du yoga et je ne cesse de m'en féliciter. Le yoga a débloqué ma respiration, redressé ma colonne vertébrale, ouvert mes épaules, élargi ma cage thoracique. Et pourtant, je suis un débutant. Un jour sans respiration à fond est un jour pas bon.

Une question me trotte dans la tête, je vous la pose, à vous, en confidence, monsieur Bertin : à tout prendre, si l'on mettait dans un plateau l'Inde avec son seul yoga et dans l'autre la France avec ses exportations de sacs à main, de parfums, de beaujolais, de trains express, avec ses fromages, autos et armements – sans parler de sa production intellectuelle –, de quel côté pencherait la balance ? Le rayonnement le plus large, profond, durable, bénéfique, de quel côté est-il, monsieur Bertin ?

Nous nous sommes tellement bercés de notre propre importance, dans notre naïveté nationale, nous autres enfants du « pays des droits de l'homme », qu'il n'est pas inutile de poser de temps en temps ce genre de question, sans pour autant, je vous l'accorde, battre indéfiniment sa coulpe. Le problème ne consiste pas à vivre en province, nullement, mais à croire que l'on vit au centre quand on vit dans la périphérie. C'est une maladie bien française. On l'appelle le provincialisme.

C'était une parenthèse. L'histoire indienne que je vais maintenant vous raconter provient de la *Maitrî Upanishad.* Ce texte vénérable figure parmi les treize plus anciennes

Upanishads, lui-même étant le plus récent du lot. De ce corpus de livres sacrés, Schopenhauer disait qu'il était le plus important au monde et il en espérait une consolation pour ses vieux jours. Voici l'histoire.

Il y avait autrefois un roi de l'Hindoustan qui s'appelait Brhadratha – la difficulté de prononcer son nom a peut-être nui à sa renommée. Ce souverain avait une conscience aiguë de l'insuffisance de la vie ordinaire : « Dans le monde, disait-il, je suis comme une grenouille au fond d'un puits scellé. » Il voulait sortir coûte que coûte de ce puits, ce lieu fermé que Platon, nous l'avons vu, nomme la « caverne », où l'on ne respire ni ne voit. Il ne pensait à rien d'autre. Et pourtant cet homme était roi ! Et tous ses sujets l'enviaient ! Il était l'un de ces rois qui veulent sortir de leur trou de roi. Cela arrive parfois, et pas seulement en Inde. Songez à Dioclétien retiré à Salone et Charles Quint à Yuste.

Après avoir abdiqué et établi son fils sur le trône, le roi partit donc vivre dans la forêt au milieu des bêtes sauvages. « Considérant que le corps n'est pas une chose éternelle, il parvint au détachement et partit vivre dans la forêt », dit la *Maitrî*.

Assoiffé d'absolu, il mena une vie d'ascèse, au sens indien du mot (ce mot est *tapas*, qui provient de la racine *tap*, « chauffer »). L'ascèse consiste à mener une vie d'échauffement du corps et de l'esprit. Le roi voulait allumer une flamme dans son cœur, et la faire grandir, un peu comme Simone Weil ou Thérèse d'Avila, si vous me permettez cette comparaison osée, et comme tous ces hommes et ces femmes qui ne se résignent pas à une vie étroite et bornée. On n'en a qu'une, murmurent-ils. Que la flamme surtout ne s'éteigne pas !

Pour commencer, le roi fit un exercice : il resta mille jours bras tendus vers le soleil, posture inconnue des traités de yoga mais qui préfigure peut-être notre très commune salutation au soleil. Au bout des mille jours, il vit apparaître devant lui un personnage éclatant d'énergie, comme un « feu sans fumée », dit le texte. C'était sans doute un dieu, mais on n'en est pas sûr ; c'était en tous les cas un « connaisseur de l'*âtman* », ce qui est mieux encore qu'un dieu. Il s'appelait Sâkâyanya. On ne sait pas s'il sortait de l'âme hallucinée du roi ou s'il était bien réel, encore que les deux ne soient pas contradictoires.

Et ici il convient de s'arrêter un instant pour définir deux mots utiles à l'intelligence de ce qui va suivre. Le mot que j'ai traduit par « monde » – ce monde que le roi compare à un puits scellé – est *samsara*, qui désigne en Inde le cycle des réincarnations. Le *samsara*, comme un fleuve sombre et puissant, emporte tous les êtres de naissance en naissance, de mort en mort, jusqu'à la « libération », *mukti, nirvâna*, qui est précisément l'état dont le roi est en quête. L'autre mot est *âtman*, que l'on traduit ordinairement par le « Soi » ou, pire, par l'« âme ». L'âtman est identique au brahman. Il n'a rien à voir avec ce composé de sentiments, émotions, perceptions, pensées, aspirations que nous appelons ordinairement l'« âme ». Il est l'absolu qui règne à l'intérieur des choses et des êtres. Il est le ciel que l'homme, en creusant, finit par découvrir au fond de lui-même. L'âtman est ce qu'il y a de mieux sur cette terre. C'est pour l'amour de l'âtman que le roi Brhadratha partit vivre dans la forêt.

Maintenant je termine l'histoire, je la termine au présent, parce que les choses essentielles doivent être dites au présent. Le roi demande à Sâkâyanya, l'homme sorti du soleil, de lui enseigner la nature de l'âtman. Il veut connaître l'âtman non à la façon dont je viens de vous en parler, intellectuellement, mais réellement : il exprime le souhait de « réaliser l'âtman ». Il ne veut pas rester à la surface, il veut plonger, comme le plongeur doit plonger pour trouver les perles. Il veut *devenir l'âtman.*

Le dieu commence par lui répondre que l'âtman est ardu à réaliser et que l'on verra plus tard. Le roi insiste. Il lui décrit les affres du *samsara*, où il erre depuis si longtemps, asservi à un corps « insubstantiel et puant, magma d'os, de peau, de muscles, de moelle, de chair, de sperme, de sang, de mucus, de larmes, de chassie, d'excréments, d'urine, de bile et de phlegme », nid de maladies, de souffrances et d'infirmités, voué à la vieillesse et à la mort. Dans cet univers, où tout est périssable, où les grands océans sont asséchés et les montagnes nivelées, où l'Étoile polaire dévie de sa course et s'éteint, on ne saurait trouver la paix. Tu *dois* me sortir de là, insiste le roi. Tu le dois. Aussi vrai que le scorpion pique, que la pluie inonde la terre à la mousson, que le blé nourrit les hommes, que le vent dissipe les sombres nuages, tu dois me tirer de ce mauvais pas : le *samsara.* C'est ta nature. Sinon, c'est sûr, tu n'es pas un dieu, sauf ton respect.

La logique est imparable.

Le dieu, touché par tant d'insistance, comme le juge de l'Évangile par la veuve importune, qui vient tambouriner à sa porte la nuit pour obtenir justice, acquiesce. Le roi *réalise* l'âtman. Ensuite, il s'en va « vers le nord ». Il est devenu un sage, l'un de ces êtres capables de voir la nouveauté du monde et d'y entrer. Comme les dieux, il part en voyage et on n'en entend plus parler.

2

Philosophie et religion

Nous devons à Pythagore la première définition connue du mot « philosophe ». Un jour, Léon, tyran de Phlionte, cité grecque du Péloponnèse, lui demanda : « Que sais-tu faire ? » Pythagore répondit : « Rien, je suis philosophe. »

La philosophie : art de ne rien faire, art de se tenir à l'affût.

On ne provoque pas la venue des bonnes pensées mais on peut la favoriser en écartant les autres, observait Schopenhauer. « On peut donc dire que, pour penser de bonnes choses, le moyen le plus simple est de ne pas penser des fadaises. » La même règle vaut pour la nouveauté : si l'on cherche des idées nouvelles, il ne faut pas trop remuer les vieilles et si, un jour, soutenus par une grandiose ambition, nous voulions penser quelque chose d'absolument nouveau, le mieux serait sans doute de ne pas penser du tout. C'est le but du yoga : « Le yoga est l'arrêt des fluctuations mentales », déclare Patanjali, au début de son célèbre traité, les *Yoga sûtras.* Cet arrêt fait du bien, même s'il n'est pas définitif, même si ce n'est pas un arrêt pour toujours mais une suspension ou un simple ralentissement. À quoi servirait en effet la maison si elle était dépourvue de vide interne ? Si elle était remplie à péter de briques et de ciment ? À quoi sert notre vie si elle est ensevelie sous les affaires et les soucis ?

Tous les sages le disent : il faut procéder au désencombrement progressif de notre vie puis ménager, soigner, entretenir le vide qui en résulte, bref devenir, un peu, philosophe, au sens où l'entendait Pythagore. C'est la voie royale pour mener bonne vie.

Autrefois, dans les écoles, nos professeurs définissaient la philosophie par l'étymologie comme une *aspiration amoureuse à la sagesse*. Bien que cette définition n'ait plus tellement cours à l'université, où aucun *philosophe* aujourd'hui n'oserait se dire en quête de la sagesse, que je sache, c'est dans ce sens ancien et démodé que j'utiliserai ici le mot philosophie.

Dans cette acception, le roi Brhadratha dont nous venons de raconter l'histoire était pleinement philosophe : sa quête du brahman donna corps à un engagement existentiel, qui aboutit à son tour à une rupture existentielle, la sagesse. De quoi il retourna une fois qu'il fut devenu un sage, c'est-à-dire un connaisseur de l'âtman, nous n'en savons rien, seulement qu'il partit vers le nord.

Dans cette acception, Rûzbehân ou Rûmî, poètes et amoureux, sont des philosophes autant que Descartes ou Kant, dont rien n'indique qu'ils se souciaient de la sagesse, au sens que je viens d'indiquer – cette sagesse dont Platon dit que quiconque en perçoit la trace conçoit pour elle un amour extraordinaire. Dans cette acception encore, l'Inde n'a cessé de produire d'immenses philosophes, c'est même sa spécialité, comme nous les fromages, depuis la nuit des temps ; non des philosophes universitaires, bien sûr, mais des philosophes à l'état sauvage, va-nu-pieds, et sortant du lot de temps en temps, par la verticale, un sage.

Une telle définition rend poreuse la frontière entre les religions, qui produisent les mythes, allégories, oracles, signes, impostures parfois, et la philosophie, qui loin d'écarter ce conglomérat avec mépris, à la manière des rationalistes du XIXe siècle, l'observe puis, avec discernement, s'en nourrit. Religion et philosophie, intuition et déduction se complètent alors et se fécondent réciproquement comme le cœur et la tête, comme deux bons amis. Ainsi l'entendait Socrate, le plus sage des Athéniens, qui ne levait pas le petit doigt sans l'acquiescement tacite du dieu auquel il était consacré ; et si par mégarde il le levait de son propre chef et se fourvoyait, il était rappelé à l'ordre et contraint, par quelque signal divin, de faire machine arrière, de faire sa *palinodie*. Socrate avait approché, comme il le dit à son ami thessalien Ménon, dans le dialogue du même nom, des hommes et des femmes de ce calibre, des femmes et des hommes « qui savent des choses divines », et on peut supposer, comme il était sans œillères, qu'il leur avait prêté la plus grande attention. Il distinguait la voix de la raison et celle du dieu, mais il ne les opposait pas. Quand philosophie et religion se séparent, comme c'est le cas aujourd'hui, et vont chacune leur chemin, se toisant réciproquement, l'une se dessèche et l'autre s'affadit. Quiconque veut s'en convaincre n'a qu'à regarder autour de lui.

L'histoire du roi Brhadratha dit le point de départ de l'entreprise philosophique. Si nous voulons voir clair dans le brouillard du *samsara*, que les philosophes en Occident nomment le « monde empirique », il faut commencer par voir clairement que nous n'y voyons pas clair du tout, comme le roi lui-même, qui se compare à une grenouille au fond d'un puits scellé, comme Socrate, qui sait très bien une chose, quand il entre avec ses interlocuteurs dans le tourbillon dialectique, c'est qu'il ne sait rien : « Il y a une chose que je sais, c'est que je ne sais rien. »

L'histoire du roi nous enseigne enfin les moyens de l'entreprise. On ne progresse pas dans la philosophie en forgeant des concepts et des systèmes, mais par une série d'exercices du corps et de l'âme dont le but est de produire l'*ardeur*. Socrate est ardent. Le roi Brhadratha est ardent. Nietzsche est ardent, trop peut-être. Sans cette ardeur, la connaissance est évanescente. Elle fuit comme l'eau d'une citerne trouée. « Pour *savoir*, il faut être *ardent*. Sans cela toute connaissance est inefficace. Il faut donc pratiquer l'"ardeur", *tapas* », écrit Roberto Calasso dans un beau livre sur l'Inde védique, intitulé précisément *L'Ardeur*.

La pratique de l'ardeur aboutit à une mutation radicale. Le brouillard de l'existence se dissipe. Le serpent se redresse. L'homme quitte ses affaires. Il devient un sage. Il peut partir vers le nord. C'est très rare.

Cette conception de la philosophie comme *exercice* est celle de la civilisation indienne. Elle fut aussi, comme l'a montré Pierre Hadot, celle de l'antiquité grecque et romaine. Socrate, dans le *Phédon*, définit la philosophie comme un exercice de mort : « En s'occupant de philosophie comme il convient, on ne fait pas autre chose que de rechercher la mort et l'état qui la suit » – ce merveilleux état que l'on peut appeler la sagesse.

Le yoga, « arrêt des fluctuations mentales », est aussi un exercice de mort. Vers la mort, soleil ardent qui éclaire la vie d'une lumière noire et rasante, le roi de l'Hindoustan tend les bras. Ce que nous pratiquons aujourd'hui, en tâtonnant, sous le nom de « méditation » s'inscrit peut-être dans cette très ancienne tradition.

Une autre histoire indienne, très brève celle-là, dit l'engagement requis du philosophe pour parvenir à la sagesse. Un homme cherchait le brahman, comme le roi, mais il avait, contrairement à lui, le sentiment de tourner en rond ; un jour, il s'en ouvrit à son gourou : « Je cherche le brahman, mais je ne le trouve pas, maître. » Tous les deux se trouvaient au bord d'une rivière. Sans crier gare, le maître, dont on imagine le visage boucané et les yeux d'anguille, plonge la tête du disciple dans l'eau. Le malheureux se débat. Le maître, qui est vigoureux, ne lâche pas sa prise. Après un temps qui paraît interminable au disciple, il le laisse à nouveau respirer. Ce dernier écarquille les yeux sans comprendre. « Quand tu chercheras le brahman avec la même ardeur que tu cherchais l'air, tu le trouveras », lui dit le maître.

C'est ainsi qu'il faut chercher l'éléphant : avec ardeur.

II

Quelques indices

Nous sommes comme les aveugles du conte : nous ne voyons rien, nous ne savons rien, nous tâtonnons dans l'obscurité, mais, à la différence des aveugles, nous le savons. Au moins nous savons ceci : que nous ne savons pas. Et ce n'est pas un mince avantage. Nous ne nous écrions pas : Je sais bien de quoi il retourne sur cette terre ! Je sais où je suis, d'où je viens, où je vais et ce que j'ai à y faire ! Non, les héritiers de Socrate ne parlent pas avec une telle arrogance, n'est-ce pas ?

Une question se pose quand nous rencontrons cette chose énorme, bizarre et incoordonnée qu'est une vie : Qu'est-ce que c'est ? Qu'est-ce qui m'arrive là ? Et elle ne cesse de se poser jusqu'à notre mort.

L'éléphant est caché. Mais il laisse des traces de son passage. Un éléphant ne passe pas inaperçu. D'autres l'ont vu. Ils ont dit à quoi il ressemblait. Ils l'ont nommé. Nous devons les interroger, recueillir des indices auprès de plus sages que nous, les comparer. Bref, ouvrir une enquête.

1

L'éléphant nommé « Dieu »

Étymologie

Il peut paraître étrange que les croyants continuent à utiliser le mot Dieu comme si de rien n'était, comme si le siècle des Lumières n'était pas passé par là, puis Nietzsche, Marx, Freud et les petits poucets qui ont suivi, comme si le mot n'était pas plombé par un usage intempestif.

« Pas de lotus sans tige », dit un proverbe hindou. Nous disons : « Tel père, tel fils. » La règle vaut pour les hommes mais aussi pour les mots : ils s'éclairent par leur origine. Et c'est pourquoi il convient de s'arrêter, brièvement, sur l'étymologie du mot « Dieu » et de deux ou trois autres qui désignent la même réalité, ou le même songe.

Le mot français « Dieu » dérive d'une racine indo-européenne *dev,* d'où proviennent également le mot latin *deus*, le grec *dios*, le sanscrit *deva.* Cette racine désigne le fait de briller, rayonner, resplendir, comme le jour, qui est *diurne*, comme la *diva*, déesse de l'éphémère, qui capte la lumière et la renvoie vers nous. Parce qu'il rayonne et illumine, Dieu a souvent été comparé au soleil : de même que le soleil dispense la lumière au monde physique, il dispense, lui le *deus*, la lumière au monde intelligible. Il ne peut pas s'en empêcher.

Cette lumière a un caractère paradoxal : elle éclaire tous les êtres, sans exception, et pourtant on la perçoit rarement, et seulement par reflets fugitifs. Comment est-ce possible ? Comment se fait-il que nous n'ayons pas une conscience claire de ce qui rend tout clair ? Un théologien propose la solution suivante : la lumière de Dieu est invisible pour la bonne raison qu'elle est dépourvue d'ombre. Or l'homme, qui est ombre et lumière indissociablement mêlées, voit tout à son image : mélangé, composé, divers – en cela il diffère des anges, créatures d'un seul tenant, façonnées de pure lumière, et qui ont donc la capacité de contempler la lumière divine. C'est une ancienne loi : le semblable seul connaît le semblable.

Une autre explication, non exclusive de la précédente, est celle de la distance (dont on peut supposer qu'elle n'est pas contraire, en Dieu, à la proximité) : la lumière divine parvient jusqu'à nous filtrée et tamisée par de nombreux voiles – soixante-dix ou soixante-dix mille, selon des traditions de l'islam. Ces voiles sont un mal parce qu'ils nous séparent de Dieu mais ils sont en même temps nécessaires car sans eux la vie serait consumée. Elle ne pourrait pas naître, se diversifier, se déployer. Elle resterait collée à Dieu comme la peau du pauvre à ses os. Il n'empêche, les voiles nous cachent la lumière. Au terme du processus de voilement, une taie inquiétante recouvre nos yeux, épaisse, lourde, matérielle, collante, insinuante, absorbante. Le peu qui parvient à filtrer, cependant, rend heureux, donne confiance, enchante la vie. C'est un trait caractéristique de cette lumière venue du plus intérieur de l'être : elle est fondamentalement heureuse. Des particules de pure félicité dansent dans ses rayons. Un reflet, même aperçu de loin, même à travers les soixante-dix mille voiles, rend heureux. On pressent un abîme de béatitude. Le cœur, la chair, les os, la moelle, dit-on, en sont imprégnés. Des hommes pieux l'affirment. Et nous pouvons leur accorder un certain crédit – sinon, pourquoi la chercheraient-ils, cette lumière, avec tant d'ardeur, tourbillonnant comme des toupies, dodelinant comme des métronomes, pérégrinant comme la fourmi, s'immobilisant comme la pierre ? C'est par amour de la lumière heureuse que le roi Brhadratha quitte son palais et part vivre dans la forêt.

Peut-être le sage (mais brusque) Épictète se souvint-il du bonheur que l'on trouve à la fréquentation des dieux lorsqu'il jeta cette note lapidaire dans son *Manuel* : « La piété est toujours liée à l'intérêt. » Dans l'embrouillamini d'une vie souvent pénible et obscure, l'homme distingue un courant lumineux, bénéfique, apaisant, et hop, il se jette dedans. Puis il se laisse porter. Comme un enfant. C'est une approche pragmatique de la vie. Nul besoin de croire, dans cette bonne affaire, il suffit de voir.

Le mot Dieu, à cause de sa racine lumineuse, n'est ni vain ni creux, il a du sens en stock. Il en a dans le coffre, si j'ose dire. Et c'est sans doute la raison pour laquelle il perdure malgré l'usure et l'ambiguïté qui le rongent.

On peut alléguer une autre raison pour laquelle ce mot a prospéré pendant si longtemps en Occident : il n'a pas de concurrent. Nous ne disposons pas d'un autre mot pour désigner la source de la lumière. Platon a proposé le « Bien ». Le Bien, dit-il au livre VII de *La République*, est « ce qui procure la lumière à toutes choses ». Mais le grand philosophe n'a pas été suivi sur ce point. Dieu-le-mot a fonctionné, *le Bien* non.

Maintenant définissons, comme promis, le mot « mystique ». Je vous propose la définition suivante : un mystique est un homme qui sait capter la lumière heureuse de Dieu et, par voie de conséquence, la mystique est l'art de capter cette lumière. De tels « artistes » sont ivres de lumière, comme l'abeille de pollen. Ils oublient le monde. Ils passent très loin de nous comme des météores nocturnes. Cependant, certains d'entre eux ont reçu le don non seulement de capter la lumière mais aussi d'en faire profiter leurs proches et moins proches. L'histoire suivante est celle d'un homme qui savait comment s'y prendre avec Dieu pour en tirer si j'ose dire le maximum. Elle survint dans un jour entre tous paroxystique, le « jour du Jugement ».

Une vision d'Ibn 'Arabî (comment s'y prendre avec Dieu)

Ibn 'Arabî est un très grand maître du soufisme – mouvement que nous définirons pour le moment, de façon sommaire, comme la « mystique de l'islam ». Ses disciples le surnommèrent *al-shaykh al-akbar*, le « plus grand des maîtres ». L'islam lui est redevable d'une somme théologique et visionnaire immense, *Les Illuminations de La Mecque* (*Al-Futûhât al-Makkiyyâ*), qui comprend cinq cent soixante chapitres, en trente-sept volumes dans le manuscrit autographe. Le contenu des *Futûhât*, bien que d'une abondance peu commune, fut révélé au maître de façon quasi instantanée, lors d'une extase devant la Ka'ba, où il se trouvait en compagnie d'un mystérieux jeune homme, mais il mit plusieurs décennies à en dérouler les fils, à les tisser et à les consigner dans cette œuvre unique dont l'influence s'exerce encore dans le monde musulman, du Maroc jusqu'à la Malaisie, et même au-delà.

Ibn 'Arabî vécut au XIIIe siècle, cheminant sur le pourtour sud de la Méditerranée entre l'Andalousie où il était né (1165) et Damas où il fut inhumé (1240). J'aurai souvent l'occasion d'évoquer sa figure dans ce livre ainsi que celle de Rûmî, car c'est par leur médiation, dans leur lumière heureuse, que j'ai perçu l'autre visage de l'islam, si difficile à percevoir aujourd'hui : sa grandeur, sa hauteur, sa profondeur et, contre toute attente, la liberté qui y règne.

À présent, venons-en à l'histoire. Un jour, Ibn 'Arabî eut une vision du dernier jour, ce *jour du Jugement* où, dit-on, toutes les âmes sont nues, où les pelotes des destinées sont déroulées au vu et au su de tous. En ce jour, tout homme voit macroscopiquement chaque instant de sa vie : l'atome de bien qu'il a fait, il le voit ; l'atome de mal, il le voit aussi. Hyperacuité en ce jour : tout est à découvert. Les uns vont vers une éternité de délices, les autres vers une éternité de douleurs, sans diminution d'intensité jamais – car Dieu recompose la peau du damné à mesure que le feu la consume, et les papilles de la délectation, au paradis, ne connaissent pas l'usure. Tout le monde le comprend, c'est un jour décisif. Voici le récit du maître.

La résurrection a déjà eu lieu. Il y a pas mal de confusion alentour. Les gens courent dans tous les sens. Les uns sont vêtus, d'autres non. Certains marchent sur leurs jambes, d'autres sur la tête, comme dans la vie. Mais soudain tout devient grave, un grand silence tombe sur le monde : Dieu arrive – ce n'est pas celui de la face nord, bien sûr, mais l'autre, pas moins impressionnant, dont l'homme est l'image, ce dieu qui écrit droit par des lignes courbes, de sorte que l'on ne peut jamais jurer de rien – n'envoie-t-il pas les prostituées au paradis ? Il est escorté par ses anges. Tous les regards se braquent dans sa direction. Voudraient-ils s'en détourner qu'ils n'y parviendraient pas. La nourrice oublie son nourrisson.

Satan est présent lui aussi. Satan le dénigrant, sapeur d'élans, repoussant, ricaneur, à mauvais œil, mauvaise oreille, qui ausculte le cœur de l'homme, pour y découvrir l'imposture, et n'est jamais déçu, Satan est aux aguets, en embuscade, avec ses suppôts, rabaissant, profanant, blasphémant, cracheur de venin, briseur de confiance, adversaire de grandeur, destructeur de vœux, prompt à voir la faille, et à nous entraîner, dans son sillage, lui, le grand failli, vers cette faille abominable que certains hommes appellent l'enfer.

Dieu pose sa main sur le *shaykh al-akbar* : À ton tour, maintenant. C'est l'heure des comptes. Dans ces moments-là, vous l'imaginez, on n'en mène pas large. Un philosophe dit qu'il y a trois moments où l'âme éprouve une intense solitude : à la naissance, à la mort et à la résurrection. Nos belles résolutions s'évanouissent. Mais le plus grand des maîtres ne l'est pas, si grand, pour rien : il ne se trouble pas. Au contraire, il parle d'égal à égal avec *le seigneur des mondes.*

Il y a beaucoup de choses à dire à Dieu quand on a la chance de le rencontrer. On peut lui demander, par exemple, s'il est bien cohérent de demander des comptes aux hommes, attendu qu'il les a lui-même créés et qu'il devait donc être capable de prévoir la suite. N'est-il pas nommé, dans l'islam, le Connaissant (*al-'Alîm*) ? N'est-il pas *le meilleur des connaissants*, auprès duquel tout savant est ignare, et toute sagesse humaine folie ?

Mais le *shaykh*, ce jour-là, argumente autrement : « Et je lui dis : “Seigneur, les rois demandent des comptes à leurs sujets parce qu’ils sont pauvres et ont toujours besoin d’alimenter leur trésorerie ; mais toi tu es riche. Dis-moi donc, qu’est-ce que cela va apporter à ta bourse de demander des comptes aux créatures ?” Dieu sourit et me dit : “Que veux-tu ?” Je lui répondis : “Autorise-moi à me rendre au Paradis directement, sans rendre de comptes.” »

Dieu, grand seigneur, l’y autorise. Alors, Ibn ‘Arabî, percevant une brèche dans la rigueur divine, et percevant dans cette brèche une bonté sans limite, s’engouffre. Il se met à marchander, à intercéder à toute allure, en proie à une sorte de frénésie, pour le plus grand nombre de gens possibles, comme Abraham pour les gens de Sodome. Les mots et les syllabes se bousculent sur ses lèvres. Il commence par ses proches : « J’aperçus alors ma sœur Umm Sa’d ; je dis à Dieu : “Et ma sœur Umm Sa’d ?” Il me dit : “Emmène-la avec toi.” Je vis alors ma sœur Umm ’Ala’ ; je lui dis : “Et elle aussi ?” Il me dit : “Elle aussi.” Je lui dis : “Et mon épouse Umm ‘Abd al-Rahmân ?” Il me répondit : “Emmène ton épouse Umm ‘Abd al-Rahmân.” Je lui dis : “Et Khâtûn Umm Jûnân !” Dieu dit : “Va encore pour Khâtûn Umm Jûnân” » (nous ne savons pas qui est cette femme).

Ibn ‘Arabî réalise qu’en s’y prenant de cette façon, il n’y arrivera jamais. « Je lui dis : “Cela prend trop de temps de cette manière. Accorde-moi donc d’emmener tous ceux que je connais de mes compagnons et de mes parents, et tous ceux que tu voudras.” » Le grand acquiesçant acquiesce à nouveau : « Si tu me demandais d'emmener tous les gens de la Station (*ahl al-Mawqif*), je te les laisserais. » Nous ne savons pas bien ce qu'est la Station ni combien de gens s'y trouvent, peut-être autant que dans une grosse benne de téléphérique, parce qu'Ibn 'Arabi se dit que, vraiment, il est en train d'exagérer et que d'autres peuvent faire mieux que lui ce travail d'intercession. « Je me souvins alors de l'intercession des anges et des prophètes et, par respect pour eux, j'emmenai seulement ceux que mon regard put saisir – Dieu seul peut les dénombrer –, ceux que je connaissais et ceux que je ne connaissais pas. Je les menai devant moi au paradis, restant derrière eux afin qu'ils ne se perdent pas en chemin. »

Voilà, l'histoire est terminée. Ibn 'Arabî la rapporte dans un livre intitulé simplement le *Livre des visions.* La morale de l'histoire est claire : il n'y a pas de jugement et il n'y en aura pas tant qu'il y aura des intercesseurs, et il y en a toujours. Dieu pardonne sans cesse, il ne peut pas s'en empêcher : dans ce sens va inéluctablement sa liberté. Dieu couvre les fautes, il n'en tient pas compte, le *pas montrable* de l'homme, il ne le montre pas, ne le voit pas, ne le calcule pas ; il passe et repasse l'éponge, il efface toutes les ardoises depuis la fondation du monde.

Son indulgence est sans limite. Tirez, les gars, tirez sur la corde, elle ne casse jamais (mais ne le dites pas trop).

Le prophète et la charogne

Le prophète de l'islam Mohammed avait reçu le don divin de ne voir que le meilleur. Il voyait le sourire, la grimace jamais. Un jour qu'il passait avec ses compagnons devant une charogne nauséabonde – peut-être un rat mort, comme celui que mon chien Billy a pris dans sa gueule hier sur la plage de Nice –, et alors que ses compagnons se bouchaient les narines, et que l'un d'entre eux s'exclamait : « Quelle puanteur ! », le prophète se montra tout surpris, comme un enfant. Il ne voyait pas pourquoi cette chose leur paraissait répugnante. Il ne comprenait pas leur émoi. Il leur demanda candidement : « Mais vous n'avez donc pas vu la blancheur de ses dents ? » Selon la parole coranique, « où qu'il porte son regard, il voyait la face de Dieu ». Cette anecdote éclaire sous un jour singulier l'âme de ce grand chef de guerre qu'était Mohammed. Elle est parfois appliquée à un autre grand prophète de l'islam que les chrétiens appellent Jésus et les musulmans Issa.

À la tendresse de Dieu, qui couvre toutes choses, correspondent dans l'islam deux noms divins jumeaux : *ar-Rahmân* et *ar-Rahîm*, qui désignent un être au contact duquel la joie, la tendresse, l'amour s'éveillent dans le cœur de l'homme. Promesse lui est faite, par la médiation de ces deux noms, que ses verrous ne sont pas pour toujours. L'homme, une fois que tous les comptes sont épurés, apparaît aimable, littéralement digne d'amour. On se frotte les yeux. Aimable ? Vraiment ? Oui : en chacun d'entre nous, Dieu, avec ses yeux perçants, *ar-Rahmân* et *ar-Rahîm,* discerne un trait, au moins un, digne d'être aimé, et ce trait le retient, l'intéresse au plus haut point ; fût-il aussi fugitif qu'une étincelle, ce trait, il en fait grand cas, il en fait grand feu.

À l'inverse, Satan, qui toujours nie, et son cortège de damnés ne voient que le mal. La paille devient poutre, l'ange crapaud. Dans un traité intitulé *De Coelo et de Inferno*, publié à Amsterdam en 1758, Emanuel Swedenborg raconte avoir vu, dans les enfers, un rayon de lumière céleste tomber dans la foule grouillante et crasseuse des damnés ; leurs visages renfrognés s'en détournèrent avec horreur et ils poussèrent des beuglements affreux comme s'ils avaient perçu, dit le grand visionnaire, « une puanteur, une plaie purulente et un obscurcissement total ».

Étymologie (suite et fin)

Reprenons notre enquête étymologique où nous l'avons laissée et finissons-en. Rappelons que le mot « Dieu » provient de la racine *dev*. Celle-ci désigne le fait d'éclairer, rayonner, illuminer. Dieu, comme le Bien de Platon, éclaire toutes choses.

Le mot « Allâh » a une origine plus complexe et il n'est pas aisé d'en démêler les fils. Les linguistes le considèrent comme une contraction de l'article *al* et du substantif *ilâh*, lequel a au moins sept significations différentes, si j'en crois l'ouvrage de Daniel Gimaret, *Les Noms divins en Islam*. Je n'en retiens pour le moment qu'une seule, non exclusive des autres : le Dieu de l'islam est nommé Allâh parce que ceux qui le voient sont plongés dans la stupeur (*aliha/ ya'lahu*). Ils se figent, interdits, devant la singularité, l'immensité, la beauté qu'ils perçoivent dans Allâh. Il fait les yeux stupéfaits, émerveillés, éblouis, Allâh. On n'en revient pas d'Allâh.

En Inde, le substantif neutre « brahman » provient d'une racine *brh*, qui exprime une idée de *grandeur intensive :* « Brahman est par essence éternel, pur, lumineux, libre. Il est omniscient et tout-puissant car, si l'on fait l'étymologie du mot brahman, on perçoit immédiatement les significations d'éternité, de pureté... Tout cela découle en effet du sens de la racine *brh* qui exprime l'idée de grandeur intensive », écrit Shankara, sage éminent, dans un commentaire aux *Brahma sûtras,* textes traditionnels.

Le brahman est toujours grand. Il l'est de façon égale dans un grain de riz et dans les espaces intergalactiques. Sa « grandeur intensive » fait voler en éclats la coquille des apparences : il fait tout intensivement grand, de la fourmi à l'éléphant. À son aune, tout est d'un seul tenant, comme lui – et immense comme lui, et partout présent comme lui. Dans le prodigieux déploiement d'être du brahman, rien ne se perd de l'intensité initiale.

Quand le mot « brahman » est précédé du qualificatif *nirguna*, les hindous entendent désigner le « brahman sans attribut » (l'éléphant en entier) mais quand il est précédé du qualificatif *saguna*, ils font référence au « brahman avec attributs et qualités » (l'éléphant en morceaux). Quand un hindou évoque simplement le brahman, sans aucune précision, il s'agit toujours du premier sens, de la même façon que lorsque je parlerai, dans ce livre, de l'éléphant, sans le qualifier, il s'agira toujours de l'éléphant entier.

Les Russes désignent ce que nous appelons Dieu par le mot *Bog*, lequel provient de la racine indo-européenne *bhaj*. Signalons un fait curieux et fort intéressant : cette même racine se retrouve dans le mot sanscrit *bhagavant*, qui est l'un des noms du dieu suprême en Inde. Le *bhagavant* est le « bienheureux » ; la *Bhagavad-Gîtâ* est le « chant du bienheureux ». Le dieu est bienheureux parce qu'il possède la *bhaga* (même racine), qui est le bonheur intense, la meilleure part, l'inimaginable part, le très gros lot. *Bog*, si l'on se rapporte à cette racine, est l'être le plus heureux qui soit. Prenons tout le bonheur du monde, concentrons-le en un point unique, faisons chauffer, portons à incandescence, nous n'aurons encore qu'une faible idée de la félicité divine.

Maintenant faisons comme devraient faire les aveugles du conte : partageons nos trouvailles. Si nous mettons bout à bout les quatre racines de Dieu, Allâh, brahman et *Bog*, nous voyons se dessiner un être lumineux, d'une immensité inconcevable, infiniment heureux, et très mais vraiment très étonnant. C'est un premier aperçu. Un premier faisceau d'indices. Poursuivons l'enquête.

Au fond du trou

Qu'est-ce que ce grand courant d'intuitions, de pensées et d'émotions « mystiques » que l'on appelle le soufisme ? Je propose la définition suivante : le soufisme est l'ensemble des chaînes initiatiques qui rattachent les soufis au prophète de l'islam et à sa *baraka* (= sa lumière heureuse). On est en droit de supposer que ce courant vivifiant, souterrain, décrit par les soufis comme la moelle (*lubb*) de l'islam, sa raison d'être, son support, son essence, dépasse largement les frontières visibles de cette religion, comme *la communion des saints,* dans le catholicisme, dépasse les frontières de l'Église visible. Une telle définition, bien sûr, n'est pas exclusive. L'histoire qui suit va nous donner un éclairage un peu différent sur le soufisme. Elle figure dans *Le Livre du Dedans,* le principal traité en prose de Rûmî, sur lequel je reviendrai souvent dans ce livre.

Rûmî vécut au XIIIe siècle, comme Ibn 'Arabî, époque de grands bouleversements pour l'islam, comme aujourd'hui. Sa famille, qui était originaire de Balkh, l'ancienne Bactres, aujourd'hui en Afghanistan, dut s'enfuir devant les invasions mongoles. Après de multiples péripéties, elle trouva refuge à Konya, en Anatolie, où le maître est inhumé. Rûmî fut surnommé le « sultan des amoureux » et Ibn 'Arabî le « sultan des connaissants » ; le premier cheminait par la voie de l'amour et le second par celle de la connaissance, l'un progressait par la face sud et l'autre par la face nord, mais sur une montagne étrange, où l'on n'est jamais sûr de rien et où l'on peut passer instantanément d'un versant à l'autre, parfois sans même s'en apercevoir.

Rûmî attribue la paternité de l'histoire qui vient à Shams, lequel était originaire de Tabriz en Perse. Shams était l'ami intime de Rûmî, comme Montaigne était celui de La Boétie, sauf que leur lien était mille fois plus fort : le lien entre deux sages n'est-il pas mille fois plus fort qu'entre deux hommes remarquables ? La rencontre de Shams fut un trait de feu. Il y eut un avant et un après. « Cette rencontre tient en trois mots, dit Rûmî : j'étais cru, j'ai été cuit, je suis brûlé. »

L'histoire de Shams a une tonalité singulière, presque onirique. La voici.

Une caravane voyageait on ne sait où sans trouver ni village ni eau. Enfin, les caravaniers parvinrent à un puits mais ils n'avaient pas de seau, bien que la caravane soit très longue et regorge de mille marchandises. Ils se saisirent donc d'un pot en argile et le firent descendre, à l'aide d'une corde, dans le puits. Mais quand ils tirèrent le pot pour le remonter, la corde se rompit. Ils firent descendre un autre pot, dont la corde se rompit à son tour. Alors, ils firent descendre un serviteur, puis un autre, et encore un autre, en les attachant avec des cordes liées à un harnais. Mais tous disparurent. Les caravaniers se demandèrent si le puits avait un fond. Or il y avait parmi ces voyageurs un homme plus avisé que les autres, comme Thésée parmi les Athéniens (c'est moi qui ajoute), il dit : « Je vais descendre. » On le fit donc descendre. Il était presque arrivé au fond quand un nègre terrifiant surgit de l'obscurité, tel un minotaure. L'homme pensa : Je suis perdu, mais ne perdons pas notre sang-froid, je pourrai ainsi voir ce qui va m'arriver. Le nègre dit : « Ne bavarde pas. Tu es mon captif et tu mourras si tu ne donnes pas la bonne réponse à la question que je vais à présent te poser. » L'homme répondit : « Parle. » Le nègre dit : « De tous les lieux, quel est le meilleur ? » L'homme pensa : Je suis impuissant entre ses mains, si je dis que Bagdad ou Samarkand sont des lieux où il fait bon vivre, il va penser que je le méprise, lui et l'endroit obscur où il vit. Car le nègre habitait au fond du trou. Notre homme avisé répondit donc : « Le meilleur endroit où vivre est celui où l'homme a un ami intime, même s'il se trouve dans un trou de souris. »

The place to be est près de son ami.

La réponse fit mouche. J'imagine que le noir terrifiant sourit. En tous les cas, il se repentit de ses mauvaises actions, aida son nouvel ami à remonter, et donna de l'eau fraîche aux gens de la caravane. On peut aussi supposer, bien que l'histoire ne le dise pas, qu'il accompagna l'homme sage durant le reste de son voyage. La morale de l'histoire ? Il existe blotti au fond de notre inconscient un être hostile, qui peut ronger et détruire notre vie, comme un cancer de l'âme, mais par un mot juste, une parole bien avisée, transformatrice, nous pouvons le désarmer et en faire un ami. De ces paroles transformatrices, que j'appelle dans ce livre *paroles éclatantes*, je donnerai plus loin trois exemples.

Autres approches du soufisme

Rûmî et Shams sont donc des *soufis*, et l'histoire que je viens de retranscrire, avec mes mots et de légères modifications, fait surgir une autre perspective sur ce grand courant qui vivifie l'islam de l'intérieur, comme l'âme anime le corps, et la sève l'arbre : le soufi est un homme qui possède un double savoir, il sait qu'il a sur terre un ami et il sait où le trouver. Il connaît des pistes. Il sait où chercher. Il n'est pas perdu, à la différence de l'homme occidental qui veut « travailler plus pour gagner plus ».

Dieu est l'ami du soufi, et quand il l'éclaire d'une lumière amicale, il est nommé dans l'islam *al-Walî* : Dieu est le *Walî* des croyants, dit le Coran (2, 257). Le même aperçu figure dans la *Gîtâ* où le dieu universel est présenté comme l'« ami de tous les êtres ».

À Mansûr al-Hallâj, soufi et poète, nous devons une vision du soufisme aussi singulière que son auteur. Hallâj, nom qui signifie le « cardeur de coton » – car telle était la profession de son père –, enseignait son savoir de façon abrupte, sans prendre de gants, et il se trouva naturellement en conflit avec tous ceux qui dans l'islam, religion qui se targue pourtant de ne pas mettre d'intermédiaire entre l'homme et Dieu, se croient chargés d'assurer la police de la pensée.

Quand Hallâj prononça publiquement la célèbre parole : *Ana' al-Haqq*, « Je suis le réel » (c'est-à-dire : Je suis Dieu), il heurta frontalement les docteurs, cadis, mollahs, ulémas, légalistes, qui l'accusèrent d'hérésie, de sorcellerie et d'un orgueil satanique : Comment ? Cet homme, dont nous connaissons les parents, qui circule dans les marchés comme nous, qui a des faiblesses pareilles aux nôtres, cet homme avec ses caries, ses cheveux clairsemés, ses poils dans le nez, ses odeurs, cet homme dont nous connaissons les frères et les cousins, la mère et le père, cet homme perdu, ce misérable, se fait l'égal du Dieu très-haut ? Blasphème ! Blasphème !

N'avons-nous pas déjà entendu ce langage ? Les chasseurs de blasphèmes appartiennent à une famille d'esprits qui traverse les millénaires. Héritiers des zélotes, des scribes et des prêtres du Temple, dénoncés par Jésus, ancêtres de ceux qui tuent aujourd'hui des journalistes et des dessinateurs, race de Caïn, sépulcres blanchis, champignons pourris, qui n'entrent pas et empêchent les autres d'entrer, ils toisent le monde du haut de leurs certitudes et tranchent avec assurance entre licite et illicite, vrai et faux, orthodoxie et hérésie.

Dans le cas qui nous occupe, ils ne voient pas l'évidence : que Hallâj, en proférant son fameux *Ana' al-Haqq*, ne fait que réaffirmer l'essence de l'islam – « Il n'y a pas de Dieu hormis Dieu », dit la profession de foi d'un milliard de musulmans. Comme Dieu est identique au réel, cette parole signifie qu'il n'y a pas de réel hormis le réel. Comment pourrait-il y en avoir ? Comment lui Hallâj, le fils du cardeur de coton, aurait-il osé s'ériger comme un être à part de Dieu ? Se séparer du réel ? D'un fil ? C'est alors, sachant ce qu'il sait, que son orgueil aurait été cause de scandale et de nature proprement satanique. Hallâj établit la distinction élémentaire entre le petit moi, qui est poussière, substantiellement rien, et son moi profond, qui est Dieu lui-même, lequel occupe toute profondeur et se déploie souverainement dans l'apparence.

Hallâj était un poète extravagant. Il composa des vers magnifiques. À Bagdad, on le surnomma *al-mustamil* (l'extasié) et à Basra *al-muhayyar* (l'ébloui). Il fut condamné à mort et crucifié sous le califat des Abbassides en 922. Alors qu'il était suspendu au gibet, bras en croix, un ami l'interrogea : « Qu'est-ce que le soufisme ? » Hallâj, accroché, élevé de terre, hors de soi, triomphant de la mort, « sur-exhaussé », comme le dit Louis Massignon, sur ce théâtre central du monde qu'était Bagdad, répondit : « Le début du soufisme tu le vois ici, son terme tu le verras demain. » Le lendemain il fut amputé de ses membres. Son sang, se répandant autour du gibet, dessina sur le sol le nom d'Allâh, dit la légende. Encore vivant, Hallâj improvisa ces vers :

Ni membres ni jointures ne me furent amputés
Sans que votre souvenir, Seigneur, ne s'y trouvât !

Son ami comprit, en un éclair, la nature profonde du soufisme.

2

L'éléphant nommé « réel »

Le réel, le vrai, l'un : c'est tout un

Le mot français « réel » est dérivé du bas latin *realis*, lui-même dérivé du latin classique *res*, qui signifie « chose ». La république (*res publica*) est, en principe, la chose de tous : elle inclut tout le monde, sans exclusive, et pas seulement quelques-uns. Elle n'appartient pas aux aristocrates, aux riches, aux hauts fonctionnaires. Sa vocation est d'être impartiale et de nature ouverte.

Dans le soufisme, mais également dans le vedânta, qui est la grande philosophie de l'Inde, Dieu est absolument identique au réel, à la fois parce qu'il est la chose de tous et non de quelques-uns, qui s'en feraient les porte-parole, et d'autre part parce qu'il agrège l'ensemble des éléments qui constituent le réel, sans en exclure aucun. Il est impartial : il n'est pas d'un côté plutôt que d'un autre, pas d'un parti, d'une confession, d'une Église, d'une religion plutôt que d'une autre –, il faut aujourd'hui insister sur ce point encore plus que par le passé. Il est aux côtés de la prostituée autant qu'avec le prêtre, le mollah ou le rabbin. Il est avec le poète autant qu'avec le géomètre. On ne l'enferme pas, on ne l'englobe pas. Jamais. C'est le contraire : c'est lui qui englobe tout et tous – raison pour laquelle l'islam le nomme *al-Wâsi'* (l'englobant).

Les noms divins qui désignent Dieu en sa qualité de réel sont *al-Haqq* dans l'islam – nom par lequel, rappelez-vous, Hallâj, le soufi martyrisé à Bagdad, se désigne lui-même – et *satya* en Inde, dont Gandhi disait qu'il était le plus important des noms divins. Par une coïncidence sémantique dont on peut penser qu'elle n'est pas fortuite, ces deux mots, *al-Haqq* et *satya*, désignent aussi la vérité. L'éléphant réel est l'éléphant vrai. Vérité et réalité coïncident. Illusion et mensonge aussi. C'est la seconde équivalence sur laquelle je voulais attirer l'attention. Quand les aveugles affirment que l'éléphant est une balayette ou une trompette, ils ne sont pas délibérément des menteurs mais ils se fourvoient et, ce faisant, ils nous fourvoient aussi. Ils nous transmettent une image falsifiée du réel.

Désaccords sur le réel

Pour des musulmans ou des hindous, la question du réel ne se pose pas. Dieu est identique au réel, qui est lui-même identique à la vérité et à l'unité. C'est tout un. Plus un homme est « proche » de Dieu – si tant est que l'on puisse s'en approcher ou s'en éloigner, ce qui est très douteux compte tenu qu'il est partout –, plus cet homme *se réalise*. Et inversement.

Dans nos sociétés occidentales, la question du réel ne se pose pas non plus, ou de façon très marginale. Aujourd'hui, 14 octobre 2014, je lis ce titre dans le quotidien *Le Monde :* « Jean Tirole, un Nobel bien ancré dans le réel. » Le rédacteur du *Monde* sait parfaitement de quoi il retourne, il ne ressent pas le besoin de s'expliquer sur le sens du mot « réel » et, de surcroît, il sait où son lecteur pourra le trouver : dans les pages économiques du *Monde*. Cela n'est pas matière à questionnement.

Jean Tirole est un économiste français récompensé par le prix Nobel d'économie pour ses travaux sur le marché et la régulation, le système bancaire, la finance et l'économie industrielle. Nul ne contestera l'importance de ces phénomènes, qui règlent et dérèglent la vie de millions de personnes. Mais est-ce pour autant le réel ? Si nous répondons par l'affirmative, l'islam et l'hindouisme, qui identifient le réel à Dieu, sont en pleine illusion. Le réel de Jean Tirole, de M. Bertin et de Karl Marx n'est pas celui de Hallâj, de Rûmî et de Shankara. L'Inde de Tata n'est pas l'Inde du yoga, même s'il leur arrive de se rencontrer.

Deux conceptions du réel sont aux prises. Depuis très longtemps. Peut-être l'histoire de l'humanité est-elle l'histoire de leur affrontement.

Le rédacteur du *Monde* peut se prévaloir de l'assentiment du très grand nombre, surtout en Occident et, qui plus est, d'antécédents illustres. Pour Descartes, le réel est, par essence, mesurable, quantifiable : Ne vaut comme véritablement réel, dit le philosophe, que ce qui est scientifiquement calculable, démontrable. La pierre de touche du réel est le chiffre : il faut en faire, disent nos gouvernants. Mais le réel dont l'islam et l'hindouisme nous disent qu'il est la chose la plus désirable du monde (l'aimé par essence) possède des caractéristiques exactement inverses : il est inscrutable, incalculable, incomparable et immuable. C'était le même il y a trois mille ans. Ce sera le même quand le soleil s'éteindra. Il ne migre pas. Il ne bouge pas. Il ne s'achète pas, il ne se vend pas. Les courbes, statistiques, équations n'en rendent pas compte. Un haïku, si. C'est même sa fonction.

Entre deux conceptions aussi antagonistes du monde, nous devons discerner celle qui correspond à notre nature profonde puis agir en conséquence. C'est un choix de vie, comme dirait Pierre Hadot. Et parce que ce choix est capital, il ne doit pas être fait à la légère mais après enquête. Le temps de l'enquête peut être le temps de la vie. En tous les cas, c'est précisément cela que nous faisons maintenant – enquêter – avec notre éléphant.

Parvenus à ce point, nous disposons de quelques indices supplémentaires pour nous faire une idée du pachyderme : il est un, compact, simple, vrai, *réel*. Il est invisible et cependant certains assurent l'avoir vu. Il ne bouge pas. Nous disons qu'il est entré dans le village mais s'il est étranger au temps, il l'est forcément aussi au mouvement. Il n'entre donc pas, il ne sort pas non plus. Quel animal étrange ! Comme le dit le grand soufi persan Rûzbehân, il fait voler en éclats les « normes des intellects », exactement comme le font les instruments de la science moderne. Non, nous n'y comprenons plus rien.

III

Existe-t-il seulement ?

Dieu est hors normes, « sans pareil », dit l'islam. À cause de cette extrême singularité qui le caractérise, il est, lui l'universel, inconcevable et comme séparé de tout.

Si la sagesse consiste à connaître Dieu – identique au réel –, nous devons en conclure qu'elle est aussi, dans son essence, séparée de tout. Héraclite l'Éphésien, surnommé l'Obscur, avait perçu cet étrangement : « Aucun homme, parmi tous ceux dont j'ai écouté les paroles, n'est parvenu au point de reconnaître que la sagesse est séparée de toutes choses », dit-il. Les sages sont séparés de nous non pas physiquement mais ontologiquement. Pour cette raison, ils sont rarissimes, aussi rares que le Phénix, assure Sénèque : on en rencontre un tous les cinq cents ans.

Pourtant, ce Dieu *tout autre*, qui jette l'homme hors de ses gonds et de ses repères, infiniment déroutant, est aussi infiniment proche : il est là « au plus intime de moi-même » (*interior intimo meo*), dit saint Augustin, plus proche de nous que nos frère, mère, père, plus proche que notre meilleur ami, « plus proche que notre veine jugulaire », dit l'islam, plus proche que le battement de notre sang.

Alors une question vient naturellement aux lèvres : comment un être aussi extraordinaire, aussi dérogatoire du sens commun pourrait-il exister ?

1

Pourquoi Dieu n'existe pas

Nature sémantique du débat

« Dieu existe, je l'ai rencontré », assurait André Frossard. Il est arrivé que des croyants, et même des philosophes croyants, cherchent à prouver l'existence de Dieu. Aujourd'hui une telle tentative paraîtrait impropre et maladroite. Or nous savons, depuis Socrate, qu'un langage défectueux non seulement blesse les oreilles mais fait aussi du mal à l'âme. Les croyants n'ont aucune raison de croire à l'existence de Dieu. Et les incroyants n'ont aucune raison de nier son existence. Les flèches des uns et des autres tombent loin de la cible. C'est fini, tout cela. Pourquoi se couler dans les moules anciens, nourrir des opinions, qui ont toutes un envers, aussi valide que l'endroit ? Regardez les blés, dit un prophète, observez la blancheur des champs, ils sont mûrs pour la moisson. Le temps n'est plus de repriser les vieux mots d'une vieille tribu, ils ont fait leur temps. Je m'explique.

Il y a des montagnes qui sont accessibles par une face et inaccessibles par l'autre. C'est le cas de l'existence de Dieu, question épineuse et totalement insoluble dès lors qu'on y entre de façon naïve. En revanche, si nous soulignons d'emblée la nature sémantique du débat – et c'est vrai de la plupart des débats –, les difficultés s'estompent. À la question : Dieu existe-t-il ? mieux vaut répondre, surtout si l'on est « croyant », que non, Dieu n'existe pas. Car Dieu n'a pas besoin d'exister pour être. C'est même le contraire. Si « exister » veut dire « ne pas être », et même « sortir de l'être », comme l'entendaient les Grecs et Heidegger (dont je rapporte brièvement la leçon en note), il convient de dire que Dieu, identique à l'être, n'existe pas. Aller hors de soi n'est pas une option pour Dieu, puisqu'il est tout. Suivant cette logique, Basilide le gnostique dit que Dieu est *rien*, plus rien que le plus rien, un « rien qui lui-même n'existe pas ». Qui n'a pas de dehors, en effet, sinon rien ? Un œuf de puce observé au microscope existe infiniment plus que cet infiniment rien qu'est Dieu. Ce n'est pas un paradoxe.

Notre balourdise

Je répète : Dieu n'existe pas, il ne prend pas la porte, l'exit. Il ne prend rien du tout. Il n'est pas pris. Il ne mange pas, il n'est pas mangé, dit un texte védique. Il demeure imperturbable, sur son quant-à-soi, reclus dans son *en soi*, comme la chose de Kant, modèle de tous les reclus, non né, abrupt, silencieux, solitaire, immobile et déconcertant. Nos catégories, nos universaux, nos mots naïfs, balourds, puérils sont impuissants.

Une objection surgit : si Dieu n'existe pas, ces étincelles, signes, irradiations, ces « théophanies », pour reprendre un grand mot de théologien, ces avatars splendides, qui illuminent les horizons et l'histoire, la nature vierge et le fond des cœurs, d'où proviennent-ils ? Réponse : de l'être, de cet être qui jamais ne sort mais fait signe. Héraclite le dit, comme toujours obscurément, mais aussi superbement : « Le dieu qui est à Delphes ne cèle ni ne décèle mais il fait signe. » Les signes divins parviennent à nous, qui avons un pied dans l'existence, ils éclairent notre esprit et réchauffent notre cœur. Pour cette raison, nous pensons et disons : Ce dieu qui nous fait signe nous est apparenté, il ne peut pas en être autrement. Sinon comment pourrions-nous capter ses signes ? Il est comme nous, avec nous, donc il existe. Nous oublions que l'existence n'est qu'un pis-aller.

Nous pouvons avancer une autre raison forte et simple pour laquelle il serait impropre de dire que Dieu existe. Cette raison est que l'existence implique individuation, limitation, séparation, temporalité, tous caractères évidemment étrangers à l'idée de divinité, et qui lui sont même incompatibles. Dieu n'est pas à notre image, il est *séparé de tout*. Nous ne l'attraperons pas, ce poisson des grandes profondeurs, avec la ligne de l'existence, nous ne le ferons pas entrer dans nos filets. Trop petits, nos filets. Trop petit, notre esprit. Trop petits, nos concepts. Certes, mais alors sur quoi s'appuyer ? Comment progresser ? Il faut chercher encore, avec ardeur.

En résumé, l'existence de Dieu ne saurait être considérée comme acquise, même pour un croyant. Elle ne va pas de soi. C'est nous qui tombons sous le coup de l'existence. Et encore, en sommes-nous bien sûrs ?

2

Pourquoi Dieu existe

Je dois à présent vous raconter l'expérience qui est à l'origine de ce livre. Je ne vous la dirai pas avec les mots du philosophe, ni avec ceux de la foi, mais avec les mots ordinaires, ceux de tous les jours, comme il convient à une histoire ordinaire, et je vous la dirai vite parce qu'elle me concerne.

Je ressentais, enfant, une « présence » – encore aujourd'hui, je ne trouve pas un meilleur mot pour raconter cette expérience. Elle m'accompagnait lorsque j'allais à l'école ou au jardin d'acclimatation, en sortant du cinéma ou en regardant le ciel : soudain, elle était là, dans la course des nuages, le bruissement de l'eau, le vol des passereaux, elle était le silence au milieu des cris dans la cour de récréation. Je ne savais pas pourquoi elle venait, pourquoi elle disparaissait – encore aujourd'hui les lois qui régissent ses allées et venues me demeurent impénétrables.

À l'adolescence puis à l'âge adulte, cette présence était encore là, peut-être moins intense mais plus consciente. En Espagne, au Pakistan, aux Pays-Bas, dans les divers pays où j'exerçais mon métier, elle était là, amicale. Elle devint, à mes yeux, le noyau secret de mon identité. Personne ne la voyait, je n'en parlais à personne. Parfois elle était radieuse, comme dans certains paysages de neige. J'avais le sentiment alors de toucher au but, ou plutôt, à y repenser, c'était comme une promesse que je le toucherais un jour. À d'autres moments, elle se tamisait, se faisait intime. À la fois savoureuse et vague, sans trait fixe, à la manière de ces étangs tranquilles, de ces écharpes de brume où les peintres chinois tentent de capter un reflet du Tao. Je n'avais pas la « foi », je n'aime pas ce mot. C'était plutôt un contact : j'étais branché, *relié*. Si c'est cela avoir la foi, alors oui, j'avais la foi, mais nue : j'aimais celui qui se présentait mais je ne croyais à rien. Encore aujourd'hui je ne crois à rien.

Adolescent boutonneux, philosophaillant sur les bancs de la Sorbonne, ignorant l'existence du monde au-delà du périphérique, j'avais le cœur léger. Le sentiment m'accompagnait de n'être pas l'individu obscur que j'étais selon tous les paramètres sociaux – naissance, fortune, relations, talent – et que j'étais destiné à rester. Je comprenais d'instinct, sans me le formuler clairement, que la meilleure compagnie, à laquelle chacun aspire, n'est pas dans les fêtes éblouissantes, les hôtels particuliers, les clubs huppés, la notoriété, la richesse, l'élégance, ni même dans la drôlerie, l'intelligence ou le talent. Elle est là où tu es, point. On est partout dans le premier cercle, dans une hutte sur le bord du fleuve Niger ou en compagnie des puces à Karachi : du moment que tu y es, c'est bien. On est au centre. Et j'y étais, de temps en temps, avec toi.

« Là où tu te trouves, c'est la meilleure place », écrit Rûmî.

Dans cette conviction, la vision hiérarchique du monde, avec ses échelons et ses places, s'efface progressivement et finit par disparaître dans une insondable égalité.

Vous avez remarqué ? Je dis « tu ». Je le dis malgré moi. Quand Nietzsche dit : « Dieu est mort », cela signifie que Le Dieu personnel est mort, celui avec lequel on est, précisément, à tu et à toi. La présence dont je vous parle était intensément personnelle : j'avais un ami à demeure. Encore aujourd'hui, le « tu », pronom de l'intimité, me vient naturellement aux lèvres. Et quand il ne me vient pas, je sais qu'il y a un lieu où il me viendrait, le meilleur des lieux, la meilleure des places, si seulement j'allais le chercher avec ardeur, persévérance et détermination, comme le roi Brhadratha cherchait l'âtman.

Cette présence me faisait comprendre des paroles de l'Écriture, dont le poids autrement m'aurait échappé, comme celle-ci par exemple : « Qu'il me baise du baiser de sa bouche. » Je formule les choses naïvement. Je frôle le ridicule ou l'impudeur, les deux peut-être. Mais je dois m'efforcer à l'honnêteté. Et d'ailleurs je ne vais pas insister.

Ta présence était rayonnante, heureuse, sécurisante. Le fond de la vie, ordinairement éteint, prenait couleurs, saveurs et lumière. Ami, tu donnais couleur amicale à la vie. Tu l'enchantais. Parfois tu demeurais en retrait, derrière la treille. À d'autres moments, je te perdais complètement, pendant des mois, je finissais par t'oublier, alors mon désarroi était profond et, plus d'une fois, poussé par la tristesse, je plongeai délibérément dans une eau noire, dans des lieux où les hommes se perdent. J'en ressortais hagard, déchu, sali.

Quand tu étais avec moi, le jugement était suspendu. Ne t'inquiète pas, me soufflais-tu, puisque je suis là, pourquoi t'inquiéter ? Le temps de la crainte et du tremblement, du labeur, de l'épargne, des taux d'intérêt et du calcul, bref, le temps de la vie adulte m'était épargné. Tu me tirais des affaires. Tu tirais, pour moi, les marrons du feu. Comme ton fardeau était léger ! Il allégeait tous les autres. Ceux qui pèsent sur les épaules d'un homme n'ont pas pesé sur les miennes. Quel cadeau ! Le plus beau. Je ne me targue de rien. J'ai reçu et je n'ai pas donné. Quand la fée Carabosse s'est relevée, elle ne m'avait rien laissé : toi seulement, toi, contraint de « faire avec », avec moi, de faire au mieux. Avec ce bois vermoulu, l'architecte doit construire la maison ; tu dois composer avec un avorton de plus. Mais n'est-ce pas ton matériau de prédilection, l'avorton ?

Maintenant j'ai vieilli. Mes cheveux sont devenus gris, puis blancs, puis jaunes. C'était il y a longtemps. La vie s'amenuise. L'absence est devenue notre façon d'être ensemble. Tu es toujours au centre, tu tires toujours les ficelles mais seulement les plus grosses, tu me laisses les autres. Je dois faire comme si j'étais grand, comme si tu me voulais grand, malgré moi. Tu n'apparais plus sur la scène ou rarement. J'essaie de faire ce que je dois. Je vais où tu me dis d'aller, où je ne me sens pas en l'air, pas arbitraire, mais accompagné, guidé, soutenu, adossé. Je fais des efforts pour me situer dans le cercle de la nécessité, je tombe parfois, je me relève, puis je retombe, comme un homme titubant d'ivresse ou de fatigue tente de revenir chez lui, vers sa *querencia*.

J'habite Nice, je ne dirais pas comme Charles Juliet le dit de Lyon que c'est « ma ville », j'y suis étranger, et cependant il m'arrive encore de chercher dans ses rues, dans la rougeur du soir et la lumière de l'hiver, dans la modulation des vents et de la mer des signes de la présence. Parfois j'en perçois le chatoiement. Je n'ai plus de métier. Le téléphone ne sonne plus. « Il est bon de se faire précéder dans la tombe du silence que l'on y trouvera », écrit Chateaubriand. L'Enchanteur, qui détestait l'islam autant qu'il l'ignorait, aurait été bien étonné d'apprendre que ces mots, écrits à M. Villemain, reformulent, avec bonheur, un très ancien précepte du prophète : « Vous devez mourir avant de mourir. »

Il me semble entrer dans cette « zone de mort » dont parlent les alpinistes lorsqu'ils dépassent les huit mille mètres. Traînard sur la terre, comme l'Enchanteur, sans son génie, je réalise que le moment est venu de me pencher à nouveau vers la mystérieuse présence. Fût-elle une chimère destinée à dorer la pilule amère de l'existence ? Peut-être, mais alors reconnaissez que cette chimère est largement partagée. Ce que je vous raconte n'a rien d'exceptionnel. Je crois que c'est la matière première de l'expérience religieuse la plus ordinaire, vécue par des centaines de millions d'hommes et de femmes ordinaires, comme moi, aujourd'hui comme avant le déluge, malgré les Lumières, les contre-Lumières, la révolution industrielle et technique, son échec prévisible, et les imprécations de Nietzsche.

Est-il besoin d'indiquer que cette expérience ordinaire n'est tributaire d'aucun dogme ? Elle se joue des appartenances confessionnelles, elle s'adapte à tout, comme l'eau, symbole de *la Voie* aux yeux des anciens sages chinois.

Aussi est-elle parfaitement compatible avec la modernité et l'héritage dont celle-ci a reçu le dépôt de la Grèce : la liberté de pensée.

Cette présence est secrète mais toute la nature crie ce secret sur les toits. Les passereaux quand ils tournoient le soir en vol serré participent à cette fête, comme les mouettes effilées quand elles contemplent le ciel, immobiles sur le sable. Ils ont vent de cette présence, et avec eux les arbres et les fleurs, et la feuille qui tombe de l'arbre, et le soleil qui joue entre les feuilles, et les montagnes quand elles rougeoient au crépuscule, tous savent le secret, tous l'attestent. Seuls les hommes, trop affairés, trop occupés d'eux-mêmes, l'ignorent.

L'énigme demeure : pourquoi viens-tu et repars-tu ? Pourquoi ne sommes-nous pas ensemble tout le temps ? Pourquoi ces tourbillons, ces vertiges, ces affaissements, chutes et pertes de mémoire ? Pourquoi ne puis-je tenir debout qu'après m'être roulé auparavant dans la poussière ? As-tu une idée ? Qu'attends-tu de moi (encore que je le sache) ? Qu'est-ce que je fais là ? Et d'ailleurs qui es-tu ? Es-tu un ange gardien, un djinn bien luné, un ami, dont je voudrais sentir plus souvent la main dans la mienne ?

Rapproche-toi car je suis un homme pécheur…

Je suis né chrétien, mes parents me choisirent une marraine dont la foi fervente bousculait mes montagnes de doutes et d'ironie. Elle se moquait de mon goût pour Voltaire. Elle me montrait le Christ à temps et contretemps, comme Paul dit qu'il faut faire. Elle tentait de me faire comprendre que le monstre que j'étais (elle n'employait pas ce mot), matière rétive et fêlée, trouverait sa Forme dans la contemplation de cette figure lumineuse.

Jacqueline Frié, c'est son nom, avait écrit un livre de poèmes intitulé *Toucher terre*. Elle priait pour moi, qui en ai tant besoin, et pour ses autres filleuls. Je ne sais pas si ces prières ont « joué » comme on dit dans mon pays d'origine, la Suisse, mais je lui exprime ici ma reconnaissance. La présence aimante qui illumina une partie de ma vie fut-elle le fruit de ses paroles ? Est-ce le Crucifié de Jacqueline qui vit, vivote plutôt, à mes côtés, tremblote à l'horizon comme un fanal agité par le vent ? Ou bien, dans une perspective plus sobrement clinique, ai-je bénéficié, pendant longtemps, d'un excès de sérotonine, dopamine, adrénaline, qui a fini par s'épuiser ? Une capsule surrénale s'est-elle, quand j'étais petit, déréglée ?

En écrivant ce livre, je pense à toi, Jacqueline, et à l'ami que tu m'as laissé. Où es-tu à présent que tu as *touché terre* ? Et la lumière heureuse qui nous unissait, où est-elle à présent ? La reverrons-nous un jour ensemble ?

3

Maître Eckhart : dans le fond et le tréfonds

Alors, existe-t-il ou pas Dieu ? Le lecteur l'aura compris bien sûr : si nous appréhendons Dieu par la raison, et en donnant le sens limitatif que j'ai donné au mot « existence », Dieu n'existe pas ; mais si nous l'appréhendons par le cœur, ce sixième sens, salle obscure où le projectionniste allume et éteint le film à sa guise, alors oui, il existe.

Maître Eckhart, père de la mystique allemande, qui vécut entre le XIIIe et le XIVe siècle, a utilisé un mot particulier pour distinguer Dieu de son essence, nommant celle-ci « déité » (*Gottheit*). Comme la déité se trouve au-delà de toute dualité, elle est aussi au-delà de cette distinction que nous établissons naïvement entre existence et inexistence.

Maître Eckhart (1260 – 1327 ou 1328), né à Hochheim en Thuringe, étudia à Erfurt, Cologne, Paris. Haut dignitaire de l'ordre des dominicains, auteur de sermons et de traités, d'ailleurs remarquablement traduits en français par Paul Petit, son influence s'exerce en profondeur, encore aujourd'hui, sept cents ans après sa mort.

Au cours de sa méditation sur Dieu, où il avait commencé comme tout le monde par le début, par les choses simples, comme la figure et la forme, il déboucha sur une réalité tout autre, triangle des Bermudes métaphysique, où les réalités singulières étaient happées dans l'« inexistence ». Maître Eckhart étant un explorateur courageux, il ne battit pas en retraite. Il essaya de percer les secrets de ce continent nouveau pour lui et d'en rendre compte avec des mots simples.

Aussitôt que cela (*Gottheit*) entrait dans son champ de conscience (je ne crois pas que cette manière de s'exprimer soit correcte mais je ne crois pas non plus qu'il en existe une seule correcte), quand cette réalité, donc, entrait dans son champ de conscience, elle absorbait le champ et la conscience, maître Eckhart lui-même et le Dieu personnel qui l'avait accompagné jusqu'à ce seuil. Cette réalité vertigineuse lui apparut comme le fond originel de tout, ou plutôt le « sans-fond » de tout, à pic, abrupt, ouvert, immense et homogène, tapi sous l'apparence diversifiée des choses. Qui voudrait appréhender cette réalité n'y parviendrait pas. Qui voudrait la représenter irait à contresens : il s'en éloignerait plutôt.

« Dieu devient et passe », écrit Eckhart. L'étincelle, qui jaillit du foyer lumineux, disparaît dans la nuit, mais le foyer lui-même ne devient pas, ne passe pas. Dieu peut être saisi, aimé, consommé : il passe. Mais la Déité est insaisissable, inconsommable et innommable : elle ne passe pas. Dieu et la Déité sont aussi différents l'un de l'autre que le ciel et la terre, dit maître Eckhart. Et c'est pourquoi il leur donne deux noms distincts. On ne désigne pas avec le même mot le ciel et la terre, le soleil et la lune, n'est-ce pas ?

« Dieu n'apparaît que là où toutes les créatures le nomment, écrit encore Eckhart. Lorsque j'étais dans le fond et le tréfonds, dans le ruisseau et la source de la *Déité*, personne ne me demandait où je voulais aller ni ce que je faisais, parce qu'il n'y avait là personne pour m'interroger. Ce n'est qu'une fois écoulées au-dehors que toutes les créatures dirent : Dieu ! » On s'écrie : Dieu ! après, après seulement, quand on a été rattrapé par le ressac de l'existence et poussé au-dehors, dans le temps, rendu à la surface rugueuse des choses. Alors oui, c'est vrai, parce qu'on n'est plus « dans le fond et le tréfonds », englouti, on s'écrie : Dieu ! On s'écrie : Dieu ! parce qu'on *existe* à nouveau ; et Dieu, le pauvre bougre, si infiniment petit lui aussi, passant, léger, marginal, en comparaison de la Déité, est prisonnier avec nous dans le filet de l'existence. Quels regrets alors ! Alors oui, on s'écrie : Dieu ! parce qu'on n'a rien de mieux à faire qu'à crier et à appeler notre compagnon de détresse. On s'écrie : Dieu, où en sommes-nous, toi et moi ? ou bien : Dieu, quelle chute ! Mais il est trop tard déjà. Nous sommes pris au Verbe, et au fin maillage des mots qui traîne, étincelant, dans son sillage, et lui aussi, Dieu, est pris avec nous. On se prend la tête entre les mains, comme Adam chassé du paradis. Chute vertigineuse, rapetissement. Nous voilà définis, individualisés, incorporés, minuscules. Existants enfin.

Ce jour-là, l'homme est confondu, et quand il crie : Dieu ! ou : Dieu, sauve-moi ! alors c'est sûr, il est loin, très loin de l'unité originelle. Il en allait autrement « dans le fond et le tréfonds » où il n'y avait pas le brouillard pluriel de l'existence, où il n'y avait pas Dieu et, en face de Dieu, comme dans un miroir, quelqu'un pour s'exclamer : Dieu ! Il y avait une réalité sans mélange, sans qualité ni attribut : *Gottheit*. Pure simplicité, pure félicité, être pur.

L'Église catholique a condamné vingt-huit thèses de maître Eckhart, qualifiant certaines d'hérétiques et les autres de malsonnantes, téméraires ou suspectes d'hérésie. Le principal reproche qui lui fut adressé, dont tous les autres semblent découler, est de s'être trop éloigné du sens commun de l'Église : « Il a voulu savoir plus qu'il ne convenait », résume la bulle de condamnation *In agro dominico*, promulguée en 1329 par le pape français Jean XXII. Circonstance aggravante, le maître ne gardait pas son savoir pour lui et quelques intimes : il le répandait largement dans des sermons communiqués en langue vernaculaire. Des laïcs ignares pouvaient en être tourneboulés. Il jetait la zizanie dans le troupeau.

Avec cette condamnation, une porte se ferme. On relègue la déité dans son tréfonds, et avec elle les idées claires et distinctes. La faille entre la foi et la raison, drame de l'Occident, s'élargit, provoquant des séismes d'intensité variable, jusqu'à aujourd'hui, où la faille est devenue océan, et où chacune suit son chemin sans plus s'occuper de l'autre.

Maître Eckhart ne craignait pas d'exposer clairement sa pensée. Il ne considérait pas l'obscurité comme une vertu, à la différence de tant de théologiens et philosophes venus après lui. Au contraire, il voulait projeter la plus grande lumière possible sur le continent noir de la mystique et en rendre compte avec des mots forts et simples. Il voulait édifier et éclairer, comme l'avaient fait les Grecs avant lui. Il n'était pas un homme du monde. Il était singulier, en toutes choses suivant son étoile. Il disait ce qu'il voyait, à l'allemande, sans prendre de gants, comme Luther les dirait plus tard puis Schopenhauer, Nietzsche et Heidegger.

Je n'en connais pas d'autres, parmi les théologiens, mystiques, philosophes, dans le judaïsme, le christianisme et l'islam, qui osent dire de Dieu qu'il « passe », et qu'il est donc, à notre image, un passager sur la terre et dans le ciel. Le maître pensait que la vérité devait se frayer son chemin par une force secrète inhérente à sa nature. Peut-être n'imaginait-il pas que le chemin serait aussi long et sinueux, et ses adversaires si virulents dans leur détestation.

La déité gît dans le fond et le tréfonds de l'âme. Quand l'homme n'est plus « fixé au-dehors », qu'il n'est retenu par rien, aucun désir, aucune crainte, ni ombre ni image, il tombe dans le tréfonds, dans la « nature originelle » de l'âme. Eckhart souligne le caractère nécessaire de cette chute en même temps que la félicité qui l'accompagne. Il met ainsi en évidence une loi de la mystique aussi fondamentale que la loi de la gravité en physique : si rien ne retient un homme, s'il n'est attaché à aucune propriété physique ou intellectuelle, à aucun savoir, aucune croyance, aucune réputation, aucune représentation, s'il est sans qualité, oublieux de lui-même, il tombe, c'est forcé, comme la pomme de Newton. Où tombe-t-il ? Dans la déité, qui est la *face nord* de Dieu.

Dieu ne supporte pas le vide, ni dans la nature ni dans l'âme. Il ne peut s'empêcher de rayonner, sans acception des personnes. « Quand il te trouve prêt (c'est-à-dire vide), écrit maître Eckhart, il *faut* qu'il entre en action et qu'il se répande en toi, de même que dès que l'air est clair et pur, le soleil doit se répandre et ne peut pas du tout s'en empêcher. » Quand il n'y a plus de voile, la lumière luit. Il ne peut en être autrement. De sorte que le travail d'un homme engagé dans cette recherche ne consiste jamais à construire un système, une théologie, des dogmes, mais plutôt à déconstruire, désencombrer, retrancher, à la manière dont on pèle un oignon, et à s'abîmer enfin dans le non-savoir de Dieu, attendant patiemment d'être saisi.

Maître Eckhart, l'homme qui ne voulait pas être « fixé au-dehors », parce qu'il aimait trop la liberté, disparut un jour sans laisser de trace, comme Lao Tseu, l'énigmatique auteur du *Tao tê-king*. On ignore le lieu et la date précise de son décès. Il disparut lors d'un voyage qu'il entreprit vers Avignon pour se défendre devant le pape des accusations portées contre lui. On n'entendit plus parler de lui, comme on n'entendit plus parler du roi Brhadratha, après qu'il fut parti vers le nord.

4

Il a déjà été vu

Le Mithaq

Il existe, dans l'islam, une très bonne raison pour croire à l'existence de Dieu, c'est que nous l'avons déjà vu. Dieu est une vieille connaissance de l'humanité, la plus vieille de toutes, enfouie profondément dans l'inconscient collectif de tous les hommes, sans exception. Comment oublier une telle rencontre ? Elle est inscrite dans un présent perpétuel, en dessous de la conscience diurne, voilée, tapie, en attente de réactualisation. Cette rencontre inaugurale – et de très bon augure : ne serait-ce pas elle qui nourrit l'inextinguible espérance ? – est rapportée dans la sourate du Coran intitulée « Les Limbes » (7, 172). Je la dis au présent. En ce temps-là, en cet *océan de la pré-éternité*, Dieu rassemble tous les hommes « et les rend témoins sur eux-mêmes », dit la sourate. « Ne suis-je pas votre Seigneur ? » interroge Dieu. Tous les hommes, éblouis par la splendeur divine, dans une exclamation unanime d'allégresse, venue de la racine de l'être, acquiescent : « Oui ! Nous en témoignons. »

Et voilà. Le début est fini. Rideau. Le Coran ne dilue pas. Ce qui peut être dit en deux mots ne l'est jamais en cent. Cette attestation primordiale est nommée, dans l'islam, *Mithaq,* mot que l'on traduit ordinairement par « pacte, alliance, covenant ». Il est gravé, comme un sceau, de manière indélébile, dans l'âme de tous les êtres créés, même dans celle de Satan, surtout dans celle de Satan.

De la vision initiale, nous paraissons être bien loin aujourd'hui. Il en reste cependant quelque chose que l'on peut appeler « signes ». À cause du *Mithaq,* ces signes se présentent à nous comme souvenir, réminiscence, recollection. Le mot arabe qui désigne le signe, ou le signal divin, est *âyât,* mot qui désigne également les versets du Coran, le Livre-signe. Le souvenir est une dimension essentielle de l'islam et plus particulièrement de cette moelle de l'islam qu'est le soufisme. Le mot que je traduis ici par « souvenir » est *dhikr.* Le *dhikr* est la matière première du soufisme, que nous pouvons ainsi définir, une définition de plus, comme une quête des signes divins, pierres blanches pour revenir au tout début.

Le plus vivant (*al-Hayy*) se tient dans le subtil, l'implicite, dans les interstices, en amont, dans le non-manifesté, où le temps est comme suspendu. Depuis ce non-lieu, il projette ses signes, comme le feu projette des étincelles. Où les projette-t-il ? Vers quoi ? « Dans les cœurs et dans les horizons », assure le Coran, c'est-à-dire dans la nature universelle et dans le fond, également universel, de chaque âme singulière, où ils se font écho.

Dieu sort de rien quand rien ne lui fait obstacle. Il se déploie alors, fugacement, dans l'apparence : c'est le signe. Et l'homme de l'apparence se réjouit de cette visitation de l'Être unique dans la sphère du temps et de la pluralité.

Quand l'homme voit un signe, il se ressouvient à des degrés divers de la grandiose vision originelle, le *Mithaq.*

Alors, il s'exclame, tout joyeux : C'est Lui ! Le pronom « Lui » (*Huwa*), pour désigner Dieu, figure dans la sourate intitulée « La Pureté », l'une des dernières et des plus courtes du Coran, où nous lisons : « Dis : Lui, Dieu, un. » Le pronom *Huwa,* indique Al-Jurjâni, dans son *Livre des définitions*, exprime la « plus intérieure des réalités intérieures » de Dieu, le mystère de son « occultation intime sans aucune autodétermination ».

Cependant, l'homme ne pourrait dire de Dieu : C'est Lui ! s'il ne l'avait déjà vu. Quand il s'écrie : *C'est Lui !* c'est comme s'il disait : Mais oui, bien sûr, c'est Lui. Et, aussitôt, il se demande : Comment cela a-t-il pu m'échapper ? Pendant si longtemps ? Par quel enchantement digne de Shéhérazade ? Quelle est cette histoire que l'on appelle le « monde » ? Quelle est cette magie ?

À cause du *Mithaq*, toute connaissance de Dieu est reconnaissance.

On ne vient pas à Lui, on revient. On se souvient.

À Lui, l'originel, on fait retour.

Inégalité mémorielle dans le Phèdre

Si l'idée vous vient d'ouvrir, ou de rouvrir, le *Phèdre* de Platon, si la philosophie scolaire ne vous en a pas définitivement écarté, vous y trouverez un enseignement un peu comparable à celui du *Mithaq* et tout aussi digne d'être médité. L'âme de l'homme, avant de dégringoler dans le devenir, enseigne Platon, eut la chance, au tout début, *in illo tempore*, de monter dans le sillage des dieux au sommet de la voûte céleste. Là-haut, elle eut une vision du Bien absolu – le Bien de Platon est l'équivalent du brahman des hindous, de cette réalité que l'islam nomme « Allâh » et maître Eckhart « déité ». Si ce n'est pas la même chose, ce livre est vain, il n'y a pas d'éléphant en entier, pas de face nord, les aveugles ont raison.

Le Bien (*to agathon*) est la nourriture des dieux. Il est perçu depuis un point de vue panoramique, terrasse de l'univers, où les dieux parviennent au terme d'une ascension bien réglée, légère et sans effort. Parvenus en ce lieu, ils s'arrêtent longuement pour contempler le Bien et s'en repaître. Mais les hommes, pelotonnés dans leur sillage, vont rarement aussi haut et, quand ils y arrivent, ils n'y restent pas aussi longtemps, ils sont rattrapés par la pesanteur. Néanmoins, en prenant appui les uns sur les autres, non sans désordre, ils tentent de percevoir quelque chose. Ils se tiennent en équilibre instable, sur la cime éblouie, avant de retomber, dispersés comme des flocons, jusqu'ici – notre lieu d'exil.

Quelle est la nature du Bien, nourriture des dieux et des hommes ? Platon répond ceci : le Bien est « l'essence, véritablement existante, qui est sans couleur, sans forme, impalpable, uniquement perceptible au guide de l'âme, l'intelligence, et qui est objet de la véritable science ».

Après cette magnifique tournée inaugurale de l'existence, qui laissait présager mieux, l'homme retombe sur la terre compliquée, où il est éclairé, de temps en temps, par le souvenir de l'insigne réalité, là-haut entrevue. Parce que l'essence a déjà été perçue, les intuitions du ciel se présentent toujours à lui sous la forme de réminiscences. La sagesse consiste en une parfaite remémoration.

Tous les hommes ne disposent pas au même degré de cette faculté de reconnaissance car tous n'ont pas bénéficié également, lors de leur séjour céleste, de la contemplation de l'essence. Certains ont bien distingué le fond du ciel – les « réalités en dehors du ciel » – alors que d'autres, les traînards, les faibles n'ayant pas su dépasser la mêlée, n'ont eu qu'une vision défectueuse et tronquée du Bien. L'inégalité des destinées humaines sur la terre est une conséquence de la qualité de la vision première. Il y a des âmes du premier rang : celles-ci reçoivent les meilleures « portions » de vie ; puis il y a celles du deuxième, puis du troisième rang… Ceux qui ont vu clairement de quoi il retourne là-haut deviennent des amis du savoir, de la vérité et de la beauté. Familiers des muses, ils sont inspirés par Éros. Ce sont des philosophes. À cause de la nostalgie qui les habite de leur patrie originelle, ils sacrifient joyeusement leurs intérêts et même leur vie pour contempler de nouveau le ciel. En revanche, ceux qui n'ont eu qu'une vision pauvre et déformée deviennent des tyrans. Entre les premiers et les derniers, entre les visionnaires et les aveugles, il y a plusieurs paliers intermédiaires, où prennent place les guerriers et les hommes habiles à commander, en deuxième position, puis les financiers, les marchands, les hommes politiques, etc.

Platon l'aristocrate exprime ici une vision du monde où l'inégalité est un fait de nature et non de culture. Plus encore, cette inégalité plonge ses racines dans le ciel, comme les castes en Inde ou comme certains arbres où les sâdhus trouvent ombrage. L'inégalité est métaphysique. Elle est liée à la mémoire : les meilleurs sont ceux qui se souviennent le mieux. Mais attention, cette mémoire n'est pas ordinaire. Il ne s'agit pas de la mémoire qui permet, par exemple, à Funes el memorioso, l'infortuné personnage d'une nouvelle de Jorge Luis Borges, de se souvenir de tout, absolument de tout, à la suite d'un accident de cheval, au point d'être encombré, accaparé, étouffé par ses souvenirs. C'est juste le contraire qui est requis du philosophe : la faculté de tout oublier, pour se fixer, par instants, sur certains signes, dont les plus éclatants sont la vérité et la beauté, puis de remonter à travers eux, en s'appuyant sur eux, comme sur des échelons, vers la source et l'essence des signes, qui est le Bien.

La perspective de l'islam est différente. Le Coran ne mentionne pas une gradation dans le *Mithaq*, la vision initiale de Dieu. Tous les fils d'Adam, conjoints comme les doigts de la main – une fois n'est pas coutume –, ont reconnu Dieu. Tous ont également attesté sa splendeur : Oui, c'est toi. Et c'est pourquoi, devant Dieu, ils sont tous égaux « comme les dents d'un peigne », et les femmes aussi. En principe. Devant Dieu.

Notons, pour terminer, que le souvenir divin, en islam, n'est pas l'apanage de l'humanité. Toutes les choses créées, les montagnes, les pierres, les vagues de la mer, que nous imaginons aveugles, parce que nous sommes nous-mêmes aveugles, les oiseaux, les poissons, les insectes sont dans leur intimité secrète (*sirr*) absorbées dans la contemplation-recollection de Dieu : « Il n'est aucune chose qui ne le glorifie par sa louange », dit le Coran (17, 44). Chaque créature, même la plus infime, le loue. C'est pourquoi toutes méritent le respect – de la plante à l'archange. En c'est aussi pourquoi nous ne pouvons qu'être étonnés aujourd'hui par la barbarie persistante de l'abattage hallal. Que cette pratique se soit perpétuée jusqu'à nos jours dénote la prévalence, au sein de l'*umma* (communauté musulmane), d'une lecture littérale, sans réflexion, sans recul ni compassion, du Coran.

L'homme qui avait perdu la boule

Une courte histoire indienne nous rappelle que ce magnifique début dans l'être ne se trouve pas dans un lointain passé mais ici même et maintenant. Il faut juste en prendre conscience.

C'est un très vieil homme. Il habite Sarasvatî, ville autrefois importante située sur les rives d'un fleuve aujourd'hui desséché. Notre homme est convaincu d'avoir perdu la tête. Il court dans tous les sens comme un poulet dont le cou a été tranché, en criant : Où es-tu, ma tête ? Où es-tu, ma tête ? Il ne la trouve pas. Puis un jour, alors qu'il est devenu encore plus vieux, que son visage s'est durci comme la peau du crocodile, il réalise soudainement, à quelle occasion on ne le sait pas, mais avec un soulagement immense, que sa tête est là, bien là, et qu'elle n'a même jamais cessé d'être là, sur ses épaules. Il cherchait quelque chose qu'il n'avait en fait jamais perdu, un peu comme un homme distrait cherche les lunettes qui sont sur son nez. Il était juste absent, comme la vraie vie, il n'était pas là. Où était-il ? *Ailleurs, dehors, quelque part, on ne sait où.* Quelle est cette magie qui fait que l'on cherche ce que l'on n'a pas perdu ?

Nous pouvons considérer cette histoire, bien qu'elle soit d'origine bouddhiste, comme une petite introduction au vedânta. Son principal représentant, Shankara, nous enseigne que non, non, nous n'avons pas perdu la tête, jamais, que nous n'avons rien perdu, que non, non, nous ne sommes pas perdus dans le monde, que non, nous sommes essentiellement ce que nous avons toujours été : Dieu.

C'est une bonne nouvelle, une grande nouvelle que nous annoncent la petite histoire et le vedânta. Nous y reviendrons.

IV

Fragments d'éléphant

Je voudrais à présent brosser un tableau, non, plutôt faire un croquis, un petit croquis synthétique des deux grandes religions, l'islam et l'hindouisme, qui sont les sources des noms divins utilisés dans ce livre, car je ne peux pas les supposer déjà connues. À aucun moment, bien sûr, je n'ai cherché à les comparer, encore moins à porter un jugement sur elles. Comment juger l'islam ? Comment juger l'hindouisme ? Qui serait assez vain ou téméraire pour s'ériger en juge de phénomènes d'une telle ampleur, d'une telle complexité et profondeur, dont l'écho se répercute à travers les siècles ? Juge-t-on le cours des planètes ? La route des météores ? Non, on observe. On se contente d'observer, c'est plus sûr et plus intéressant.

Les humanistes d'autrefois travaillaient dans l'ombre de la croix, doublement. D'abord parce qu'il existait autour d'eux une chrétienté, et secondement parce qu'ils devaient étendre leurs bras, démesurément et en sens opposés, pour concilier deux cultures de sensibilité contraire : la culture judéo-chrétienne et la culture gréco-romaine, Jérusalem et Athènes. Le choc de ces deux plaques tectoniques a produit le feu follet nommé « Europe ». Les humanistes se tenaient sur la ligne de fracture, inclassables, toujours en travail, avec en ligne de mire l'universel, lequel n'est jamais atteint.

Aujourd'hui, ce travail est devenu plus compliqué que par le passé. Car ce ne sont plus deux pelotes que l'humaniste doit dénouer pour parvenir à une vision ouverte du monde mais trois : les monothéismes en incluant l'islam ; le pôle grec, porteur de l'indispensable pensée critique ; les pôles indien et chinois.

La conciliation se révèle vite impossible si l'on reste à la périphérie. L'humaniste de la Renaissance allait chercher l'unité où elle se trouve : au centre. Et de l'intuition, ou mieux de l'expérience qu'il avait du centre, il repartait en tâtonnant vers la périphérie. En chemin, il s'efforçait de *relier, conjoindre, articuler*, comme dit Roger-Pol Droit. Jamais il ne se résignait au cloisonnement. Ce faisant, l'humaniste, homme du large, entrait inévitablement en conflit avec les esprits étroits, littéralistes, intégristes, spécialistes, à la pensée fixe, provinciale, enclavée, dont l'activité favorite, hier comme aujourd'hui, est la morne sodomie des mouches.

On l'accusait, on l'accuse encore de syncrétisme, panthéisme, concordisme, salade niçoise. Mais lui sait ce que ses adversaires ignorent : que la vérité étouffe dans leur carcan ou plutôt qu'elle s'en est échappée depuis longtemps, à tire d'aile, car la vérité ne vit pas ni ne respire dans des carcans, et qu'il convient à présent, dans ce présent que nous nommons la « modernité », de faire comme elle.

Candidement ou naïvement, j'ai inscrit mon travail dans la tradition des humanistes. Que je fasse piètre figure par comparaison n'est pas pour m'étonner. Pour m'affliger, oui, mais sans excès. Je trouve consolation dans l'idée qu'eux-mêmes devaient entretenir de pareils sentiments face à leurs modèles grecs et romains, et dans cette autre idée, souvent formulée, qu'un nain juché sur l'épaule d'un géant voit aussi loin que le géant. Je me souviens aussi de la belle parole d'Héraclite, le philosophe d'Éphèse : « Qui n'espère pas l'inespéré ne le trouvera pas. » Si tu veux peu, tu auras peu. Si tu veux tout, peut-être auras-tu un peu plus que peu.

L'inespéré ? L'Ouvert.

1

L'homme relié

On interrogea Pythagore : « Pourquoi l'homme est-il sur terre ? » Le sage répondit, aux dires d'Aristote : « Pour contempler le ciel. » Le ciel est un autre nom pour désigner l'éléphant en entier.

Arrêtons-nous un instant sur cette réponse. L'homme n'est pas sur terre pour fonder une famille, construire une maison, « créer de la valeur », comme disent les chefs d'entreprise. Il n'est pas sur terre pour défendre sa patrie, prendre du bon temps, servir l'État, explorer Mars et les secrets de l'atome. Il n'est même pas sur terre pour gagner sa vie. Ces buts sont légitimes, souvent nécessaires, mais ils sont subordonnés. Pythagore le pense. Et je répète sa réponse avec une ligne blanche en amont et une autre en aval pour qu'elle se détache plus clairement : un jour, quelqu'un demanda à Pythagore, dont la légende raconte qu'il avait engrangé de nombreux savoirs durant dix ou vingt de ses vies antérieures, et qu'il avait en outre, comme le Bouddha, le pouvoir de se remémorer lesdites vies, à Pythagore donc, cet homme extraordinaire, thaumaturge à ses heures, au subtil, sauvage et savant Pythagore qui respectait la vie sous toutes ses formes, qui aimait tous les êtres animés, au point d'apprivoiser un ours et un aigle, à Pythagore, ami de la nature, des nombres et du silence, à Pythagore de Samos, absolument moderne ou postmoderne, comme on voudra, quelqu'un donc un jour demanda : « Pourquoi l'homme est-il sur terre ? »

Et Pythagore répondit : « Pour contempler le ciel. »

Pourquoi le « ciel » ? Par ce mot, je crois que le grand philosophe désigne non pas le jeu des planètes ni le spectacle grandiose de la Voie lactée, mais plutôt ce qu'ils symbolisent : une perspective de l'esprit intégralement ouverte, où aucun nuage n'arrête la vision. Si l'homme est sur terre, Pythagore en est sûr, c'est pour parvenir à cette vue panoramique, sans borne, proprement inouïe, incroyable pour qui vit et pense depuis toujours dans un milieu confiné. C'est le sens et le but suprêmes de la vie sur terre. Pythagore l'appelle le « ciel », l'Inde le nomme « brahman » et maître Eckhart « déité ».

La religion a pour vocation d'aider l'homme à atteindre ce but – et n'est-ce pas aussi, soit dit en passant, la vocation de l'art ? Plus particulièrement de ce que nous pouvons appeler « art moderne », dont les peintures de la grotte Chauvet donnent le coup d'envoi ? Son but : Évacuer les encombrants, dissiper les nuages, percer une brèche dans les apparences. Picasso, avec ses *Demoiselles d'Avignon*, peint dans la même direction que Fra Angelico avec ses madones : vers le ciel – ou, pour le dire de façon plus moderne, vers l'*essence intime de la vie*, qui se trouve au bordel autant qu'à la chapelle. (La science moderne, ajouteraient des hommes compétents, dont je ne suis pas, n'est-elle pas en train de nous faire découvrir, dans son langage propre, incompréhensible au profane, la même réalité déroutante, purgée de tout élément anthropomorphique, délestée des notions de centre et de périphérie, que désigne Pythagore par le mot « ciel » ?)

Sans cette finalité *essentielle*, que l'on peut nommer le réel ou la « réalité vraie », pour reprendre une formulation de Hannah Arendt, pas de nourriture. Sans nourriture, pas de religion qui guide, pas d'art qui remue les entrailles, pas de science qui donne du sens. Si la religion s'égare au point de nous dicter ce que nous devons manger ou boire, comment nous devons faire l'amour et avec qui, ou si elle se met à polémiquer sur des points de théologie, elle trahit sa vocation. Ce gros organisme a cessé d'avoir le ciel en ligne de mire. Alors les hommes s'en détournent. Vous demandez un œuf à votre père, il vous donne un scorpion, vous oubliez votre père. Vous passez votre chemin. Vous allez voir ailleurs.

L'étymologie du mot « religion » est controversée. D'après le dictionnaire historique d'Alain Rey, les auteurs chrétiens, à la suite de Lactance et Tertullien, rattachent le mot latin *religio* au verbe *religare* qui signifie « relier ». Une autre origine, signalée par Cicéron, rattache *religio* au verbe *legere*, « cueillir, ramasser », ou à *religere*, « recueillir, collecter ». La tradition chrétienne, même incertaine, a le mérite d'être éclairante, comme l'autre du reste : l'homme religieux est *relié* à Dieu (au ciel) ou a le sentiment de l'être, au moins par moments. Il est relié comme le sarment à la vigne, le tronc à la racine, la terre au soleil, le surfeur à la vague. Il tient un fil ou un fil le tient. Il est relié comme le poisson à l'hameçon (« Je ferai de vous des pêcheurs d'hommes », dit Jésus à ses disciples), comme la marionnette au marionnettiste. La marionnette ne fait rien en suivant sa volonté propre, elle ne fait rien qui ne soit agréé par son marionnettiste.

L'homme relié sait qu'il ne pèse pas plus qu'une étamine, que sa vie ne vaut pas plus qu'un œuf de mouche, mais cette légèreté, parce qu'il se sait relié, adossé, soutenu, n'est pas une cause de désarroi et d'angoisse, comme elle l'est pour tant de personnages criants de la modernité, tel celui peint par Edvard Munch dans son justement célèbre tableau *Le Cri*. Par cette liaison qu'il entretient avec le noyau intime de l'être, l'*homo religiosus* se détache et s'éloigne de la périphérie. Peu lui importe ce qui importe tant aux autres hommes : l'échec ou le succès, la longue ou la courte vie, la prospérité ou la nullité. Derrière lui, il y a plus grand que lui, qui tient la route, tient l'éternité, tient le fil, qui est la réalité même, immuable, riche de sens, de saveurs et de signes. À ce centre – ô prodige ! – il est relié.

Parfois, il est vrai, le marionnettiste le lâche. Cela arrive. Le monde alors s'éteint. Et lui, l'homme qui se croyait relié, porté, qui croyait toucher déjà au but, tombe. Il s'efforce, dans sa chute, de saisir une corde, une anse, une main, mais non : plus de prise, rien. Seule lui reste, dans le lieu bas et obscur où il a échoué, la connaissance de sa misère intrinsèque, savoir entre tous précieux, et que nul ne peut lui enlever.

Il vaut d'être noté que le mot « yoga » dérive de la racine *yuj*, qui signifie, elle aussi, « relier, conjoindre, tenir serré, atteler, mettre sous le joug ». Le but du yoga est l'union. Pendant des années d'exercices, le yogi fait porter son attention tour à tour sur ses orteils, ses pieds, ses ongles, ses doigts, ses mains, ses bras, ses jambes, sa peau, ses os, sur ce qu'il y a sous la peau, sur son inspiration et son expiration, sur leur rétention, sur les mouvements du cœur et du sang, sur le flux et le reflux des pensées, des émotions, des sentiments, puis un jour, un beau jour, un beau jour dans la plus belle des vies, son attention, qui était jusqu'alors éparpillée et successive, d'un coup s'unifie. Tous les morceaux font un. Et cet un est beaucoup plus que l'addition des parties. Lui-même, le yogi, est devenu un. Il est devenu l'éléphant en entier. L'enquête dénommée yoga est terminée. En ce sens, le yoga – ensemble des exercices physiques et mentaux qui *relient* – peut être qualifié de « religion », même si, comme chacun le sait, un athée peut le pratiquer avec succès. Il ne faut pas croire en Dieu pour faire du yoga, il faut le devenir. C'est tout différent.

2

Fragment numéro un : l'hindouisme

La Weltanschauung pour toujours

« L'hindouisme est une religion sans fondateur, sans Église, sans nom même, puisque le terme qui la désigne a été imaginé par les Occidentaux », écrit l'indianiste Jean Varenne. Pour désigner ce magma de dieux, rites, croyances, savoirs, pratiques, secrets, préceptes, recettes de bonne vie, élucubrations que nous appelons, nous Occidentaux, depuis le XVIIIe siècle, « hindouisme », le sanscrit dispose de deux mots peu usités mais d'une veine authentiquement indienne : *sanâtana dharma*, que l'on peut traduire par « trame universelle » ou « loi éternelle ». En 1921, le mahatma Gandhi se définissait lui-même, dans le journal *Young India*, comme un « *sanâtani* hindou » : « Je m'appelle un sanâtani hindou parce que je crois dans les Vedas, les Upanishads, les Puranas, et dans tout ce que recouvrent les mots "écritures hindoues", et que je crois donc à la réincarnation et aux avatars » (les *avatars* sont des incarnations divines).

Les vues justes et profondes, les sentiments droits et nobles croissent sur cette « norme éternelle » comme les figues sur un figuier. L'hindou sait bien que les figues ne pousseront jamais sur un olivier. Ce n'est pas une question de foi, juste de certitude. L'hindou est certain d'être ancré dans une inerrance fondamentale. Il est certain que son *sanâtana dharma* est vaste, ouvert, profond, simple, subtil, vrai. C'est la perfection même, communiquée dans une langue parfaite – le mot « sanscrit » signifie précisément « parfait ».

A contrario, l'hindou sait aussi que plus un homme s'éloigne de son *dharma*, plus ses vues deviennent extravagantes, baroques, absurdes, courtes, dans l'air du temps, partielles, partiales, jetables. S'il ne le savait pas, il n'aurait qu'à nous regarder et à observer, d'un œil amusé, le passage de nos modes intellectuelles, aussi rapide que celui des saisons. Lui, l'hindou, a la *Weltanschauung* pour toujours : une conception du monde puissante, solide, profondément ancrée dans le réel, ronde comme une bille. Il peut même se payer le luxe d'un certain scepticisme, petite bille qui roule à l'intérieur de la grande.

On a longtemps reproché aux Européens leur eurocentrisme. Les hindous n'ont jamais cessé d'être, sur le plan religieux, indocentriques, sans que personne songe à s'en offusquer. L'exploit est d'autant plus remarquable que l'Inde a subi huit cents ans de défaites, d'humiliations et d'occupation étrangère. Mais comment s'en étonner ? L'hindou s'inscrit dans une mémoire longue. Qu'importent victoires et défaites, vie et mort ? Elles sont comme la rosée du matin : elles n'atteignent pas le cœur des choses. L'hindou ne vit pas dans l'histoire, cette mêlée absurde avec ses hauts et ses bas, sa grandeur et ses infamies. Il respire sur des cimes intemporelles, « il vit dans l'éternité », résume Alain Daniélou. Ou du moins il y aspire. La sève dont il se nourrit, que nous appelons hindouisme, irrigue un arbre qui plonge ses racines dans le ciel. Par comparaison, un homme dont l'intelligence du monde serait façonnée dans le moule des Lumières, ou au contact de la pensée de Freud, Marx, Nietzsche, ignorant de la perspective, serait comme un petit enfant, sur le plan de l'esprit, dépourvu de base solide pour comprendre la trame du réel. Ainsi étaient les Grecs, aux dires de Platon, à l'aune de l'antique sagesse de l'Égypte.

L'hindou a une confiance d'éléphant. Il ne craint pas la contradiction. Si vous ne le voyez pas venir, lui vous voit de loin, comme un homme au sommet d'une montagne en voit de loin un autre marchant dans la plaine. Il ne l'invite pas à monter, non, il n'a aucune inclination au prosélytisme ; l'hindou, – comme l'Anglais et la vache, notait Henri Michaux lors d'un voyage à Calcutta, en 1931 – ne goûte pas le mélange : qui se mêle se perd. Mais si l'étranger monte, s'il fait l'effort de se détourner de l'histoire, cette fioriture, pour monter vers l'éternité, où l'attend l'hindou, qu'il soit le bienvenu. Échangeons nos vues. Il y a peut-être à gagner pour l'un ou l'autre. L'hindouisme est une religion foncièrement inclusive : voit-il, l'hindou, un petit bout d'islam, un petit bout de christianisme, si c'est à prendre, détachable et assimilable, hop, il prend, gobe, digère.

Cependant, il ne descendra pas : pour quelles raisons sortirait-il de son *dharma* global ? Il y puise l'assurance, la tolérance, le sens de sa vie, l'intelligibilité du monde, et même, parfois, comme on l'a noté, une certaine présomption, surtout s'il appartient à la caste des brahmanes, les « deux fois nés ». L'arracher à son *dharma* ? Le détacher de ses repères ? N'y songez pas. L'hindou est spirituellement gonflé à bloc, même s'il est pendable, tel celui décrit par

George Orwell, dans son récit *A Hanging*, qui appelle son Dieu : « Râm, Râm, Râm » alors qu'il est déjà sur la potence, la corde au cou, les pieds et poings liés, un capuchon sur la tête. Seule la mort étouffe ses cris. Toute tentative de raisonner l'hindou, a fortiori de le christianiser, est vouée à l'échec. Schopenhauer le notait déjà il y a deux cents ans : « Aujourd'hui nous envoyons aux brahmanes des clergymen anglais ou des tisserands frères moraves, par compassion, pour leur porter une doctrine meilleure, pour leur apprendre qu'ils ont été faits de rien, et qu'ils doivent s'en trouver pénétrés de gratitude et de joie. Notre succès, d'ailleurs, est à peu près celui d'un homme qui tire à balle contre le roc. Nos religions ne prennent ni ne prendront racine dans l'Inde ; la sagesse primitive de la race humaine ne se laissera pas détourner de son cours pour une aventure arrivée en Galilée. Non, mais la sagesse indienne refluera encore sur l'Europe, et transformera de fond en comble notre savoir et notre pensée. »

Dans ce passage extrait du livre IV du *Monde comme volonté et représentation*, Schopenhauer identifie l'hindouisme à la « sagesse primitive de la race humaine ». Attention, ne nous laissons pas induire en erreur par le mot « primitif ». L'hindouisme n'est pas primitif au sens où certaines tribus amérindiennes le sont mais parce qu'il donne à voir le fondement de toutes les sagesses, qui luit sous l'écorce des religions et des philosophies, sagesse première, augurale, originelle, non mélangée, métahistorique, qui est au début et à la fin, et que l'on a parfois nommée *sofia perennis.*

Cette sagesse est l'horizon lumineux sur lequel se déploient les pensées de ceux qui pensent et voient dans la plus grande profondeur. Elle ne procède pas par démonstration mais par fulgurances, comme la flamme qui s'échappe du gaz et la vérité du mensonge. Elle n'est pas une sagesse parmi d'autres, horizontale comme les autres et humaine, elle n'est pas une doctrine parmi d'autres, pas une philosophie parmi d'autres, affirment ceux qui l'ont entrevue. Elle est la sagesse éternelle, dit saint Augustin dans les *Confessions*, « par qui deviennent toutes choses, et passées et futures, mais qui elle-même ne devient pas, car elle *est*, comme elle a toujours été, comme elle sera toujours ». Elle doit être extraite des doctrines et des philosophies, écrit Leibniz à Nicolas Remond, comme « on extrait l'or de la boue ». Ce travail d'extraction est plus ou moins laborieux. Certaines religions, doctrines, philosophies, certains poèmes, mélodies, assortiments de formes et de couleurs donnent accès – comment, pourquoi, on ne sait pas – au filon. L'accès est parfois direct. Tel est le cas de l'hindouisme, assure Schopenhauer. Il n'est pas nécessaire de creuser beaucoup, il suffit de gratter, d'épousseter et l'on verra resplendir non pas un fragment mais la sagesse première de l'humanité dans son éclat originel.

Les six darshana

À la Sorbonne, où je préparais un mémoire de philosophie indienne, notre professeur, homme de haute taille, aux traits fins, aux lunettes cerclées de métal, nous présentait l'hindouisme comme un organisme vivant, gros poulpe métaphysique étirant et rétractant de longs membres, nommés *darshana*. Ce mot est souvent traduit par « système », ce qui est une erreur puisque la pensée indienne, flexible, pragmatique, non dogmatique, est tout sauf systématique. Le mot *darshana* désigne des « points de vue » complémentaires sur le monde, comme l'indique la racine *drish*, qui signifie « voir » ou « vision ». Les *darshana* sont au nombre de six et ils sont disposés en faisceaux lumineux autour d'un centre unique, qui est le brahman.

Je me souviens de notre professeur. Élancé et souple sur la grande estrade en bois sombre de l'amphithéâtre, il nous interpellait : « Mais qu'est-ce que le brahman ? Qu'est-ce que c'est ? Nous en parlons tous mais nous ne savons pas ce que c'est ! » Il en résultait un sentiment de frustration : à quoi bon étudier la philosophie indienne si le plus important – qui fonde la philosophie indienne – nous échappait et nous échapperait toujours ? Pour en savoir plus, nous allions chez lui, dans son appartement rempli de livres, où il nous recevait, frêle et souriant, autour d'une tasse de thé. Nous ne savions pas, alors, que le brahman n'est pas objet de philosophie, ni même de connaissance. On ne le pense pas. On l'est.

Vous trouverez, dans les six *darshana*, charpente de l'hindouisme, une exégèse du rituel (*mîmâmsâ*), une méthode de réalisation de l'unité par la méditation des Upanishads (vedânta), un système dialectique *(nyâya)*, une théorie des catégories du réel *(vaisheshika)*, un exposé apparemment dualiste de la réalité *(sâmkhya)* et une pratique de délivrance (yoga).

Les six *darshana* cohabitent très bien entre eux. En cela, ils se différencient du « système » philosophique à l'occidentale, lequel, à peine venu au monde, ne songe qu'à étrangler ses petits frères, « comme un sultan asiatique le jour de son avènement », observe Schopenhauer. Qui s'applique à l'un des *darshana* obtient le fruit des autres. Il ne viendrait à aucun chrétien l'idée de penduler du protestantisme au catholicisme (qui sont aussi pourtant des points de vue). Mais l'hindou se sent libre de transiter d'un *darshana* à l'autre, comme on passe d'une chambre à l'autre, sans qu'il vienne à l'idée de personne de lui barrer le chemin. Cette tolérance est indéniablement un signe de force.

Mots phares

Une grande religion se déploie dans une multitude d'intuitions, croyances, rites, mais en même temps, elle se résume en un mot, une syllabe, une formule, un symbole. La croix résume le christianisme. Le point diacritique sous la première lettre de la première sourate du Coran récapitule l'islam et toutes les révélations antérieures. La philosophie de Kant ou de Hegel ne se résume pas en un point, ni en un mot, hélas. L'hindouisme, avec son grand appareil de Vedas et d'Upanishads, avec ses giclées de dieux et d'avatars, de paradis et d'enfers, avec ses *darshana*, ses techniques respiratoires, méditations, mantras, chants, avec sa phonétique, ses règles de grammaire, son étymologie, sa métrique, son herméneutique, son astrologie, ses contes merveilleux, ses fêtes prodigieuses, sa logique, ses milliers de traités, son fatras de sûtras et de commentaires de sûtras, se résume dans le monosyllabe OM, le son cosmique, identique à l'absolu, origine, support et fin de tout ce qui vient d'être énuméré. « Cette syllabe est le brahman, cette syllabe est la chose suprême. Quand on a compris cette syllabe, tout ce qu'on désire on l'a », assure la *Katha Upanishad.* Par la magie d'un mot, comme par un couteau bien effilé, l'énigme du monde est tranchée.

Si vous ne comprenez pas bien comment le monosyllabe OM peut être l'absolu, – et je ne saurais vous l'indiquer car je ne le comprends pas moi-même, et de toute façon il ne s'agit pas de comprendre mais de *réaliser* –, si donc on ne le comprend pas mais que l'on veut tout de même s'en faire une idée, il est utile de se familiariser avec quelques notions clés qui illuminent, comme de grandes constellations, le ciel de l'hindouisme.

Les hindous sont friands de listes, comme nous le sommes de la chronologie, à laquelle ils sont en revanche totalement indifférents. Je vous propose de passer en revue brièvement huit mots phares qui structurent la vision hindoue du monde :

– Le karma désigne la loi de cause à effet appliquée à nos actes. Un acte bon, s'il est accompagné d'une bonne intention, produit un effet favorable dans cette vie ou une autre, et inversement. De la même façon qu'il y a des lois dans la sphère physique, il existe des lois dans la sphère morale, tout aussi inéluctables ; le karma est la principale d'entre elles. Rien n'est plus simple que le karma. Cette simplicité est peut-être la raison principale de la popularité de ce mot en Occident.

– Le brahman, que nous avons déjà évoqué, désigne le centre des choses, l'absolu caché dans la diversité, en comparaison duquel les choses cessent d'exister comme telles, c'est-à-dire diverses : elles deviennent « en soi » pour reprendre la terminologie de Kant. Les sages de l'Inde disent que le brahman est inqualifiable, indicible, inconnaissable, et pourtant ils lui appliquent, de façon récurrente, trois qualificatifs : « être » (*sat*), « conscience » (*chit*), « béatitude » (*ânanda*).

– L'âtman, objet de la quête du roi Brhadratha, est le fond ouvert des êtres ; il est rigoureusement identique au brahman. Qui connaît l'âtman connaît le brahman.

– Le *samsara* est le mouvement cyclique, comparable à un grand fleuve, par lequel tous les êtres sont emportés de vie en vie, de mort en mort, roulés comme des semences dans le pétrin. Il n'a ni début ni fin et pourtant – c'est encore un paradoxe – on en sort, verticalement.

– La mâyâ est la puissance magique qui nous fait adhérer à l'individu X ou Y que nous croyons être, engagé dans l'espace et le temps. En Occident, ce mot est souvent traduit par « illusion ». La fonction propre de la mâyâ est de représenter ce qui n'existe pas, comme au poker un bon joueur représente deux as sans se soucier des cartes qu'il a effectivement en main. La mâyâ illusionne, enjolive. Et nous sommes bluffés.

– Le yoga est l'ensemble des techniques physiques et psychiques qui ont pour but de nous arracher au pouvoir de la mâyâ, donc de nous désillusionner, et de nous acheminer à l'union avec le brahman.

– Le *dharma* est la trame intelligible de l'univers. Ce mot désigne aussi l'ensemble des manières d'être et de penser conformes à cette intelligibilité. Si quelqu'un cherchait une notion apparentée chez nous, peut-être devrait-il interroger le mot grec *logos* (ce qui lie). Le *dharma* lie et relie la diversité du monde et l'empêche ainsi de sombrer dans le chaos. Qui sort du *dharma* se perd.

– Les mots *mukti*, *moksha* ou *nirvâna* désignent la libération, la fin du *samsara*. La libération peut être graduelle ou immédiate. L'âme libérée ne retombe jamais dans le *samsara*.

Ces huit mots clés constituent la charpente de l'hindouisme. Approfondir l'hindouisme, c'est approfondir ces huit notions, méditer sur elles.

« *Polythéisme* » *hindou*

La confusion que nous entretenons en Occident autour du mot Dieu – à la fois personnel et impersonnel, absolu et relatif – produit une distorsion dans notre perception de l'hindouisme, dont les hindous sont évidemment indemnes. Nous plaquons des notions occidentales sur une réalité tout autre, qui persévère dans son être propre, tandis que nous persévérons, imperturbablement, dans l'illusion d'avoir compris quelque chose à l'Inde. Sur ce point, les savants ne nous ont pas aidés.

Interrogez autour de vous. On vous dira que l'hindouisme est une variété de polythéisme, lequel est souvent considéré comme un état des lieux antérieur, voire inférieur au monothéisme. Cette conviction est le plus ancien, le plus répandu, le plus enraciné des lieux communs sur la religion de l'Inde. Pourtant, contrairement à bon nombre de lieux communs, qui sont communs justement parce qu'ils sont vrais, celui-là est essentiellement inadéquat. Ce que les savants appellent polythéisme est seulement la manière qu'ont les hindous de ne rien rétrécir et de donner leur chance à toutes les virtualités du réel, même les plus extravagantes.

Rappelons que le brahman, comme Allâh, est identique au réel et qu'il est un, sans second, sans autre, sans dehors ni dedans, sans couture. Il n'y en a pas deux comme lui. Excusez-moi d'insister lourdement, *more geometrico,* sur ce point mais il est capital. Et j'y reviendrai encore. Or ce réel, qui est parfaitement homogène, nous apparaît au travers d'un prisme déformant : Mâyâ. La mâyâ produit la multiplicité en lieu et place de l'unité. Elle nous fait voir un éléphant en morceaux en lieu et place de ce qui est vraiment : un éléphant en entier.

Au sein de cette multiplicité, illusoire et impermanente, il existe des dieux, eux-mêmes illusoires et impermanents, quoique moins que nous. Ils naissent et meurent, se forment et se dissipent comme les nuages dans le ciel. Rappelons que trois d'entre eux occupent une place prééminente : Brahma, Vishnou, Shiva, respectivement en charge de la création du monde, de sa conservation et de sa dissolution. Mais à la fin, ces dieux, universels ou locaux, forts ou faibles, sont fabriqués de la même cire, comme les figures de Madame Tussauds. Ils sont des éléments infimes, quoique moins infimes que nous, de cette réalité immense et incommensurable nommée brahman.

Si le brahman est identique à l'absolu, et si nous appelons cet absolu « Dieu », comme nous sommes en droit de le faire – et cela d'autant plus que nous ne disposons pas, en Occident, d'un autre mot pour le dire –, l'hindouisme est essentiellement un monothéisme, sans doute bien plus radical dans sa formulation que les trois religions ordinairement désignées par ce mot. Il n'est polythéiste que dans sa frange superficielle, la plus extérieure, celle que nos savants ont prise pour argent comptant.

Les hindous savent parfaitement que le fond des choses est un. Ils savent très bien que la pluralité est un masque et une illusion. Mais ils peuvent l'oublier. Et les brahmanes, censés éclairer les autres, peuvent être les premiers à se fourvoyer. Une petite histoire nous le rappelle.

Un jour Shankara, le grand philosophe du vedânta, parvint au cours de l'un de ses pèlerinages à Harihara, une ville située dans l'ancien royaume de Mysore (sud de l'Inde) où existait un sanctuaire consacré à Vishnou. Shankara souhaita visiter le temple mais les gardiens, qui étaient des brahmanes dévots de Vishnou, voyant sur son front les traits horizontaux du shivaïte, lui en refusèrent l'entrée. Shankara eut beau leur expliquer qu'il n'y avait aucune différence, au fond, entre Shiva et Vishnou, qu'ils étaient l'un et l'autre des facettes de l'unique brahman, ils n'en démordaient pas. Ils étaient à leur façon des intégristes, des esprits clos. Après de longues palabres, cependant, ils finirent par laisser entrer le sage. À l'intérieur, un miracle les attendait. La statue de Vishnou, installée dans l'enceinte la plus sacrée du temple, avait changé de visage : la partie gauche représentait Vishnou et la partie droite Shiva. « Cet incident miraculeux transforma d'un coup le rituel et le culte de Harihara (Vishnou-Shiva adorés dans une même figurine) se développa en Inde », indique Paul Martin-Dubost, auteur d'un petit ouvrage sur Shankara, à qui j'emprunte cette anecdote.

Les dieux de l'Inde donnent corps, visages, masques, couleurs, parfums, gestes, relief au brahman, mais à la fin du spectacle, ils tirent leur révérence. Les reflets du soleil dans la mer ne sont pas le soleil. Si les hindous oubliaient cette évidence, leurs textes sacrés la leur rappelleraient : au fond, tout est un et par voie de conséquence immuable, puisque le mouvement est inséparable du temps et de la dualité (avant et après). Le monde est un lézard à l'heure de la sieste. Ce qui bouge n'est que le rêve du lézard. Ce rêve porte un nom : Mâyâ.

Dans la *Maitrî Upanishad*, nous lisons que le feu, le vent, le soleil, le temps, le souffle, la nourriture et les dieux sont des formes du brahman unique. Que l'on médite sur les meilleures de ces formes puis qu'on les désavoue. Dans le désaveu des dieux s'éclaire l'arrière-fond : le brahman, la face nord, le réel. Je soupçonne que le caractère poreux, changeant, joyeux, joueur, onirique, qui est celui des dieux de l'Inde, n'est pas accidentel. Il a une fonction : rappeler aux dévots que les dieux ne doivent pas être pris trop au sérieux, que leur lumière est empruntée et leur parole rapportée. Les dieux de l'Inde n'oublient pas leur vocation d'indicateurs. Ils n'oublient pas d'où ils viennent. Ils ne lèveraient pas le petit doigt sans que le brahman le lève pour eux. C'est une différence fondamentale avec les dieux grecs, oublieux, émancipés, querelleurs, jaloux, précurseurs de l'homme moderne, et qui font écran, avec leur roulement de mécanique, à cet absolu qu'ils ont pour mission de rappeler. Cette amnésie divine a donné, par réaction, son coup d'envoi à la philosophie, tentative de voir le réel sans filtres, sans images, sans dieux.

Les dieux et le petit fantasme

Il peut arriver, contrairement à ce que je viens d'écrire, que les dieux hindous oublient eux aussi d'où ils viennent. Ils sont alors rappelés à l'ordre, au *dharma*, à la préséance. La *Kena Upanishad* illustre cette loi de la vie divine par une histoire charmante.

Un jour le brahman décide d'aller voir les dieux, mais soit par jeu, soit pour les éprouver, il se présente à eux déguisé sous les apparences d'un fantasme, un *yaksha*.

C'est une drôle de chose qu'un *yaksha,* petit démon connu à la fois par les bouddhistes et les hindouistes, une chose étrange, chimérique, qui vit dans les arbres, les temples, les grottes et divers endroits creux. Un *yaksha* aime faire peur, en particulier aux ascètes dont il perturbe la méditation en poussant des cris stridents. Ce jour-là, le brahman déguisé en *yaksha* barre le chemin. Les dieux, ne reconnaissant pas le brahman, chuchotent entre eux, en se poussant du coude, moitié rigolards, moitié impressionnés comme des écoliers : « Va voir ce que c'est. – Non, pas moi, toi vas-y. – Non, toi. » Finalement, c'est Agni, le dieu du feu qui s'y colle. Il court vers le brahman. Ce dernier lui demande son nom. « Je suis Agni », répond simplement Agni. « Es-tu très fort, Agni ? » demande le brahman. « Je pourrais brûler tout ce qui est sur la terre si je le voulais. » Alors le brahman place devant lui un brin d'herbe et dit : « Brûle-le. » Agni rassemble toute son énergie. « *Crachant des jets de lave entre ses dents de braise* », il souffle sur le brin d'herbe mais sans parvenir à le brûler. Il revient auprès de ses camarades et leur dit : « Je ne comprends pas la nature de ce *yaksha.* »

Alors Vâyu, dieu du vent, dieu en l'air, celui qui fait danser tous les êtres et les tire du sol, va voir à son tour. Il court vers le brahman. Ce dernier lui demande : « Qui es-tu ? – Je suis Vâyu », dit simplement Vâyu. « Et tu es très fort ? » demande le brahman. « Je pourrais soulever tout ce qui est sur la terre si je le voulais », répond Vâyu. Le brahman place devant lui le brin d'herbe et dit : « Alors soulève-le. » Vâyu, « *monstre ayant partout des bouches* », prend son élan, remplit ses mille poumons et souffle sur le brin d'herbe qui ne frémit même pas. Il s'en revient perplexe auprès de ses amis les autres dieux.

Alors Indra, le roi des dieux, « *qui, sans passer, de tout voit le passage* », court à son tour mais le brahman n'est plus là. À sa place Indra voit une femme, très belle, nommée Uma. Il lui demande : « Quel est le fantasme qui se trouvait à ta place tout à l'heure ? » Elle répond : « Le brahman. » Indra comprend. Les écailles lui tombent des yeux. Il réalise que ce qu'ils avaient pris, ses amis et lui, pour une chimère était tout, tout simplement tout, l'intégralité du réel, eux compris, totalité inconcevable et innommable que les hindous nomment le brahman. Ils s'étaient pris au sérieux, eux les dieux, et tout boursouflés, pleins d'eux-mêmes, comme des êtres humains, ils avaient perdu de vue la seule chose qui compte vraiment.

Il vaut d'être noté que la reconnaissance du brahman, et subséquemment de son propre néant, vient à Indra par la médiation d'une belle femme, Uma, qui deviendra dans un mythe ultérieur l'épouse de Shiva, dieu qui détruit l'illusion. Par la femme l'homme tombe dans l'illusion, par la femme l'homme est libéré de l'illusion.

En guise de conclusion, la *Kena Upanishad* nous fournit quelques indications qui nous permettront de reconnaître le brahman quand il se présentera à nous. Il apparaît et disparaît soudainement, la vision dure le temps d'un clignement d'œil. Quand on le voit, on pousse un cri : Ah ! C'est comme si un souvenir revenait subitement à l'esprit, comme si un éclair traversait la nuit.

(Dans *La Légende des siècles*, Victor Hugo, notre Vâyu à nous, propose une version amplifiée et romantique de la *Kena Upanishad*, et les quelques vers ci-dessus en italiques sont de sa plume.)

Pourquoi il faut lire les Upanishads

Le mot sanscrit « Upanishads », qui signifie « s'asseoir (*shad*) près de (*upa*) », nous apprend la façon dont doivent être écoutés les textes qui portent ce nom : avec attention et respect, dans une bonne assise du corps et de l'esprit. Si ces conditions ne sont pas réunies, on passe à côté des Upanishads, et donc à côté de l'Inde.

Il existe plus de deux cents Upanishads. Une partie de ces textes est greffée sur le Veda, qui est la révélation (*shruti*) des hindous, composée de quatre grands livres (*Rig-Veda, Sâma-Veda, Yajur-Veda, Atharva-Veda*), eux-mêmes composés d'hymnes, formules liturgiques et sacrificielles, chants, incantations, prières... Le mot « Veda » provient de la racine *vid*, qui signifie à la fois « voir » et « savoir ». C'est un point capital : le Veda est le produit d'une connaissance visionnaire et le savoir qu'il transmet s'apparente, dans sa pointe ultime, à une vision – fulgurante – du réel ; l'hindou n'a pas pour vocation de croire, il doit voir.

Les Vedas n'ont pas trois ou quatre mille ans d'ancienneté. Selon la tradition, ils sont révélés aux rishis (voyants) au début de chaque grand cycle cosmique, et comme chaque cycle dure un temps immense, les Vedas sont, sans contestation possible, le plus ancien document religieux de l'humanité, toujours bien sûr si l'on en croit la tradition. Ils n'ont pas d'auteurs. Les rishis sont des réceptacles, des médiums. Ils n'inventent rien, ils se contentent de voir puis de transmettre aux hommes. Cette absence d'intermédiaire humain est, aux yeux des brahmanes, une preuve, parmi d'autres, de l'origine céleste des Vedas.

On dit parfois que les Upanishads sont l'« achèvement » des Vedas. Elles le sont doublement : d'abord sur un plan chronologique puisque les plus anciennes Upanishads sont entées sur les Vedas, et ensuite parce que leur enseignement parachève et universalise celui des Vedas. Les Upanishads sont de nature et donc de lecture hétérogène. Émile Senart emploie à leur propos l'expression de « pot-pourri ». Les idées sont diverses, leur présentation aussi. Les mots sont flottants, multivoques. Des chapitres longs alternent avec des chapitres courts, une rédaction serrée avec une rédaction diluée, les dialogues sont brutalement interrompus, des personnages apparaissent puis disparaissent, comme par enchantement, sans que l'on discerne, de la part de l'auteur – *qui est Dieu*, en principe –, le moindre souci de composition.

Les processus d'identification sont jetés en l'air comme des serpentins. Ils s'affranchissent de toute logique humaine. Le Brahman a trois pieds, il est le figuier, il est le soleil, il est OM, il est l'éveilleur, il est Prajâpati, bref, il est tout. L'âtman est Isâna, Sambhu, Bhava, Rudra, Prajâpati, Visvasrj, Hiranyagarbha, il est la vérité, le souffle, l'oiseau Hamsa, le juge, Vishnou, Nârâyana, qui est un autre nom de Vishnou, il est le conservateur, le dispensateur, le roi universel, il est Indra et, n'oublions pas, il est aussi la lune.

Cet inventaire déconcertant figure dans la *Maitrî Upanishad.* On ne peut se défendre d'une certaine impression d'arbitraire. « *Anything goes* », observe l'indianiste Arthur B. Keith, tout peut entrer dans ce fourre-tout, et dans n'importe quel ordre. Mais on peut aussi envisager que l'auteur des Upanishads, quel qu'il soit, ait voulu rappeler que l'accès à la révélation divine était souvent précédé et suivi de périodes délirantes, ou encore qu'il ait eu le souci d'en écarter les hommes superficiels et pressés. La vérité est que nous n'en savons rien.

Saisi peut-être par un remords tardif, et soucieux de clarifier enfin les choses, notre sage, celui de la *Maitrî*, poursuit : « La lune donne la chaleur, cachée par l'œuf d'or aux mille yeux, comme un feu (caché) par du feu. C'est elle, assurément, qu'on doit désirer connaître, qu'on doit rechercher. » Il est difficile de concevoir comment Friedrich von Schlegel a pu louer, dans son *Essai sur la langue et la philosophie des Indiens*, « la clarté et la précision philosophique » de la langue indienne, à moins de partir d'une obscurité et d'une confusion plus profondes encore, proprement allemandes.

Cependant, dans cette profusion, dans cette exubérance végétale, à l'indienne, des chemins s'ouvrent. Dans cette confusion, quelques grandes paroles (*mahâvâkya*) surgissent et s'élèvent dans la conscience, droites et brûlantes comme une flamme. Celle-ci par exemple, murmurée par un vieux brahmane à l'oreille de son fils : « Tu es cela » (*Tat twam asi*), qui pourrait signifier : Dieu, qui est l'intégralité du réel, tu l'es – comment ne le serais-tu pas, s'il est tout ? Mais nous reviendrons sur « cela ». La portée des *mahâvâkya* est universelle. Ce ne sont pas des paroles en l'air. Au contraire, elles tombent à pic, comme une enclume jetée dans une fosse marine, et elles nous entraînent dans leur sillage. Elles peuvent plonger dans la stupeur un brahmane ou un philosophe, un moine trappiste ou Robert Oppenheimer.

Le but des Upanishads est la connaissance du brahman, c'est-à-dire du réel. Connaître le brahman, c'est la délivrance, la *réalisation*. Le roulement des existences prend fin. C'est un instant très grave, très solennel que celui où l'alternance immémoriale de la vie et de la mort prend fin, où une âme singulière sort du fleuve puissant et sombre du *samsara*. Rien ne peut nous arriver de mieux, disent les sages de l'Inde. C'est la réussite, la grande. Voilà pourquoi nous devons lire et relire, surligner et souligner, bref, méditer les Upanishads, malgré les obstacles qui se dressent sur notre chemin.

3

Fragment numéro deux : l'islam

Bruce

Ma conversion à l'islam fut un rêve au terme duquel je décidai de donner tout son temps au temps. Entre 1992 et 1996, alors que j'exerçais au Pakistan mon travail de journaliste, pour l'Agence France-Presse, j'y songeais entre deux dépêches. Mais à mesure que j'avançais dans ma réflexion, des clignotants rouges s'allumaient. Tous semblaient me dire : On n'est pas pressé.

Sensible à la saveur de l'islam, j'étudiais l'arabe coranique chez mon ami Bruce. Il me faisait venir chez lui le matin à six heures ; je me dis aujourd'hui que le choix d'une heure aussi matinale était destiné à éprouver ma détermination. Bruce s'était lui-même converti. C'était un personnage à Islamabad. De ses traits fins, de son visage creusé au teint pâle émanait une impression de mélancolie. Il connaissait l'arabe, l'ourdou, le persan et parlait français, lui qui était anglais, mieux qu'un Français, et comme si cela allait de soi. Nous le soupçonnions de travailler pour les services secrets. Il transmettait des rapports mystérieux à l'ambassadeur de Grande-Bretagne. Il était notre Lawrence à nous, un préraphaélite du désert.

C'était un solitaire. Un jour que nous nous promenions dans les Margalla, les collines qui surplombent Islamabad – nous nous faisions peur, avec les enfants, en les imaginant infestées de cobras –, je parlai à Bruce de mes velléités de conversion. Il me déconseilla de franchir ce pas. Il me dit cette phrase qui m'est restée en mémoire : « Je me sens plus bête depuis que je me suis converti. » Bruce était rien moins que bête. Je lui demandai pourquoi il ne faisait pas machine arrière. Il me dit que non, impossible, on ne fait pas machine arrière dans l'islam.

C'était il y a vingt ans. J'ai renoncé à me convertir, mais pour mille autres raisons. J'ai gardé le goût de l'islam, comme on a le goût de Venise, en plus fort, j'entrevois toujours sa grandeur et comme ma petitesse y serait bien calée. Le dossier n'est pas clos. C'est surtout une question de porte : « Entrez dans les maisons par leurs portes », enjoint le Coran aux fidèles (2, 189). Je préfère entrer et sortir par les fenêtres, comme on entre et on sort de la philosophie, sans avoir à rendre de comptes à personne. Impossible avec l'islam, Bruce l'avait compris. On est happé. Et il n'y a qu'une seule direction : dedans. Sinon on fait du surplace, mais dans tous les cas, on ne ressort pas. Ressortir ? Pour aller où ? Ce n'est pas une option. « Dieu est avec vous où que vous soyez », dit le Coran (57, 4).

Dehors, dans l'islam, n'existe pas. C'est sa grandeur, son drame aussi.

Un aperçu de Claude Lévi-Strauss

Personne n'éprouve le besoin de se livrer à une défense et illustration de l'hindouisme : cette religion, modèle de tolérance, ou d'indifférence, ne fait pas, chez nous, l'objet d'une vindicte particulière – hormis le système des castes, pour de très bonnes raisons. Il n'en va pas de même pour l'islam, qui est aujourd'hui un champ de mines, comme chacun le sait, sur lequel nous avons tous quelques idées de derrière, où la polémique prend comme feu de broussaille, au détour d'un mot, d'une phrase, d'une intonation. Pour dissiper toute ambiguïté, je précise d'emblée que l'islam qui m'attirait au Pakistan, par lequel je suis toujours attiré, est ouvert, tolérant, profondément et paisiblement vécu, aux antipodes, est-il besoin de le dire, de l'islam borné des fanatiques et des assassins. Oui, vous avez raison, il n'est pas très visible. On voudrait le voir mieux, surtout aujourd'hui. Mais il existe. Et j'ajouterais même qu'il est le seul à exister, l'autre ne méritant pas ce nom.

Qui veut débrouiller une controverse ne doit pas caricaturer ou minimiser la position adverse, sinon l'échange se bloque. Et la spirale descend. Au contraire, il doit lui donner sa plus grande force, en allant dans le sens de l'autre. Le meilleur réquisitoire contre l'islam que je connaisse figure dans *Tristes Tropiques,* publié en 1955. Le regard perçant de Claude Lévi-Strauss va à la source de tous les maux que nous voyons aujourd'hui se déployer au grand jour. À la fin du chapitre intitulé « Taxila », le grand savant écrit ceci sur l'islam : « Grande religion qui se fonde moins sur l'évidence d'une révélation que sur l'impuissance à nouer des liens au-dehors. En face de la bienveillance universelle du bouddhisme, du désir chrétien de dialogue, l'intolérance musulmane adopte une forme inconsciente chez ceux qui s'en rendent coupables car s'ils ne cherchent pas toujours, de façon brutale, à amener autrui à partager leur vérité, ils sont pourtant (et c'est plus grave) incapables de supporter l'existence d'autrui comme autrui. Le seul moyen pour eux de se mettre à l'abri du doute et de l'humiliation consiste dans une "néantisation" d'autrui, considéré comme témoin d'une autre foi et d'une autre conduite. La fraternité islamique est la converse d'une exclusive contre les infidèles qui ne peut pas s'avouer, puisque, en se reconnaissant comme telle, elle équivaudrait à les reconnaître eux-mêmes comme existants. »

Tout est dit, et au plus juste. Les bonnes questions sont posées, à commencer par la plus importante : le musulman peut-il vivre en bonne entente avec les hommes qui ne partagent pas ses croyances ? La réponse de Claude Lévi-Strauss est non. Ou plutôt si, une coexistence est possible, mais subordonnée à la superficialité de la relation. Si l'écorce se brisait, le musulman serait submergé par le doute et l'humiliation. Ses convictions seraient emportées comme des fétus de paille. À l'image de la synagogue symbolisée dans l'iconographie chrétienne par une femme aux yeux bandés, par exemple au portail de la cathédrale de Strasbourg, l'islam, communauté-ghetto d'un milliard d'individus, ne peut perdurer qu'en gardant les yeux soigneusement fermés sur le monde, et dans une méconnaissance délibérée et profonde de l'autre.

Le choix est simple : soit le musulman se replie dans son autisme, soit il cesse d'être musulman.

Le jardin-paradis

On voit parfois au Maghreb des maisons aux façades renfrognées et borgnes, dont la porte d'entrée, grossièrement ouvragée, donne sur une ruelle sombre, jonchée de détritus et habitée par des chats sauvages. À l'intérieur, surprise, des pièces lumineuses, aux plafonds hauts, accueillent le visiteur. Les sols sont tapissés de mosaïques, les murs de zelliges. Dans un patio ombragé, on découvre un jardin, parsemé de lauriers, peuplé d'oiseaux verts. L'eau gargouille. Une treille tamise la lumière du jour. On se dit, quand on vient de la rue : Quel paradis !

Cependant, pour découvrir la maison, le patio, le jardin, il a fallu entrer. Si on était resté dehors, avec les ordures et les chats errants, on n'aurait rien vu du tout. Dans l'islam aussi, il faut faire l'effort d'entrer.

Un seul et même mot, *jannah,* désigne à la fois le jardin et le paradis. « Lorsque Dieu planta le jardin du paradis, dit le prophète, il en planta les arbres de sa propre main et donna passage à ses courants d'eau. Ensuite, il lui dit : Tu es beau de ma propre beauté. » Le jardin-paradis est le *lieu noble*, par excellence, celui où la grande âme, éblouie, reconnaissante, s'exclame, comme Nietzsche découvrant la baie des Anges : « Ici, tu es à ta place ! » Nice a changé, mais le *jannah*, non, il ne change jamais. Cette place nous est destinée. Car à tout homme s'adresse la parole coranique : « Ô toi, âme apaisée ! Reviens à ton Seigneur, agréante, agréée ; entre parmi mes serviteurs, entre dans mon jardin ! » (89, 27).

Si on me demandait, comme le magicien de Lublin aux dévots : « Qu'est-ce que le paradis ? Quand y étiez-vous et à quoi ressemble-t-il ? », je répondrais que la nature du paradis est la transparence, c'est le seul « lieu » (mais est-ce bien un lieu ?) où la diversité ne voile pas l'unité, où dehors ne soit pas opposé à dedans. Comment sais-je cela ? Plus sage que moi l'a dit. Cet aperçu s'appuie sur une lecture que propose Ibn ʿArabî de la toute première transgression humaine.

Dans le Coran – et c'est une différence notable avec la Genèse – Dieu n'interdit pas au premier homme et à la première femme de manger du fruit de l'arbre, la fameuse pomme. Il leur interdit de *s'approcher* de l'arbre. Or l'arbre (*shajara*), note Ibn ʿArabi dans les *Futûhât,* est relié étymologiquement au fait de se diviser (*tashâjur*). Quand Dieu dit à Adam et Ève : « De cet arbre, n'approchez pas » (Coran 2, 35), cela revient à dire : Attention, n'entrez pas, surtout n'entrez pas dans ce processus de division dont l'arbre est le symbole. Si vous allez dans cette direction, si vous entrez dans la sphère de la pluralité, Dieu seul sait quand vous en reviendrez, et dans quel état. Vous perdrez de vue l'unité pendant très, très longtemps.

Nous y sommes. Aujourd'hui, où que se porte notre regard, nous ne voyons plus que la diversité, comme les aveugles du conte qui tournent en tâtonnant autour de leur éléphant.

Cependant le paradis n'est pas perdu. Il est seulement occulté. La racine du mot *jannah*, *jnn*, exprime le fait de couvrir, envelopper, protéger, mettre à l'abri des regards (de cette même racine provient le mot « *djinn* », qui désigne des créatures subtiles, de nature ignée et à la moralité douteuse, qui peuvent servir ou desservir l'homme selon l'usage qu'il en fait).

« Il y a en chacun de nous une fenêtre qui donne sur l'enfer », écrit Emmanuel Carrère dans son livre *Le Royaume*. Tout le monde peut la voir, cette fenêtre. Il suffit d'ouvrir le journal du matin. Tout le monde peut se pencher, enjamber et sauter. On voit les flammes, on entend grésiller les corps et les âmes. Mais il y a une autre fenêtre qui donne sur le paradis. Et celle-ci, on a beau la chercher, et on ne cherche que cela (Dieu est le cherché par essence, dit Rûmî), on a beau ouvrir grand les yeux, et on les ouvre tout grand, on ne la voit pas : le paradis est à couvert. L'unité est à couvert. Ce champ amoureux et magnétique, qui est au centre de l'islam, dont il est l'essence, dont les Occidentaux dans leur immense majorité ne soupçonnent même pas l'existence, perdure mais secrètement.

S'il disparaissait, tout s'écroulerait.

Puisque l'islam est une maison agencée autour du paradis, tournée dans sa dimension essentielle vers le *jannah*, il est lui aussi à couvert. De l'extérieur, on ne voit rien, on ne comprend rien. On voit des barbus hurler, des sectes se déchirer, des mollahs ignares lancer des fatwas, des bombes exploser, des gamins haineux tirer à la kalachnikov sur des innocents. On se gratte la tête, on se demande : C'est cela l'islam ? Quel est ce mystère ? Comment des centaines de millions d'hommes, qui ne sont pas tous des imbéciles, et dont on peut même supposer que certains sont dotés d'un discernement au moins égal au nôtre, peuvent-ils adhérer à une religion aussi rétrograde, violente, fanatique ? Aussi bête, pour tout dire ?

« *Tout y est* »

L'historien Bernard Lewis a comparé le flot abondant des visiteurs européens qui se rendaient autrefois dans l'Empire ottoman au maigre filet de voyageurs musulmans qui faisaient le chemin inverse pour se rendre en Europe. Des commentateurs y ont vu un signe de l'incuriosité fondamentale du musulman et, par voie de conséquence, une cause importante du déclin de l'islam. Je voudrais évoquer ici une autre raison à cette sédentarité. Je la connais bien pour l'avoir moi-même éprouvée : le musulman a le sentiment d'avoir chez lui, à demeure, tout ce qui lui est nécessaire pour parvenir à la vie bonne à laquelle il aspire. Il n'a qu'à tendre la main. Il possède le Livre « en lequel il n'est point de doute » (Coran 2, 2), où sont disséminés, comme étoiles dans la nuit, des « signes manifestes » (Coran 3, 97), où « toute chose est dénombrée » (Coran 36, 12), où « aucune n'est omise » (Coran 6, 38). Il possède à demeure les paroles éclatantes, universelles, révélatoires, qui s'agrègent à la moelle de son âme et la nourrissent. Pourquoi irait-il chercher ailleurs ?

On a dit de la monade de Leibniz qu'elle n'avait « ni porte ni fenêtre ». Elle n'en a pas besoin car tout se reflète en elle. L'islam possède ce caractère monadique. L'unique, qui est au cœur de l'islam, récapitule les réalités singulières du monde dans leur essence, ou si vous préférez dans leur vérité. Quel besoin aurait le musulman d'aller scruter la multiplicité ? Cette connaissance est sans fin et toujours parcellaire. Elle est quantitative, additionnelle, horizontale, scientifique. Elle ne rassasie pas l'âme. Elle ne donne aucun sens à la vie. À quoi bon ?

« Hors de tout, il n'y a rien », a observé un philosophe dans un moment de lucidité. Hors de tout, il n'y a rien, pense aussi le musulman, en tous les cas rien qui vaille le déplacement. S'il ne met pas le nez à sa fenêtre, ce n'est pas qu'il ait peur du doute et de l'humiliation, n'en déplaise à Claude Lévi-Strauss, mais parce qu'il aspire à voir les choses dans sa monade à lui, dans la lumière extatique de l'unique. Dehors ne l'intéresse pas. Dehors est décoloré, désenchanté et, au fond, si on gratte un peu, dehors n'est que *songe et mensonge*. À quoi bon des portes et des fenêtres quand tout est donné à voir dedans, dans son intensité maximale ?

L'Occidental n'a en général qu'une faible idée, ou plutôt pas d'idée du tout, du trésor de connaissances que contient le Coran, ni du caractère bien-fondé de ces connaissances, ou encore, si je puis m'exprimer ainsi, de leur caractère bien *calé*. Dans la récitation et la méditation du Coran, le musulman se cale, comme un connaisseur se cale dans la contemplation d'un Matisse – et il ne lui vient pas à l'idée d'aller voir les Picasso de son voisin, ceux des années soixante –, ou comme Marie se cale aux pieds de Jésus, dans l'évangile de Luc, et l'idée ne lui vient pas non plus d'aller voir ce que Marthe mijote dans la cuisine. Non merci. Elle n'est pas intéressée, Marie. Elle a mieux à faire.

Donc, en effet, les musulmans sont rarement curieux. Nous ne les intéressons pas plus que ça. Pourquoi ? Parce qu'ils croient, ou ont cru pendant longtemps, avoir, comme Marie, la « meilleure part », et qu'ils ne veulent pas en être distraits. C'est là, dedans, dans la contemplation du ciel, que les choses en vérité se passent.

Rûmî a écrit un livre merveilleux, rempli de contes, d'aperçus mystiques, de digressions à la mode orientale, dont le titre, *Fîhi-mâ-fîhi*, a donné du fil à retordre aux traducteurs. Eva de Vitray-Meyerovitch a traduit ces mots par *Le Livre du Dedans*. Mais une autre traduction mérite de retenir l'attention : nous la devons au professeur Hilmi Ziya Ülken, qui propose (dans *La Pensée de l'Islam*, publiée à Istanbul en 1953) de traduire *Fîhi-mâ-fîhi* par « Tout y est ».

On a parfois comparé le Coran à un océan. Mais c'est aussi une île et, sur cette île, tout y est. Le musulman le croit. Il croit que tout y est, dans cette île nommée « islam ». Pourquoi irait-il voir ailleurs ? Un sage a dit :

Plus loin tu vas
Moins tu connais

Ce sage est chinois. Mais il pourrait être musulman.

Il existe une question subsidiaire : la curiosité dévorante de l'Européen qui le pousse, à la différence du musulman, à aller voir ailleurs, toujours plus loin, pressé comme un obus, à aller voir sur la lune, sur Mars, Pluton et les exoplanètes, cette curiosité avide de l'Occidental, qui ne cesse à sa façon d'écrire un grand « Livre du Dehors », ne serait-elle pas la contrepartie de l'inaptitude dénoncée par Pascal à « demeurer en repos » chez lui, dans sa chambre ? Au XVIIe siècle déjà, Jean Chardin, lui-même grand voyageur, observait les mouvements inquiets qui agitent les esprits des Européens. Il les attribuait non à une faillite métaphysique, comme le fait le musulman, mais à l'épais climat de l'Europe où le sang devient vite « plus bouillant » qu'ailleurs. Le musulman observe notre agitation et il hoche la tête : Ah certes non, pense-t-il, tout n'y est pas, dans cette société qui se présente comme un modèle. Tout n'y est pas de ce qui peut rendre la vie heureuse, équilibrée et sensée.

La méconnaissance de l'autre est la chose la mieux partagée du monde. Peut-être est-ce une question de « site », mot par lequel est traduit, en philosophie, le terme grec *topos*. Nous sommes tous le produit d'un site, c'est-à-dire d'une série de conditionnements : milieu social, familial, langue, histoire, culture, gènes… Ces conditionnements déterminent notre conscience singulière, avec ses pensées, ses paroles, ses actes, ses secrets, ses contradictions. Un philosophe l'est d'autant plus, philosophe, qu'il résiste à la puissance de coercition du site. Il ne se nourrit pas de l'air du temps. Il ne vit pas dans le regard des autres, pas pour la galerie. C'est juste le contraire. Il va chercher l'inspiration où elle se trouve : loin de la foule.

Socrate était ainsi fait. Il était docile aux plus infimes suggestions du dieu mais il ne l'était absolument pas à celles du site. Et c'est pourquoi ses disciples disaient de lui qu'il était *atopos*, « hors site », hors milieu, affranchi des conditionnements qui façonnent la conscience ordinaire des hommes, entre tous singulier. Socrate n'avait, en fait de site, que son excellent démon à lui, un djinn bien luné, qui le retenait par la manche quand il s'apprêtait à dire ou à faire une sottise. Étant de nulle part, le philosophe était partout chez lui, et nulle part dépaysé, proche du savetier autant que d'Alcibiade, prince avec le peuple comme on a dit de Napoléon, et peuple avec les princes. Il pouvait entrer dans les cœurs et les raisonnements, puis en sortir, non sans y avoir semé au préalable quelques questions, comme du poil à gratter. Mais Socrate ne quittait guère Athènes, comme s'il avait, lui aussi, le sentiment qu'à Athènes et en lui, tout y était pour devenir Socrate : un esprit libre.

En revanche, Claude Lévi-Strauss, prototype de l'homme curieux, est situé : il est un héritier des Lumières. Sa vocation singulière fut d'aller voir ailleurs, toujours ailleurs, et de raconter ce qu'il y découvrait dans l'esprit des Lumières. Sa mobilité, son site mercuriel, ne le prédisposait pas à sympathiser avec la vocation d'immuabilité de l'islam ni peut-être à la comprendre. La gymnastique salutaire qui consiste à se mettre *vraiment* à la place de l'autre, à épouser ses modes de penser et de sentir, à devenir boulanger avec le boulanger, prostituée avec la prostituée, soufi avec le soufi, on n'a pas le sentiment qu'il l'ait mise en pratique dans les remarques que j'ai citées plus haut, contrairement par exemple à Louis Massignon ou Henry Corbin. Le musulman est demeuré, à ses yeux, l'étranger. L'ethnologue n'a pas dépassé l'écorce et, ce faisant, il est tombé dans le travers même qu'il reproche à l'islam : l'ignorance globale de l'autre.

Il y a mille façons de rater l'autre, mais à chaque fois le résultat est le même : en laissant échapper le même dans l'autre, nous subissons à notre tour un processus d'*altération*, nous devenons nous-mêmes autre. Notre jugement nous juge, il nous épingle, surtout quand il s'accompagne, comme dans la citation de Claude Lévi-Strauss, d'un sentiment de supériorité aussi candidement exprimé. Pour en comprendre le côté tranchant et vraiment surprenant, de la part d'un homme aussi savant et policé, il est utile de se reporter au contexte dans lequel *Tristes Tropiques* fut écrit. Claude Lévi-Strauss, ayant posé deux fois sa candidature au Collège de France, et ayant essuyé un double échec, avait le sentiment de ne plus avoir d'avenir à l'université et il jugea, en conséquence, qu'il pouvait écrire en toute liberté, porté par l'inspiration, ou l'idée qu'il s'en faisait – et non plus sous la loupe des spécialistes. Ce sentiment de toute-puissante liberté, d'avoir enfin les coudées franches, a produit *Tristes Tropiques,* son livre le plus connu.

« Ce sont les échecs au Collège de France qui sont la cause de *Tristes Tropiques* parce que jamais je n'aurais osé écrire *Tristes Tropiques*, c'est-à-dire un livre où je dis tout ce qui me passe par la tête sans me soucier de savoir si c'est vrai et faux, si je pensais à l'époque que j'allais faire une carrière universitaire et j'étais absolument convaincu que c'était terminé », confiait en 1988 le grand ethnologue à Bernard Pivot dans une émission d'*Apostrophes* (émission que l'on peut encore voir sur Internet). L'éminent savant ne faisait pas grand cas, alors, de la vérité. Le maître, si l'on ose cette pointe d'irrespect affectueux, n'avait pas toute sa tête, comme l'homme de Sarasvatî. Même les plus grands peuvent errer. À la différence de beaucoup d'autres intellectuels, cependant, il eut la probité, revenant sur son passé, de le reconnaître. Il n'empêche. « Au-dessus de tout savant, il y a un plus savant. » Claude Lévi-Strauss connaissait sans doute cette belle parole du Coran. Il aurait dû, en écrivant sur l'islam, la méditer davantage.

Deux « moyens courts » : la Fâtihah et la Shahâdah

Le vent tourne. L'Occident ne peut plus ignorer l'islam, et inversement. Une nouvelle monade globale est en gestation. L'ère des religions closes est révolue. Nous sommes en train d'en sortir, difficilement, avec des convulsions, mais le mouvement est engagé et il est sans doute irréversible. Les murailles qui faisaient autrefois la vie de l'*umma* concentrée et recueillie sur son mystère se fissurent. La voix assourdissante de l'Occident, que le musulman ne voulait pas entendre, parce que fondamentalement elle ne l'intéressait pas, résonne aujourd'hui plus fort que celle du muezzin. Mille haut-parleurs, mille écrans la relaient. Confronté à une situation inédite, le musulman a le choix : il peut se replier sur lui-même ou s'ouvrir, pour la première fois de son histoire, à l'autre. S'il opte pour l'ouverture, il devra inévitablement opérer un *discernement* entre ses croyances : certaines tiennent à l'essentiel, elles résistent alors au temps et à la mondialisation ; mais d'autres sont subordonnées et secondaires, le vent les emporte, et si le musulman s'y accroche, il sera emporté avec elles.

Regardons de près, la foi musulmane tient en très peu de choses. Le Coran tout entier, dit la tradition, est contenu dans la *Fâtihah,* la première sourate, celle que le prophète nomma la « mère du Coran ». Elle comprend sept versets, dont voici une traduction par Frithjof Schuon :

Louange à Dieu, Maître des mondes
L'infiniment Bon, le toujours Miséricordieux
(ar-Rahmân, ar-Rahîm)
Le Roi du Jugement dernier
C'est Toi que nous adorons, et c'est en Toi
que nous cherchons refuge
Conduis-nous sur la voie droite
La voie de ceux sur qui est Ta grâce
Non de ceux sur qui est Ta colère, ni de ceux
qui errent.

Que dit la *Fâtihah*, en une phrase ? Qu'il y a un Dieu, digne de louange, rayonnant de bonté, roi des mondes, qui tranche comme un rasoir entre le réel et l'illusion, et que dans l'un de ces mondes il y a des hommes répartis en trois familles : les réprouvés, les errants et ceux qui sont sur une voie droite ; le musulman souhaite ardemment faire partie des derniers. Mon résumé est un peu plus long que la *Fâtihah* elle-même, ce qui lui ôte en principe son caractère de résumé. Qu'il soit cependant rappelé, à ma décharge, que l'esprit gagne à tourner autour de son objet, car il peut le considérer, à chaque tour, sous une lumière changée et relativiser ses vues – ainsi le musulman tourne-t-il autour de la Ka'ba, et les aveugles du conte autour de leur éléphant.

Les paroles de la *Fâtihah* ouvrent un vaste champ à la méditation nocturne et à cette faculté de ruminement dont Nietzsche dénonçait l'absence chez ses contemporains. Elles disent l'essentiel de la foi islamique en très peu de mots. Dans cette foi agrégée en faisceau, rien ne contrevient à la rationalité, rien non plus ne lui est soumis. Elle se situe sur un autre plan, compatible avec la modernité et la pensée critique. Nous sommes loin, très loin des disputes entre shiites et sunnites, des querelles sur le port du voile ou l'éducation des femmes.

La *Fâtihah* est l'islam en raccourci : tout y est.

Il existe un autre raccourci pour parvenir au cœur de cette grande religion : la *Shahâdah,* la profession de foi, dont le prophète disait qu'elle était la « meilleure parole » parmi toutes celles que lui et les autres prophètes, ses devanciers, avaient prononcées. La *Shahâdah* comporte deux volets.

Le premier atteste l'unicité de Dieu : « Il n'est pas de Dieu hormis Dieu », *Lâ ilaha illâ 'Llâh*. Cette parole est capitale. On peut la comprendre dans un sens exclusif : le seul vrai Dieu est Allâh, le Dieu des musulmans. Point. Les autres sont des faux et ceux qui les suivent se perdent. C'est ainsi que l'entendent les intégristes, salafistes, littéralistes… Et cette interprétation, à mon avis, n'a aucun intérêt. La *Shahâdah,* cependant, comporte un autre sens, ésotérique, qui est tout différent et bien plus profond que le premier. Compte tenu de l'identité totale entre Dieu et le réel, elle signifie qu'il n'y a « pas de réel en dehors du réel » – et c'est ainsi que beaucoup de soufis l'ont entendue à travers les siècles. Du réel, Dieu détient le monopole. Si nous prenions un jour la décision de sortir de l'irréalité – grande décision ! – nous n'en trouverions pas d'autre que Lui, le réel, le Seul.

Quant au second volet de la *Shahâdah,* il atteste la mission du prophète : « Mohammed est l'envoyé de Dieu », *Muhammadun Rasûlu 'Llâh.*

Le premier volet enseigne que le devenir est vide de tout, sauf de Dieu. Le second enseigne que par la médiation lumineuse du prophète (qui se tient à la jonction des deux fleuves : l'unique et le multiple) toutes les formes essentiellement vides du monde acquièrent relief, vie, couleur, sens, réalité.

Un hindou, un bouddhiste, un chrétien peuvent adhérer à la *Shahâdah.* Moi qui suis chrétien, j'y adhère sans difficulté. Il suffit de la prononcer de bonne foi pour être musulman. Si des chrétiens ne voient rien dans ce témoignage qui froisse leur raison, mais qu'ils en voient au contraire la cohérence et la simplicité, qu'ils y adhèrent à leur tour. Leur christianisme, loin de se rabougrir, s'ouvrira à la lumière de l'islam, où ils n'ont rien à perdre et tout à gagner.

La *Fâtihah* et la *Shahâdah* sont deux « moyens courts », comme dirait Mme Guyon, pour parvenir au cœur de l'islam. Il y en a d'autres. L'islam peut se résumer en un symbole, une parole, un mot, une syllabe et même un simple point. Ce fardeau est léger. Qui réfutera ce témoignage ? Qui prendra le musulman par la main, et lui dira : Non, non, tu te trompes, mon ami, il y a du réel en dehors du réel, viens avec moi et regarde, regarde bien ? Le musulman est invincible s'il place sa foi dans la *Shahâdah* et la *Fâtihah*. Il est très vulnérable s'il la place dans les aspects accessoires et subordonnés de la religion.

Dieu contracte et dilate, dit le Coran. Cette vision de Dieu comparé à un grand soufflet cosmique a donné naissance à deux noms divins dans l'islam : Dieu est *al-Qâbid* (celui qui rétracte), il est *al-Bâsit* (celui qui déploie). La religion, comme certaines fleurs, ou l'univers lui-même – « feu éternel s'allumant en mesure, s'éteignant en mesure », dit Héraclite –, s'ouvre et se resserre alternativement. Un jour elle est immense comme la Voie lactée mais le lendemain toute petite comme une coccinelle. C'est très bien ainsi. L'art, qui a la même fonction que la religion – relier –, peut lui aussi grandir puis rapetisser au point de devenir invisible ou presque.

Une anecdote à ce propos. Nous sommes en 1945. Giacometti a passé les années de la guerre dans son pays, la Suisse, et il s'apprête à présent à rentrer à Paris dans son atelier de la rue Hippolyte-Maindron. L'éditeur Albert Skira, fondateur de la revue *Minotaure*, l'interroge : « Comment allez-vous transporter toutes vos sculptures ? » Giacometti tire une boîte d'allumettes de sa poche, l'ouvre et en montre le contenu à Skira : trois ou quatre figurines de la dimension d'une épingle. *Tout y est* de ce qu'il doit ramener à Paris, dans sa poche.

L'islam n'est pas la religion caricaturalement figée que nous présentent les intégristes. Il a des hauts et des bas, une inspiration et une expiration, des jours et des nuits. Il est vivant. Il y a un temps pour le prendre très grand, global, inclusif, avec son versant social, culturel, économique, politique, législatif, et un temps pour le prendre tout petit, dans un verset, un mot, un point. Hier, sous les Abbassides ou dans l'Empire ottoman, il était global. Aujourd'hui, en Occident, le temps du tout petit, mais non moins intense, arrive. En tous les cas, on peut l'espérer. En tous les cas, il ne faut pas se tromper de temps.

Sans doute n'est-ce pas un hasard si Dieu a fait le chameau si sobre et qu'il l'a placé de bonne heure, lui le chameau qui a besoin de très peu de choses pour survivre dans le désert, à côté de l'Arabe. Il s'est dit : Voilà le chameau, je le mets à côté de l'Arabe, pour qu'il lui soit une source permanente d'inspiration. Quand l'islam est tout petit, il est compatible avec la démocratie, la laïcité, la liberté de penser, de se moquer, de blasphémer. Il passe à travers les murs. Il est chez lui partout.

Discernement : furqân

La liberté de penser, que l'Europe a héritée de la Grèce, consiste à poser divers éléments sur une table vide (*tabula rasa*) et à tenter, par soi-même, en faisant abstraction de toute autorité extérieure, et de l'air du temps, de faire un tri, de *discerner*, parmi ces éléments, entre le vrai et le faux, le fondamental et le secondaire, l'actuel et le suranné, l'esprit et la lettre. On ne prend pas tout du site qui nous entoure. Qui prend tout perd tout.

J'ignore combien de musulmans vivent en Europe. Peut-être n'existe-t-il pas de chiffres fiables. L'adaptation d'une partie d'entre eux – ce n'est un secret pour personne – est lente, laborieuse, problématique. Qu'il me soit permis de leur remettre en mémoire une règle éprouvée de courtoisie qui veut que l'on adopte les coutumes et traditions du pays où l'on vit, autant que faire se peut. Or la meilleure tradition que nous ayons en Europe est cette liberté de penser, que j'évoque depuis le début de ce livre, et cette autre liberté, parallèle et indissociable, d'exprimer sa pensée à sa guise. On ne se déchire plus depuis longtemps pour des questions de religion. Vous aimez le mouton, moi le saumon, vous ne buvez que de l'eau, moi du bordeaux ? Ainsi soit-il : chacun son assiette. Plus de menu unique. Nous sommes à la carte depuis deux ou trois siècles. C'est un acquis du siècle des Lumières, héritage lointain de la Grèce. Et chacun s'en trouve bien.

Qui prend tout, disais-je, perd tout. De quel droit faire un tri dans l'héritage de l'islam ? rétorquent les intégristes. Prenez plutôt exemple sur nous. Nous n'inventons rien. Loin de nous l'innovation ! Que Dieu nous préserve d'innover, que le Très-Haut nous préserve de trier ! Non, nous prenons tout. « Islam » ne signifie-t-il pas « soumission » ? Et tout n'est-il pas dans le Coran ? Ne venez-vous pas vous-même de le dire ? Oui, c'est vrai, tout y est, et le contraire de tout. L'intégriste trouvera indiscutablement dans le Coran de quoi conforter sa vision sectaire du monde mais il trouverait aussi, s'il cherchait, de quoi justifier une vision ouverte et une parole libératrice. Celle-ci par exemple : « Pas d'obligation en matière de religion » (Coran 2, 256).

L'islam ouvert est aujourd'hui minoritaire, peut-être l'est-il de moins en moins, mais il peut s'appuyer sur une très ancienne tradition, dont Ibn 'Arabî et Rûmî sont les deux pôles les plus visibles. Le Coran n'est pas un bloc homogène. Ses milliers de versets recèlent d'innombrables secrets, écueils, contradictions, répétitions, anachronismes, tautologies, qui offrent une très large marge de manœuvre à l'intelligence, au jeu des mots, à la liberté de l'esprit. Dans sa fonction discriminatrice, le Coran est nommé *furqân*, mot qui signifie « discernement ». Le Coran l'est de trois façons : parce qu'il se présente comme un discernement entre le réel et l'irréel ; parce que ses mots sont agencés de manière telle qu'un discernement s'opère spontanément entre les lecteurs qui font des incursions dans la profondeur du Livre et ceux qui restent à la surface ; parce qu'il prodigue généreusement le don de discernement à ceux qu'il agrée, leur donnant ainsi la capacité de discerner des signes et des repères dans la complexité du monde.

L'expérience coranique

Une nonne bouddhiste occidentale, sachant que j'avais écrit un livre sur le bouddhisme, demanda à un ami commun : « Comment peut-on écrire sur le bouddhisme quand on n'est pas bouddhiste ? » Bruno, qui me rapporta ce propos, aurait pu rétorquer : Comment écrire sur la France quand on n'est pas français ? Comment parler de bananes quand on n'est pas singe ? Il suffit d'aimer les bananes. Le Coran, c'est pareil. Il suffit de l'aimer. C'est la meilleure disposition pour entrer dans ce Livre : l'aimer, au moins un peu, puis attendre qu'une spirale, d'un verset l'autre, prenne forme et grandisse.

Nul besoin cependant de le connaître par cœur, et je trouve exagérée la parole du poète persan Djami selon laquelle un musulman qui ne connaît pas le Coran par cœur est « comme un citron sans parfum ». Nul besoin d'en réciter une sourate chaque jour. Un peu de distance ne nuit pas.

Le mot *Qur'an* dérive du verbe *qr'* qui signifie littéralement « lecture » ou « récitation ». La racine du mot exprime également l'idée de rassemblement, de totalisation : avec le Coran, le musulman reçoit, si je puis dire, la totale, raison pour laquelle il n'a pas besoin d'accumuler beaucoup de livres ni de beaucoup voyager, comme on l'a vu. Il a tout chez lui, sur sa table de nuit, à portée de main. Les musulmans soulignent le caractère unique, inimitable du Coran, l'« écrit noble » formulé dans la « plus noble des langues », où ils voient un signe de son origine divine. Le Coran procède lui-même à son propre éloge : « Si les hommes et les djinns s'unissaient pour produire quelque chose de semblable à ce Coran, ils échoueraient » (17, 88). Dans sa profession de foi, Ibn 'Arabi récapitule, en quelques lignes, sa vision « totale » du Coran : « Il est la parole de Dieu, sa révélation inspirée, sa science, ses noms, ses attributs, son ordre, ses interdictions et sa lumière éclatante qui se répand sur les esprits, sur l'intime des êtres et sur les cœurs purifiés par l'eau de la miséricorde, comme la lumière du soleil sur les mondes. » Le Coran illumine les cœurs comme le soleil illumine la terre.

Le Coran, « cette édition arabe de la Bible », comme le dit cavalièrement Louis Massignon, comprend cent quatorze sourates et six mille deux cent trente-six versets. Les exégètes distinguent deux périodes dans le Livre : une période mecquoise, qui correspond aux premières années de la révélation, et une période médinoise, qui correspond aux dix dernières années de la vie du prophète. Le style de la première période est poétique, débridé, oraculaire et on a envie d'ajouter intemporel. La seconde période, d'une portée plus juridique, est d'une lecture plus ardue. La première compilation du Coran fut ordonnée par Othman, le troisième calife. On fit rassembler des fragments éparpillés de textes, annotés sur des feuilles de palmier, des peaux d'animaux, des omoplates de chameau, et plus rarement sur des parchemins. La compilation ne se fit pas en suivant l'ordre chronologique de la révélation, ce qui aurait posé des difficultés insurmontables, mais par ordre décroissant de longueur, à l'exception de la sourate liminaire. Quand le travail fut terminé, Othman envoya un exemplaire du Livre dans la capitale de chaque province de l'empire. Celui-ci s'étendait déjà – une vingtaine d'années seulement après la mort du prophète – du Yémen jusqu'aux montagnes du Caucase, de la Tunisie jusqu'au Khorasan. Il comprenait la plus grande partie de l'Égypte et de la Perse.

Le Coran : son dos

Le Coran a « un extérieur (*zâhir*) et un intérieur (*bâtin*) » – littéralement un dos et un ventre, affirme un hadîth, l'une de ces traditions dont les musulmans font remonter l'origine au prophète. Les Occidentaux, le plus souvent, ne voient que le dos. Ils s'en tiennent au plus apparent, qui est aussi le plus rébarbatif. Littéralement, le Coran leur tourne le dos. Et eux-mêmes, par réaction, s'en détournent.

Les Grecs nommaient « barbares » ceux qui ne parlaient pas leur langue. « Il est probable, écrit Claude Lévi-Strauss dans *Race et histoire*, que ce mot se réfère étymologiquement à la confusion et à l'inarticulation du chant des oiseaux, opposées à la valeur signifiante du langage humain. » L'Occidental, lisant le Coran, a le sentiment d'être confronté à un chant barbare, rempli de bruits et de fureur, d'éclats et de violence, où s'entrechoquent dans une invraisemblable confusion anathèmes, invectives, polémiques, louanges, menaces, oraisons, histoires sans queue ni tête, législations abracadabrantes, perspectives eschatologiques. Ce qu'il voit là, c'est le dos. Il ne voit que lui. Quelle différence, pense-t-il, avec les profondeurs métaphysiques de l'Inde, avec la subtilité de Socrate, avec les envolées mystiques mais cohérentes de Plotin !

Au XIXe siècle, l'historien et essayiste Thomas Carlyle résume ainsi sa première impression : « C'est la lecture la plus accablante que j'ai jamais faite ; un amas embrouillé, confus, fastidieux, lourd. Seul le sens du devoir peut inciter un Européen à aller jusqu'au bout de la lecture du Coran. » Schopenhauer dénonce ce « mauvais livre », où « nous trouvons la figure la plus triste et la plus misérable du théisme ». « Sans doute, beaucoup de choses se sont perdues dans la traduction, mais je n'ai pas pu y découvrir une seule pensée de valeur », ajoute le philosophe dans *Le Monde comme volonté et représentation,* au chapitre « Sur le besoin métaphysique de l'homme ». Pas une seule pensée de valeur ! Et c'est Schopenhauer qui le dit !

Le Coran, que l'Occidental aborde comme tous les livres, dont il croit qu'il a un début et une fin, qu'il lit peut-être en quelques jours, une semaine ou un mois, entre la lecture du journal du matin et celle du soir, ne résonne pas en lui, il ne s'amalgame pas avec sa vie, ne nourrit pas la substance intime de son être, ne la réveille pas. Il ne sait pas qu'une influence lumineuse opère subtilement dans ce Livre, comme dans la contemplation de la personne du prophète, de sorte qu'il passe vite, une fois la lecture achevée, à autre chose, soulagé de la corvée, mais – et c'est là que le bât blesse – non sans s'être fait une idée, fausse bien entendu, du Coran et de l'islam.

Le Coran : son ventre

Que le Coran ait un ventre, une densité secrète, un pouvoir de transformation sur ceux qui le récitent avec patience, respect et attention (comme on doit lire les Upanishads), qu'il recèle une *baraka,* le musulman en est intimement persuadé. L'Occidental, si imbu de rationalité, devrait admettre qu'un tissu d'âneries ne traverse pas les siècles : seule la vérité dure. C'est un principe bien connu, sauf des menteurs : on ne ment pas plus loin que le bout de son nez, et ça fait peu, quand bien même il s'allongerait comme celui de Pinocchio. Le nazisme a duré douze ans. Le communisme, qui faisait de mensonge vertu, soixante-dix ans. L'islam dure depuis mille quatre cents ans, et ce n'est pas fini. La peinture des cavernes nous émeut encore.

Le mot « ventre », en japonais, se dit *hara* (comme dans « hara-kiri »). Les Japonais considèrent qu'il est fondamental, dans la vie, de « se faire un ventre ». Une vie dépourvue de *hara* ne vaut pas la peine d'être vécue. Ils distinguent les voix qui viennent du ventre, auxquelles on peut faire confiance, et celles qui se forment dans l'air, haut perchées, criardes, stridentes, dont on doit se détourner. La voix de Leonard Cohen, par exemple, vient du ventre, à la différence de celle de Bob Dylan. Elle nous enchante plus que les paroles de ses chansons, ou plutôt si celles-ci nous enchantent, c'est parce qu'elles sont portées par une telle voix.

Un intellectuel occidental, lui, forme ses idées dans la tête, et de cette naissance aérienne, par osmose avec le milieu ambiant (avec le site), elles gardent une légèreté contre laquelle il tente de lutter en les transformant en convictions, dont il est fier, et cela à l'aide de quoi ? À l'aide d'autres pensées, d'autres idées... Ainsi se construisent ces châteaux de cartes que l'on appelle « systèmes » ou « idéologies », sans moelle, sans ventre, modes intellectuelles que le moindre souffle disperse et qui n'aident pas à vivre.

Le connaisseur du *hara* opère différemment. Il n'accorde pas beaucoup d'importance aux idées mais beaucoup à leur soubassement, et quand il doit jauger un interlocuteur, il se demande : D'où parle cet homme ? Ses mots, ses images, leur sonorité, leur tempo proviennent-ils de sa tête ? De ses lèvres ? C'est donc de là qu'il parle ? Aussitôt dit, aussitôt désavoué. Ou bien est-il allé les chercher, ses paroles, plus loin que lui, au puits, où l'on ne va que de nuit, et d'où on les remonte à la surface avec moult efforts ?

L'homme du *hara* est trapu comme personne, pansu comme un coffre de campagne. Il est confiant. Il sait qu'il y a, en lui, plus profond que lui, « dans le fond et le tréfonds », quelque chose d'indestructible, contre quoi le temps se casse les dents. Ce n'est pas une idée. Cela ne prête pas à controverse. C'est juste une conviction, mais qui a du corps. Certains actes procèdent du *hara,* d'autres non. Seuls les premiers sont nécessaires. Si nous apprenions à discerner la nécessité dans nos actes, et à nous abstenir de ceux qui en sont dépourvus, que d'erreurs et de fautes nous pourrions éviter !

Quand l'écriture provient du *hara*, elle est dense, profonde, singulière. Les siècles roulent dessus sans qu'elle cesse d'être actuelle. Les premières lignes de *Moby Dick* procèdent du *hara*. Les textes sacrés prennent naissance et tournure dans le ventre. Et l'*Iliade* et l'*Odyssée*. Et les tragédies grecques. Écrire tête penchée, les deux mains en cornet, comme l'orant. Par ruminage, pas avec la tête, pas avec l'air du temps, non. Avec le ventre. Voilà, fin de l'auto-exhortation.

Aux tout premiers temps de l'islam, on peut supposer que les Arabes de La Mecque et de Médine, malgré le passage des caravanes, n'avaient pas ou peu de connaissances claires sur le bouddhisme, et moins encore sur le *hara*. Et pourtant le hadîth que j'ai cité plus haut nous prodigue le même enseignement que celui du *hara* : ce qui compte, dans le Coran, c'est le ventre, le dedans, la moelle lumineuse, pas le dos, le dehors, qui est embrouillé, discontinu et strident. Le Livre est émaillé de paroles concises, à forte sonorité rythmique, qui se prêtent à l'incantation, aux litanies, à la remémoration. Ces paroles dégringolent dans le ventre. Elles le nourrissent. La révélation coranique se manifeste comme une « descente », dit la tradition musulmane : Dieu fait descendre le Coran, comme une pluie d'étoiles, dans le cœur de Mohammed puis dans le cœur des croyants, eux-mêmes aussi nombreux que les étoiles du ciel. La parole révélée s'insinue à la charnière du corps et de l'âme – le ventre – où elle apporte vie, lumière, densité. « Cette descente fait éprouver une douceur sans pareille qui excède toute jouissance », affirme Ibn 'Arabî dans *Les Illuminations de La Mecque*.

De ceux qui font l'expérience coranique, on dit parfois qu'ils restent en arrêt, terrassés : « Ils tombent sur la face et pleurent » (Coran 17, 109). À moins qu'ils ne soient élevés de terre comme dans un tourbillon : « Ce Livre n'est pas seulement un code ; il appartient à ce genre de livres très rares qui ouvre une perspective sur les fins dernières du langage… et fait “décoller” de terre », écrit Louis Massignon. Les croyants sont étirés vers le ciel, dilatés de l'intérieur, cloués au sol, élargis, atterrés, interdits. Quelle expérience ! Le Coran, comme le dit étrangement Hallâj, leur donne des nouvelles sur l'avenir, et des aperçus sur le plus lointain passé, jusqu'au *Mithaq*, et il leur en donne tous les jours jusqu'à l'éternité. Certes, ce n'est pas une lecture ordinaire.

Le Livre est d'une extraordinaire candeur, comme l'étaient sans doute les gens très simples auxquels il s'adressait. Dieu parle à des enfants. Les Arabes, à l'époque du prophète, étaient pareils à des gamins turbulents, rebelles, farouchement indépendants, avides, cupides, batailleurs. Pour les assagir, Dieu leur fait peur. Il agite des épouvantails, leur fait miroiter des perspectives heureuses ou malheureuses. Il intervient sur les sujets les plus triviaux, il se contredit parfois dans une même phrase, revient en arrière, rectifie. Le sens profond et caché d'un verset, d'un mot même peut rattraper le croyant, de façon inattendue, alors qu'il n'y pensait plus depuis longtemps. Soudain, il se dit : C'est ça. Le sens intérieur d'une parole, qui lui avait échappé, soudainement s'éclaire. La vie, compagne du Coran, est venue à la rescousse de l'intelligence. Elle « rappelle » le croyant au tournant. « Je ne suis venu que pour le rappel », déclare le prophète.

Écoutez la voix du Coran. Son balancement, son rythme, son tempo. Écoutez attentivement. La traduction n'est pas toujours un obstacle insurmontable. Écoutez ceci par exemple : « Dans la création des cieux et de la terre, dans l'alternance des jours et de la nuit, dans la course des navires sur la mer, chargés de biens, dans l'eau que Dieu fait descendre du ciel, pour rendre la vie à la terre lorsqu'elle est morte, avant d'y répandre les animaux de toutes espèces, dans la modulation des vents et des nuages, entre ciel et terre, il y a des signes pour les gens capables de comprendre » (2, 164). Même un observateur extérieur est frappé par la richesse et la diversité des savoirs que ce Livre contient. Combien plus le musulman ! Il réalise qu'il tient entre les mains un Livre qui va l'acheminer au but de sa vie sur terre : la connaissance de Dieu. Il sait, de science certaine, qu'il n'est pas perdu, il tient l'« anse solide » (Coran 2, 256). Pourrions-nous en dire autant en Occident ?

Le Coran : son masque

Les déchaînements verbaux du Coran sont – paradoxalement – scandés par un rappel constant à la bonté et à la tendresse divines qui accompagnent tous les êtres. J'aime penser que les menaces, imprécations et accès de colère divine qui jalonnent le Livre ont la même fonction que ces *zhenmushou*, figures grimaçantes à cornes et longues dents placées à l'entrée de certaines chambres funéraires, en Chine, à l'époque des Tang, pour effrayer et éloigner les importuns.

Le Coran est un jardin entouré de murs, et ces murs sont hérissés de pointes. Des djinns rôdent autour : « Entre les justes et les autres, il fut bâti un mur percé d'une porte : à l'intérieur loge la miséricorde, sur la façade extérieure le châtiment », dit le Coran (57, 13). Dans *Le Livre du Dedans*, Rûmî développe l'image du livre scellé : « Le Coran est comme une jeune mariée. Tu veux lui retirer son voile mais elle ne te montre pas son visage. Au moment où la jeune mariée, qui est le sens du Coran, retire son voile, le royaume de la foi est dénué de trouble.

Si l'examen du Coran ne te donne aucune satisfaction et ne te dévoile rien, c'est parce qu'il refuse que tu lui retires le voile. Il a rusé avec toi en se montrant comme laid. Il te dit : "Je ne suis pas cette beauté." Le Coran est capable de se montrer sous n'importe quel jour. »

Notons cette parole, gardons-la en mémoire avant de prononcer un jugement hâtif sur l'islam : « Le Coran est capable de se montrer sous n'importe quel jour. »

Le prophète : « Sa nature était le Coran »

À la question : « Qui était le prophète ? », Aïcha, son épouse préférée, répondit simplement : « Sa nature était le Coran. » Il serait vain de vouloir résumer une vie aussi riche, profonde, secrète, multidimensionnelle que celle de Mohammed. Innombrables seraient les occasions d'erreur. Je renonce donc aux quelques pages que je lui avais consacrées et m'en remets aux trois mots d'Aïcha : qui voit le Coran voit le prophète, qui voit le prophète voit le Coran. Et je me contenterai de faire ici le récit de sa mort, car il sera l'occasion de mentionner un beau nom de Dieu : *ar-Rafîq* (le compagnon).

Le prophète se trouve à Médine, dans l'appartement d'Aïcha. Il est âgé de soixante-deux ans. Depuis plusieurs mois il est malade, recru de combats et d'épreuves, remué jusqu'à la moelle par la révélation récurrente de l'ange. Le récit a été recueilli par des témoins de la bouche de Aïcha : « L'une des faveurs que Dieu m'a accordées, se souvient-elle, est d'avoir fait en sorte que l'Envoyé soit mort dans mon appartement au jour qu'il me consacrait. Il avait la tête entre mon épaule et mon menton. »

Le regard de Mohammed se pose avec insistance sur un *miswâk*, bâtonnet utilisé autrefois (et encore aujourd'hui de façon ostentatoire par certains intégristes) pour nettoyer les dents et rafraîchir l'haleine. Le détail a son importance : à cause de sa trivialité même, il a l'accent de la vérité. « Veux-tu que je mâche le *miswâk* pour toi ? » demande Aïcha. Il deviendra ainsi plus souple. Le prophète acquiesce d'un signe de tête. Elle imprègne le bâtonnet de salive puis le passe sur les dents de son époux. Une outre est posée là. Le prophète trempe ses mains dans l'eau, les passe sur son visage. Il dit : « La mort a ses affres. » Puis il lève la main et murmure : « Le compagnon suprême. » Sa main retombe. Le prophète est mort. « Dieu voulut qu'il meure sa salive mêlée à la mienne », se souvient Aïcha.

Au moment décisif de la mort, si l'on en croit Aïcha, et l'interprétation commune donnée à son récit, le prophète se souvient de Dieu par son nom *ar-Rafîq* (Dieu est *ar-Rafîq*, le compagnon, parce qu'il possède, de façon éminente, la qualité nommée *rifq* que l'on doit comprendre au sens de « douceur, amabilité, gentillesse », indique Daniel Gimaret ; *rifq* peut être opposé, comme l'aurait fait le prophète lui-même, à *'unf*, qui dénote violence, brutalité, dureté). Il se souvient qu'il a, comme tout être jeté nu dans ce monde, un accompagnateur. Il n'est pas seul. Ou plutôt il est seul avec le Seul. Puissions-nous nous en souvenir nous aussi à l'heure grave et solennelle de notre mort.

Le prophète est inhumé à Médine. Entre son tombeau et la chaire où il prodiguait son enseignement, on voit un petit jardin, très quelconque pour qui s'arrête à la surface des choses. Mais Mohammed, un jour, y vit briller la lumière du paradis : « Entre mon tombeau et ma chaire, il y a un jardin parmi les jardins du paradis. » Le prophète vit le jardin des jardins : le *jannah*.

En ce même lieu, Richard F. Burton, effectuant déguisé le pèlerinage, en 1853, ne vit rien du tout. En lieu et place d'un jardin paradisiaque, l'Anglais n'aperçut que des tuiles grossièrement vernissées et des tapis de mauvais goût : « C'est un espace d'environ trente mètres de longueur, décoré de tapis à fleurs de couleurs criardes et de tuiles vertes afin qu'il ressemble à un jardin. » À rien lui servit son pèlerinage. Cent ans plus tôt, Swedenborg, le visionnaire, dans l'un de ses vagabondages intérieurs, vit surgir des enfers un personnage au « visage très obscur ». C'était Mohammed. Exhibé pour apaiser une querelle entre musulmans, il eut tout juste le temps d'articuler : « Je suis votre Mohammed » puis il disparut sans demander son reste.

Un abîme sépare les choses selon qu'elles sont vues par l'homme intérieur ou par l'homme exotérique, avec l'*œil de l'ego* ou l'*œil du cœur*. Ses ennemis ravalent le prophète plus bas que terre, mais les croyants l'exaltent jusqu'au ciel.

Crise de l'islam

La contradiction traverse l'islam. Elle est dans le nom d'Allâh, où faces nord et sud sont inextricablement confondues. Elle est dans le Coran, qui a un dos et un ventre. Elle est dans la figure du prophète, premier des soufis et premier des légalistes, amoureux de Dieu et des femmes, homme parfait pour les uns, imposteur pour les autres.

La crise de l'islam, sans doute aussi ancienne que l'islam lui-même – aussi ancienne que la première révélation qui plongea le prophète dans l'angoisse –, s'approfondit aujourd'hui. La lettre va de son côté et l'esprit du sien. Le corps de l'*umma* est pris de convulsions. Un choix s'impose : le musulman peut s'agripper à la lettre, et d'autant plus fortement que tout semble tanguer autour de lui, mais il peut aussi choisir l'esprit, qui va où il veut. L'islam, dont la sève a circulé dans et par un petit nombre, sera sauvé par un petit nombre, peut-être.

À l'un de ses compagnons, le prophète demanda : « Pourquoi ne m'as-tu pas répondu quand je t'ai appelé ? » L'autre n'y alla pas par quatre chemins : « Parce que je suis un pauvre misérable. » Réponse désarmante, à la chinoise : Tu auras beau chercher, tu ne trouveras pas mon ego. Ainsi l'homme doit répondre à la femme et la femme à l'homme. Le prophète approuva ce maître de l'esquive, prompt à se blâmer : « C'est bien, mais seulement si tu te sens toujours pauvre et misérable, au temps de ta puissance comme au temps de ton impuissance... Tu n'es pas dédoublé, tantôt misérable et tantôt heureux. Regarde la puissance divine et considère-toi toujours comme misérable, indigent, faible et pauvre. »

Que l'homme, dans ses moments heureux, ne perde pas le sentiment de son indigence et quand il est rudement plaqué à terre, qu'il n'oublie pas son compagnon. Il y a beaucoup d'inconvénients à oublier l'une ou l'autre de ces vérités. Ce double rappel – de l'homme à sa misère et de l'homme à l'ami divin – pourrait être l'un des sens possibles de la crise actuelle de l'islam. Or celle-ci ne peut pas nous être indifférente. La faillite n'est pas un destin personnel. Nous nous construisons ou nous perdons autour des mêmes failles. Dans cette carrière chacun peut venir chercher des pierres. On soulève des poids, on fait de l'exercice, on se dérouille, comme on dit familièrement. On observe l'adversaire, celui qu'on nous a mis dans le ventre, à la naissance, sa sinuosité de rat, sa rage de mordre.

4

L'expérience insigne

Différences entre islam et hindouisme

René Grousset, dans *Figures de proue,* écrit que l'islam et l'hindouisme s'appuient sur deux métaphysiques inconciliables : « On peut réconcilier deux peuples, deux races, deux politiques. On ne concilie pas deux absolus métaphysiques dont chacun ne se pose qu'en s'opposant à l'autre. » René Grousset est historien. Mille ans d'histoire lui donnent raison. Je ne suis pas historien. J'ai essayé, dans ce livre, de recueillir quelques aperçus sur celui qui « murmure l'histoire », comme le dit une Upanishad, et j'ai pressenti l'unité profonde des deux religions.

Je ne méconnais pas les différences, je ne les minimise pas non plus. Elles sautent aux yeux. D'un côté, un fondateur humain inscrit dans l'histoire, de l'autre la nuée. D'un côté un Dieu transcendant mais engagé dans le relatif – il argumente, ordonne, promet, menace, châtie, récompense –, de l'autre le brahman inatteignable, inscrutable, inexprimable, en abîme, impliqué dans rien mais qui est tout.

L'islam enseigne que l'univers est fini, créé, qu'il a un premier et un dernier jour. L'hindou croit que l'univers se dilate comme un gros poulpe puis se rétracte, puis se dilate à nouveau dans un engrenage cyclique qui n'a ni commencement ni fin. Le musulman ne croit pas à l'éternité du monde. Il croit à la création et au jugement dernier. L'hindou croit que le jugement est intégré dans chacun de nos actes comme un infaillible mécanisme d'horlogerie – nommé « karma ». On n'a qu'une vie, pense le musulman, elle débouche sur le salut ou la damnation. On en a plusieurs, pense l'hindou, et elles s'enchaînent dans des conditions déterminées par le karma.

La sensibilité, le tempérament, les goûts, les modes de penser, de croire et de pratiquer diffèrent. On ne respire pas le même air. Quiconque voyage de l'Inde au Pakistan le ressent. Il passe d'un film en technicolor à un film en noir et blanc – sans préjuger de la qualité du film –, de l'exubérance à la sobriété, d'une société stratifiée comme un millefeuille à une société d'inspiration égalitaire.

On devine avec quelle répugnance le musulman observe le fourmillement de l'Inde, ce grouillement odieux de dieux à corps d'homme, à faces d'animaux, remplis de plumes, de bras, de poils, ces sectes innombrables, ces paradis échelonnés, ces huit millions quatre cent mille enfers, ces vaches sacrées, aussi impudentes que les singes sacrés – pas un pour racheter l'autre –, ces yeux de crapauds, ce morcellement indéfini, sans contour, dont Allâh, le Très-Haut, grâce lui soit rendue, est indemne. C'est avec une même horreur que l'hindou considère le mahométan, impur et fanatique, grossier et ignorant, imperméable au *sanâtana dharma* – l'ordre subtil qui régit l'univers –, ce barbare éructant qui a violé, éventré, sillonné avec le sabre et la lance la terre sacrée de l'Inde, ravagé ses villes, pillé ses temples, trucidé ses vaches et ses gourous. Que de raisons de ne pas s'aimer ! Profondément ancrés dans mille ans d'histoire et de haines recuites sont les obstacles au rapprochement, à la compréhension, à la bonne entente.

Expérience de l'unité

Pourtant, au-delà des différences, les deux religions convergent dans leur enseignement le plus central et le plus sacré : *l'unité du réel.* Un observateur étranger, insistant sur ce point, ne saurait errer. N'auriez-vous que cette connaissance et un savant homme connaissance de tout le reste – science des nombres, des lettres, des langues, des rêves, du mouvement des étoiles et du sang, du langage des oiseaux, des fluctuations de l'économie, du climat, de la gouvernance et du cœur de l'homme… – que le plateau basculerait instantanément et lourdement de votre côté.

Que signifient ces mots, « unité (islam : *al-ahadiyah*, vedânta : *advaïta*) du réel » ?

Contrairement au témoignage de nos sens – et du plus élémentaire bon sens –, le réel n'est pas fragmenté, individualisé, cloisonné, différencié à l'infini dans l'espace et le temps. Non, il est un (islam : *ahad,* hindouisme : *eka*), sans couture, altérité, dénivelé. Il est simple. Il est le Même, comme l'éléphant en entier de la fable est le même, qu'il pleuve ou qu'il vente, la nuit comme le jour, et peu lui importent les représentations que les aveugles se font de lui. On ne peut pas dire que le réel soit esprit ou matière (nous ne connaissons essentiellement ni l'un ni l'autre), subtil ou grossier, masse ou énergie, solide ou fluide, apparent ou caché, en repos ou en mouvement, non, ces mots n'ont plus aucun sens dans cette zone de mort des mots que les sages de l'islam et de l'Inde appellent le « réel ». Mais on peut dire, oui, et redire que *le réel est un.*

Cette dénomination « un » ne doit pas être considérée comme un prédicat qui s'opposerait à un autre prédicat tel « multiple ». Elle signifie seulement qu'à côté, en face, au-dessus ou en dehors de cela que nous appelons « un », il n'y a rien, ni quark ni galaxie, qui tienne, rien qui subsiste comme entité séparée. Il n'y a que lui : « sans second », dit l'Inde, « sans associé », dit l'islam. L'unité est le mystère central des deux religions et, aux dires de ceux qui l'ont approché, le mystère central de la vie, dont l'élite pensante de l'Occident, dans sa très grande majorité, n'a aujourd'hui ni cure ni espérance pour la bonne raison qu'elle n'en a aucune idée.

Comment connaît-on cette unité ? Comment la reconnaît-on ? Non par un enchaînement de raisonnements, spéculations, démonstrations au terme desquelles on s'exclamerait : Eurêka !, mais par une expérience d'exception, fondatrice, rarissime, sidérante (pas trop forts, les mots, en dessous plutôt ici, les mots) qui tombe sur un homme, parfois sans même qu'il l'ait cherchée, et le fond dans l'unité, comme une boule de neige en enfer.

Qu'est-ce qui déclenche l'expérience ? La pratique du yoga, répond le yogi. La répétition du nom d'Allâh, dit le soufi. La prière, dit le chrétien. Le cycéon, assure l'homme d'Éleusis. La danse, répond le derviche. La vérité est qu'il n'y a pas de règle. L'expérience, qui disloque les chaînes causales, n'est tributaire d'aucune cause. Quand il est absorbé dans l'unité, l'homme est un *sage,* séparé du cosmos, universalisé, projeté dans la verticale de la sagesse. Il n'a ni raisonnement ni aucune forme d'intellection, il n'a ni connaissance, ni vision, ni souvenir de rien. Il est immobile. De l'extérieur, c'est comme une syncope ou une profonde absence. Il est ailleurs. Peut-être même est-il dérobé aux regards : on le voit, lui qui ne voit rien, sans le voir.

Combien de temps dure l'expérience ? Un millionième de seconde ? Le temps d'un souffle ? Cinq minutes ? Nul ne le sait. Dans cette faille du temps des horloges, cet ignorantissime est infiniment sage. Mais quand il en sort (question : comment sortir de ce qui n'est en dehors de rien ?), il cesse de l'être, sage. Il redevient philosophe, un être partiel et partial comme nous.

L'expérience présente deux aspects indissociables : d'un côté elle est *réalisation de l'unité*, et de l'autre *déréalisation de la pluralité*, c'est-à-dire du monde empirique. Dans son premier aspect, l'expérience est nommée, en Inde, *mukti*, mot que l'on traduit ordinairement par « libération », et, dans l'islam, *tawhîd* (certains savants précisent *tawhîd* « ésotérique »). Dans son second aspect – anéantissement du monde et pulvérisation du principe d'individuation – elle est nommée *nirvâna* par les hindous et les bouddhistes, *fanâ* par les soufis. Les deux aspects ne sont pas successifs mais concomitants et, dans l'expérience elle-même, ils ne sont nullement distingués. Ce n'est qu'une fois revenu dans le monde qu'un homme, réfléchissant sur ce qui a été vécu, opère une distinction.

Il ne s'agit aucunement d'une « expérience limite de la conscience », pour emprunter une formulation utilisée par les milieux scientifiques qui travaillent sur les expériences de mort imminente, pour la bonne raison que de limites, dans cette expérience-ci, il n'y en a aucune, et de conscience non plus, au sens que nous donnons ordinairement à ce mot : conscience intellectuelle, phénoménale, médiate, en prise avec le monde.

L'islamologue Annemarie Schimmel, dans un ouvrage intitulé *Le Soufisme, ou les dimensions mystiques de l'islam*, indique – sans que l'on sache clairement sur quelle base – que les mots *fanâ* et *nirvâna* désignent deux expériences distinctes. Si c'était le cas, il y aurait deux réels, deux ciels bleus, deux faces nord, deux un, ce qui va contre la logique, le bon sens et l'affirmation de tous les sages de tous les temps. On devrait alors en déduire que la mystique de l'islam ou celle de l'Inde, ou les deux, constitue(nt) une illusion, ou une imposture, et les grandes paroles de sagesse, qui donnent orientation et *gravitas* à la vie de millions d'hommes, ne seraient que fariboles. Autour de nous, en Occident, beaucoup de gens le pensent.

Un point dans notre enquête mérite d'être souligné : personne ne fait l'expérience de l'unité. Ce qui survient, dans cette expérience insigne et immémoriale, est autre chose : de l'ordre de l'autorévélation. La réalité abyssale des choses – l'absolu – s'illumine dans un individu singulier, M. X ou M. Y, lequel dans l'instant même de cette illumination s'éteint en sa qualité d'individu singulier. Il n'a connaissance de rien, ni des choses singulières ni des universaux. Plutôt que de « connaissance », il faudrait parler de *coïncidence* : l'âme coïncide avec le réel comme la bulle, quand elle éclate, coïncide ou plutôt se confond avec l'air environnant. C'est un sens possible de la parole du prophète : « Aucun de vous ne verra Dieu sans mourir. »

Les esprits doctrinaires écartent les formulations qui surgissent spontanément de l'expérience. Ils tentent de l'étiqueter avec des mots abstraits comme « monisme » ou « panthéisme », et pour ces esprits à cases, tout est dit, rangé, idéologisé. Plus besoin de chercher, de tourner, d'enquêter. Mais ceux qui ont vécu l'expérience de l'unité, quelle que soit leur religion ou leur absence de religion, savent de science certaine que cela est – non comme une doctrine parmi d'autres mais comme l'expression de la *sagesse primitive,* c'est-à-dire primordiale et originelle, de l'humanité, et que c'est cela dont il faut se mettre en quête toutes affaires cessantes.

À notre entrée dans le monde, dit Schopenhauer, nous chaussons des lunettes à double verre. Les deux verres sont interpénétrés. L'un est nommé « espace » et l'autre « temps ». L'expérience consiste à ôter les lunettes. Ce qui demeure est indicible. Ce n'est pas la mort, ce n'est pas la vie, ce n'est pas l'entre-deux. Ce n'est pas le néant. Ce n'est pas une perte, ce n'est pas une diminution (il est nécessaire, encore que l'on n'en ait guère envie, d'insister sur ce dernier point, tant sont nombreux les contresens), c'est juste le contraire bien sûr : le sage, dans sa sagesse, n'a pas moins de conscience, moins d'être et de béatitude – quelle absurdité serait alors la poursuite de la sagesse ! Quels fous que ces sages ! –, il en a infiniment plus.

La gouttelette, quand elle se confond avec la mer, n'est pas diminuée, elle est dilatée à l'infini. « *Nirvâna* est la félicité suprême », dit simplement le Bouddha.

Durant le « temps » de l'expérience, la conscience de la multiplicité, ai-je dit, disparaît, mais ce n'est pas exact. Celui qui fait l'expérience du réel ne prend pas conscience que le monde et lui-même disparaissent. Aucune conscience de cette nature ne se fait jour pour la bonne raison que la multiplicité, dans le point de vue panoramique, objectif et *absolument* vrai qui est le sien, n'a jamais existé.

Elle n'est donc pas annulée. Le grand théologien musulman Al-Ghazâlî nomme cet état paradoxal « extinction de l'extinction » (*fanâ al-fanâ*). « Dans cet état, écrit-il dans *Le Tabernacle des Lumières*, un homme n'est pas conscient de lui-même et il n'a pas conscience de ne pas être conscient de lui-même, car s'il avait conscience qu'il n'est plus conscient de lui-même, c'est qu'il serait encore conscient de lui-même ! » Shankara exprime l'unité de façon plus paradoxale encore : « Les âmes sont par nature pures, éveillées et libres de toute éternité. » Aucun voile ne se lève, aucun rideau ne se baisse. Rien ne s'éteint, rien ne s'allume. Rien n'apparaît, rien ne disparaît. L'un est. Seul. Comme un ciel sans nuage, une mer sans rivage, un désert sans confins. Le reste est un rêve que personne ne rêve.

Esseulement

Qui fait l'expérience de l'unité fait aussi intimement celle de la solitude. Si Dieu est un, il n'a ni ami ni ennemis sinon ils seraient deux : lui et son ami, lui et son ennemi. L'idée de la solitude divine est implicite dans la *Shahâdah*, la profession de foi du musulman : *pas de* réel hormis *le réel* ; si le réel est un, il est forcément seul. Un nom divin désigne cette solitude et simplicité divines dans l'islam : *al-Fard*, souvent associé aux qualificatifs *ahad et samad*, le premier désignant le caractère unique de Dieu et le second – entre autres sens possibles – son absolue plénitude. Dans l'hindouisme, le brahman, affranchi de toute relation, est nommé *Kevala* : il est solitaire, isolé, esseulé. Rien ne lui fait écho ni ombre. Il est « sans famille ni caste, sans yeux ni oreilles, sans mains ni pieds », dit la

Mundaka Upanishad. Il est « sans attache », dit la *Brhadâranyaka Upanishad.* L'ascète parvenu sur la cime du yoga est nommé *kevalin* (esseulé). Il est passé dans le grand silence libérateur, esseulant (*kaivalya*).

Il serait faux de dire que l'expérience de l'Un est risquée puisqu'il n'y a plus personne, une fois ce seuil franchi, pour courir un quelconque risque. Mais l'approche l'est. Et c'est pourquoi, écrit Nietzsche, dans un passage admirable que je reproduis en note, le philosophe, cet expérimentateur, mène une vie fondamentalement imprudente et risquée, aux frontières de la folie. Son point de départ est l'appréhension solide du monde, ce dénominateur commun que l'homme du commun, justement nommé, tient pour seul réel, alors que le philosophe, lui, sait que le réel n'est pas donné d'emblée, mais qu'il surgit au terme d'un cheminement, et que la certitude qui l'accompagne, celle d'être dans le vrai, n'est pas le produit d'un raisonnement ou d'une série de raisonnements mais d'une *réalisation* soudaine. Le chemin, par moments, semble circulaire. Le philosophe revient sur ses pas, comme Dupont et Dupond dans le désert. Quelle peine alors ! Quel découragement ! Il a beau faire, et il ne cesse pas de faire, il ne perce pas. Mais quand le centre s'illumine, le voilà jeté, lui le philosophe, dans un absolu esseulement, un absolu dépaysement. Ses vieilles notions de mesure, de centre, de cercle et de carré, de début et de fin n'ont plus cours. Aucune notion n'a plus cours.

L'itinéraire que doit parcourir, malgré lui, le mystique quand il est expulsé comme un noyau de cerise de la bouche noire de l'éternité procède exactement à l'inverse. Lui aussi, quand il est de retour parmi nous, confronté à un inconcevable rapetissement, se trouve jeté dans le dépaysement et la solitude, mais d'une autre manière que le philosophe. Aucune expérience n'est communicable, la sienne moins que toute autre. Elle tient sur une tête d'épingle. Elle ne s'appuie sur aucune donnée sensible ou rationnelle. Il ne peut apporter aucune preuve bien entendu. Il ne peut donc convaincre personne, sinon ceux qui ont fait la même expérience que lui. Ceux-là savent qu'il dit vrai mais, comme ils sont rarissimes et qu'il ne les rencontre jamais, piètre est sa consolation. On le tient pour un égaré, un rêveur, un poète, un maniaque. On sourit, on se donne du coude, on rit de lui dans les dîners comme la servante thrace de Thalès quand il tombe dans le puits.

Décidément, l'un et l'autre, le philosophe et le mystique, jouent un jeu dangereux.

V

L'éléphant nommé « cela »

Non, nos chemins ne sont pas bourbeux, obscurs et méandreux ; non, nous ne traversons pas la vie dans la poix, le potage, le *samsara*, accablés par l'ignorance, la vieillesse et la maladie ; non, nous ne roulons pas « de mort en mort », comme le dit l'Upanishad, non et non. Passez votre chemin, s'il vous plaît : il n'y a pas d'aveugle ici, pas d'éléphant sur cette place. Ouvrons les yeux, les amis : nous sommes libres, heureux et sages ; notre esprit est radieux, nous nageons dans la félicité. Et il en a toujours été ainsi.

Cette vue, qui contredit si frontalement l'expérience humaine, exprime en substance, mais pas caricaturalement, la pensée du vedânta et de son plus éminent représentant, Shankara. Un tel homme parle évidemment depuis l'ivresse extatique, et certainement pas depuis notre monde en agonie. Il se souvient de l'expérience insigne que je viens d'évoquer, peut-être n'en est-il jamais sorti, mais il se tient à des années-lumière de notre façon commune d'appréhender le monde.

Une question surgit : si nous sommes essentiellement libres, comme l'enseigne Shankara, pourquoi nous mettre en quête de la liberté ? À quoi bon l'ascèse ? À quoi bon l'enseignement de Shankara ? N'est-il pas absurde de rompre avec le monde et de partir dans la forêt comme le roi Brhadratha ? Qui serait assez fou pour allumer une lampe en plein soleil ?

À cette question, un maître compétent a répondu : tout cela n'est que « figure de style ». De même que l'on dit des collines inertes qu'elles se dressent, de même ici, sur terre, on dit que les âmes cherchent l'absolu. Mais la vérité vraie est que personne ne cherche rien. Rien n'est cherché, rien n'est trouvé. Personne ne se met en quête. Aucune colline ne se dresse. Aucun enseignement n'est donné.

Le monde, une figure de style ? Une création du verbe ? Comment serait-ce possible ? La réponse de l'Inde est stupéfiante. Elle tient en trois mots : « Tu es cela. »

Quelle est cette énigme ? Qu'est-ce que « cela » ?

1

« *Tu es cela* »

Souvenir du commandant Massoud

Hiver 1993 à Kaboul. Terence White, le correspondant de l'AFP, géant barbu, et moi avons rendez-vous avec le commandant Massoud. La nuit est tombée. La ruelle est plongée dans le noir, toute la ville est plongée dans le noir et les âmes aussi. La neige recouvre les ruines. Des chiens errants aboient. Paysage romantique à souhait quand on n'y est pas, mais effrayant quand on y est. Je n'en mène pas large. De temps en temps, le tracé lumineux d'une balle monte dans le ciel. Je crains que l'une d'entre elles me retombe sur le crâne.

Nous sommes parvenus au milieu de la rue où habite, par intermittence, le commandant Massoud. Le légendaire moudjahid, qui combattit les Soviétiques dans sa vallée du Panshir, au nord de l'Afghanistan, est engagé, depuis la retraite des Russes, dans une lutte à mort avec d'autres moudjahidine et « seigneurs de la guerre ». Pour des raisons de sécurité, il change constamment de résidence. Une bombe de cinq cents kilos a creusé un énorme cratère au milieu de la chaussée, entouré de congères de boue et de glace. Le cliquètement d'une arme rompt le silence. C'est la manière dont ses gardes demandent : Qui va là ? Tout le monde comprend cet espéranto. On crie : « Ami » ou : « Journaliste » et on passe.

Ce soir-là, nous l'attendons longuement, comme à l'accoutumée. Finalement il arrive. Un tourbillon d'énergie entre dans la pièce. Il parle avec animation pendant deux heures. Au cours de la conversation, il mentionne les pays qui environnent l'Afghanistan, dont les intérêts contradictoires entretiennent la guerre. Il évoque les menées du Tadjikistan (lui-même est d'ethnie tadjike), puis, coupant l'air d'un revers énergique de main, il lance sous forme de boutade : « Voilà, nous avons réglé le problème du Tadjikistan. Quoi d'autre à présent ? »

Son front est large, dégagé, sillonné de rides ; le sempiternel *pakol*, le béret circulaire afghan, est rejeté en arrière de la tête, le grand nez aquilin. Cette physionomie est de celles, très rares, où les contraires s'unissent sans se combattre : virilité et délicatesse, résolution et réflexion, sérieux et enjouement. Pas de déperdition dans ce visage, il faut faire effort pour s'en détourner. Je comprends son charisme, qui s'exerce bien au-delà des frontières de sa vallée et de l'Afghanistan. Je jette un coup d'œil dans la chambre où il dort, un lieu vide, austère, monacal, une chambre pour la légende. Sur une table en bois clair, au milieu de la pièce, je repère deux livres. Je m'approche. Ce sont les œuvres d'Al-Ghazâlî, grand théologien et philosophe, le fameux Algazel des Latins, « restaurateur de la religion », centre de gravité de l'islam sunnite.

Le guerrier était-il aussi philosophe ? Je croirais plutôt, mais sans pouvoir l'étayer, qu'il y eut un temps où Massoud eut effectivement le loisir de lire et méditer, mais qu'il fut de plus en plus absorbé par les responsabilités et les soucis de la guerre, au point que tout le reste finit par passer au second plan. Cependant un proche de Massoud a dit exactement le contraire à mon ami Bruno Philip, journaliste au *Monde*, et le meilleur connaisseur français de l'Asie actuelle : le commandant, à mesure qu'il approchait de sa fin, animé peut-être par un pressentiment, se plongeait souvent dans des livres de poésie et des ouvrages d'auteurs soufis.

Il fut assassiné en septembre 2001, deux jours avant les attentats du 11 septembre, par deux membres d'Al-Qaïda, munis d'une caméra piégée. Ils s'étaient fait passer pour des journalistes et firent exploser leur bombe durant l'entretien.

Double face

Dans son célèbre *Tabernacle des Lumières,* Al-Ghazâlî écrit ceci : « Chaque chose a deux faces : une face tournée vers elle-même et une face tournée vers son Seigneur. Si l'on considère sa face à elle, elle est néant, et si l'on considère la face de Dieu, elle existe. Ainsi donc, il n'y a pas d'autre existant que Dieu et sa face. »

La notation sur le néant des choses en elles-mêmes (« Si l'on considère sa face à elle, la créature est néant… ») paraît surprenante sous la plume du représentant le plus éminent de l'orthodoxie sunnite. On pourrait en déduire, sans forcer le trait, que Dieu seul *est* – et n'est-ce pas ce que semble dire Ghazâlî en écrivant : « Il n'y a pas d'autre existant que Dieu et sa face » ? Si Dieu seul est, s'il est seul avec « sa face » – par quoi il faut entendre, disent les théologiens, son essence –, les paradoxes fleurissent.

La condition humaine est abolie. Il n'y a ni douleur, ni vieillesse, ni maladie, ni mort. Il n'y a aucune diversité : la face de Dieu, seule, est. Dans cette vision unitaire des choses, les dogmes monothéistes s'effondrent. S'il n'y a que l'un, il n'y a pas de création, pas de créateur, pas de fin du monde, pas de jugement dernier. À quoi bon le prophète ? À quoi bon le Coran ? Pourquoi chercher Dieu s'il est partout ? Un poisson au fond de l'océan cherche-t-il l'eau ?

Tout cela, le prudent Ghazâlî se garde bien de le dire : il y a des choses que l'on dit dans la sobriété et d'autres que l'on chuchote dans l'ivresse inspirée. La parole fameuse de Hallâj : « Je suis le réel » (*Anâ al-Haqq*) est la parole d'un homme ivre de Dieu. Mieux aurait valu pour lui qu'il se taise. « Les paroles des passionnés de Dieu dans l'état d'ivresse sont à tenir secrètes et à ne pas répéter », avertit Ghazâlî.

Dans la sourate « La Vache », au verset 115, nous lisons ceci : « Où que vous tourniez votre visage, là est la face de Dieu. » Rûmî, dans *Le Livre du Dedans*, commente : « Cette face est toujours présente, actuelle, continue et éternelle. » Si la face de Dieu est toujours et partout présente, il n'y a aucun moyen de s'en détourner. Hormis le réel, il n'y a rien : pas de dehors et, par voie de conséquence, pas de dedans. S'il n'y a ni dehors ni dedans, il n'y a pas de direction non plus, pas de *qibla* : rien ne nous rapproche d'un centre qui est partout, rien ne nous en éloigne. Cette grandiose vision de l'islam ésotérique est en conflit ouvert, depuis quatorze siècles, avec l'islam des docteurs et des légalistes, mais elle converge avec la vision du vedânta que j'évoquais au début de ce chapitre.

Pour désigner cette face qui est partout, les rishis, les anciens sages de l'Inde, ont cherché un mot neutre, non contaminé par la tendance humaine à tout humaniser, un mot qui laisse les hommes sans prise, sans accroche, sans voix, estomaqués. Ce mot est *tat* (cela). L'éléphant en entier est cela. Et ils ont ajouté, logiquement : « Cela tu l'es. »

La parole suprême

La tradition indienne enseigne que la réalisation de l'unité divine peut surgir par la méditation de quelques grandes paroles essaimées en petit nombre dans les Upanishads. La plus célèbre d'entre elles figure dans la *Chândogya Upanishad*, texte vénérable, vieux peut-être de trois mille ans, pierre angulaire du vedânta. Cette parole sacrée est composée de trois mots : *tat* (cela), *twam* (toi) et *asi* (être).

Tat twam asi signifie « Tu es cela ».

Le pronom « cela » désigne l'âtman, l'absolu, l'éléphant en entier, la face nord, ce que nous cherchons. « Tu es cela » est la réponse. Parole phare, méditée d'âge en âge, point lumineux dans l'immense fatras des commentaires et des traités dont les hindous sont si friands. Il est peu d'aperçus, d'enseignements, de paroles qui ne soient entraînés par l'« histoire », roulés et altérés par elle, happés par ce gros « dispositif », comme on dit parfois, que l'on appelle l'histoire, qui secoue et déplace sans ménagement les vérités, comme les statues de Dédale. *Tat twam asi* est l'une de ces paroles indemnes de l'usure du temps.

Si la durabilité d'une intuition, d'une idée ou d'une croyance est un indice de vérité, comme on l'a souvent pensé, ces trois mots figurent parmi les plus vrais qu'il nous soit donné d'entendre sur cette terre.

Tu es cela.

Dans l'Upanishad, la grande parole est mentionnée dans le contexte d'un dialogue entre un brahmane et son fils. Voici l'histoire.

Un jeune homme nommé Svetaketu revient chez lui après avoir étudié pendant douze ans dans une école brahmanique. Il a vingt-quatre ans. Tout ce que l'on peut apprendre en étudiant les quatre Vedas – les rites, les hymnes, les prières, les définitions, les prononciations, la grammaire –, toute cette connaissance cumulative, dont le caractère propre est de ne pas avoir de fin et de ne conduire à aucune fin, il l'a acquise. Il la connaît sur le bout des doigts. Et il n'en est pas peu fier. Dans sa grande école, il a attrapé le melon, si vous me permettez cette expression familière. Son père est perplexe. Il lui pose une question : « As-tu reçu, dans cette école, l'enseignement par lequel on entend ce qui n'est pas entendu, on pense ce qui n'est pas pensable, on connaît ce qui n'est pas connaissable ? » À son tour, Svetaketu est surpris. Non, il n'a pas reçu un tel enseignement.

Quoi, pense son père, ce garçon a passé douze ans à étudier les Vedas et il n'a aucune idée de la raison d'être des Vedas ? N'est-ce pas un peu comme si vous aviez vécu douze ans en Écosse sans avoir la moindre notion du whisky tourbé ? Cependant, il ne baisse pas les bras et décide d'enseigner à son fils *cela*, que l'on n'apprend pas à l'école ni à l'université : le but suprême de la vie, la voie suprême, le suprême secret, comme disent les rishis que n'effarouche pas l'éclat des mots.

Par gradation, allant du plus apparent au plus caché, le vieux brahmane décortique le réel. Il montre à son fils (quel meilleur enseignement donner à son fils ?) l'essence subtile des choses, répandue partout, comme la saveur du sel dans la mer, le parfum dans la rose, la tourbe dans le Talisker. « Tout cet univers, dit le père, a cela pour âtman. » Cela est l'âtman. Le vieil homme montre à son fils les choses par un côté inhabituel, dont Svetaketu n'avait pas idée : le côté par lequel elles ne sont pas finies, délimitées, individuées, confinées, mais ouvertes, décloisonnées et libres. Le jeune homme comprend qu'il y a de l'ouvert dans les choses, un abîme d'ouvert. Cet ouvert ne sonne pas creux ; non, ça sonne ouvert, et c'est tout différent.

Le vieux brahmane demande à son fils de lui apporter une figue.

– « Ouvre-la, que vois-tu ?

– Des petits pépins, père.

– Prends un pépin et ouvre-le, à présent que vois-tu ?

– Rien du tout.

– Bravo. Tu es arrivé. C'est cela l'âtman : ce rien infiniment ouvert, ce rien sans frontière, qui est au cœur de toutes choses. »

Ce rien, c'est *cela*. L'Upanishad le nomme ainsi. C'est cela qu'il faut s'efforcer de voir dans la vie ou, mieux, de *réaliser*. Couronnant l'initiation, le père établit son fils dans la grande confrontation. Il lui souffle à l'oreille la parole sacrée : *Tat twam asi*. Cela tu l'es. L'ouvert tu l'es. Tu es cela. Réalise cela, réalise l'unité. Tu l'es. Cela.

Quand un maître zen donne un coup de bâton sur l'épaule d'un disciple, ou apporte une réponse totalement décalée à la plus stéréotypée des questions (exemple : qu'est-ce que le bouddhisme ? Le cyprès au fond de la cour), il peut arriver que le disciple en question, soudainement, soit projeté, comme un obus, hors de la sphère gravitationnelle de l'esprit humain ordinaire, avec ses catégories, ses mesures, son temps, sa pesanteur. Cette échappée libératrice se nomme, dans le zen, *satori*. On peut supposer, bien que l'Upanishad ne le dise pas, que quelque chose de cet ordre survient à Svetaketu au terme du dialogue avec son père. D'un coup, il retrouve cela qu'il avait perdu de vue – par quel enchantement ? – depuis un temps immémorial. Cela : lui-même.

Il comprend qu'il n'est pas le petit moi (*aham*) qu'il croyait être, pareil à l'oiseau entravé, à la chair molle de la banane, errant de vie en vie, roulant de mort en mort dans le cycle du *samsara*. Il est libre. Il n'a cessé de l'être. Quand on comprend cela, dit la *Mundaka Upanishad*, les nœuds du cœur se dénouent, les doutes sont dissipés et le moteur des actes, qui nous propulse de vie en vie, s'arrête. On revient à soi : joie immense ! Soulagement immense !

Le jeune homme comprend qu'il y a eu méprise, erreur métaphysique sur la personne : *Aham*, tu ne l'es pas, *Âtman*, tu l'es. C'est bien à tort, à ton grand détriment et pour ton malheur, mon fils, que tu t'es calé dans une peau qui n'est pas la tienne, que tu as endossé ce moi minuscule, et la vie qui va avec – confinée, inquiète, oppressée : puceron, tu ne l'es pas, mon fils, tu ne l'as jamais été. Tu n'es pas la feuille, tu es l'arbre. Tu n'es pas le nuage, tu es le ciel.

Cela tu l'es. Pensée illumination, pensée que personne ne pense, pensée soufflante : au sens littéral, elle éteint l'illusion de l'individualité comme un souffle de vent éteint la chandelle. Elle éteint la mort, car si l'individu est néant, rien ne meurt, évidemment. Si l'individu est illusoire, la mort l'est aussi. Son étreinte se referme sur le vide. Essence du soulagement !

Cela tu l'es.

(Dans les *Parerga et Paralipomena* Schopenhauer exprime la distinction entre le petit moi (*aham)* et l'être essentiel Soi (*âtman)* de la façon suivante : « On peut considérer chaque humain de deux points de vue opposés. Du premier, il est un individu commençant et finissant dans le temps, passant d'une manière fugitive, *le songe d'une ombre*, avec cela lourdement chargé de fautes et de douleurs. De l'autre, il est l'être originel indestructible qui s'objective en tout être existant, et qui a le droit de dire, comme la statue d'Isis à Saïs : "Je suis tout ce qui a été, tout ce qui est, tout ce qui sera"... Unir toutes ces antithèses, c'est proprement le thème de ma philosophie. »)

Ève

Ève est une des plus jolies femmes que je connaisse. Elle est anthropologue de formation. C'est la plus jolie anthropologue que je connaisse. Elle a vingt-cinq ans ou un peu plus. Je l'ai vue deux fois. Sa beauté est rehaussée par une absence totale d'artifices qui la fait briller tellement que je me souviens avoir dû faire un effort pour ne pas la regarder plus qu'il ne convenait au dîner.

Elle avait dormi chez mon ami Emmanuel parce qu'il était trop tard, ce soir-là, pour prendre le train et retourner dans sa maison (elle habitait en banlieue). Au petit déjeuner, Emmanuel et Hélène vaquant à leurs occupations, et leur fille Jeanne étant partie à l'école, nous nous retrouvâmes seuls, Ève et moi, attablés dans la cuisine, partageant du thé et des clémentines. Elle m'expliqua – c'est bizarre, si tôt le matin, chiffonnés comme nous l'étions, surtout moi, mais je n'invente rien, elle peut en témoigner –, elle m'expliqua donc – à quel propos je ne sais plus, certainement parce que je l'interrogeai, intrigué par sa personnalité peu commune – sa vision du monde, celle de huit heures. La voici.

Après la mort, Ève ne conçoit pas ce qu'il y a. Avant la naissance non plus, elle ne cherche même pas. Elle n'a pas de temps à perdre. Ce qui l'intéresse est ce qui se passe ici et maintenant. Et elle a une idée : il existe, dans chacun des moments présents qui se succèdent, les reliant les uns aux autres, quelque chose comme une force d'attraction, une *gravitas*, qui nous constitue tels que nous sommes, individu X ou Y, chacun différent de l'autre. Cette force attire et rassemble autour d'elle les éléments épars, matériels et psychiques, qui composent un individu donné durant le temps de sa vie – les philosophes appellent ce conglomérat le « moi empirique » – et c'est cela qui se profile, vaguement, comme une aura, à chaque fois que nous disons « je » ou « tu ». Cette force est une mais les éléments qui s'agrègent à elle sont infiniment divers, et les combinaisons de ces éléments aussi. À cause de cette diversité, nous sommes sept milliards de femmes et d'hommes sur terre, tous singuliers. Agrégation et désagrégation, apparition et disparition puis réapparition, sans fin, et à chaque fois sous une forme inédite, comme la fée Morgane : voilà le réel.

Je résume en quelques lignes une conversation qui a duré une vingtaine de minutes. J'acquiesce. Je suis d'accord avec Ève et je suis content d'être d'accord. Le plus intéressant – mais nous n'eûmes pas le temps d'en discuter, car elle avait un train à prendre, me semble-t-il, pour aller rejoindre sa grand-mère, qui habitait donc en banlieue – serait d'avoir un aperçu de ce qui demeure quand la *gravitas* n'agrège plus rien, quand elle est nue, ne revêt plus les atours bariolés de la vie, et que son attraction s'exerce dans le vide. Qu'est-ce qui reste alors ? L'histoire suivante va peut-être nous en donner une idée.

L'oignon

Un jour quelqu'un demanda à Ramakrishna, sage hindou, ce qu'était l'âtman. Se souvenant peut-être du vieux brahmane de la *Chândogya Upanishad* évoqué plus haut, il se fit apporter un oignon et commença à l'éplucher : « Vous voyez, quand vous pelez un oignon, vous trouvez toujours d'autres pelures, et ça reste un oignon, même si ce n'est plus qu'un petit oignon, ensuite vous trouvez le bulbe, mais si vous continuez à éplucher, à la fin que trouvez-vous ? Rien, pas de noyau, pas de bulbe, pas d'oignon, juste rien (il montrait en souriant sa paume ouverte et vide), rien du tout, et c'est cela l'âtman. »

Dans la troisième de ses *Considérations inactuelles*, Nietzsche affirme que l'homme, s'il essayait de se dépouiller de toutes ses peaux, et quand bien même il s'y reprendrait soixante-dix fois sept fois, n'y parviendrait pas. Ce moment grandiose où l'homme, ce gros oignon, être obscur à multiples couches, pourra dire de lui-même : Voici ce que je suis vraiment, ce n'est plus l'enveloppe, plus le masque, enfin je touche au but, ce moment décisif où il réalisera l'âtman dans son éclatante nudité, il peut l'attendre longtemps encore. L'injonction de Delphes : « Connais-toi toi-même » nous égare dans un labyrinthe inextricable.

En cela l'homme se différencie du lièvre, créature dotée de sept peaux seulement, ajoute Nietzsche, meilleur philosophe que naturaliste. Que Nietzsche ait eu une idée claire du « vrai moi » plus que de celle du lièvre, voilà ce dont nous sommes en droit de douter à la lecture du passage en question (reproduit en note), où il dit que le moi essentiel de l'homme est au-dessus, « infiniment au-dessus », mais pas au-dedans, pas au fond de cette superposition de strates bigarrées que nous tenons ordinairement pour notre moi. Ces considérations spatiales ne sont pas pertinentes. Elles nous éloignent de la question. Le vrai moi, comment serait-il au-dessus ou en dessous ? Transcendant ou immanent ?

Il est. Cela est. Où que tu portes le regard.

Schopenhauer, le grand « éducateur » auquel Nietzsche consacre cette réflexion, pressentait *cela*. L'enseignement que le vieux brahmane de la *Chândogya Upanishad* dispense à son fils, avec une souveraine simplicité, en trois mots : « Tu es cela », le vieux philosophe de Francfort le redit en quelques milliers de pages, traversées ici et là par les éclairs du génie.

La pensée indienne, souvent qualifiée de « pessimiste », à commencer par Schopenhauer, nous enseigne, contrairement à Nietzsche, que l'homme est capable de parvenir au bout de lui-même, par dépouillements successifs, et que ce bout, nommé âtman, procure à quiconque l'atteint une félicité inouïe. Est-ce une vue pessimiste ? Tout le contraire. L'homme, qui vit depuis un temps immémorial coincé dans un point minuscule de l'espace et du temps, peut conquérir sa liberté. Il peut accéder à l'Ouvert. Alors oui, quand le voile tombe, il peut proclamer, sidéré comme Adam voyant Ève pour la première fois : Cela je le suis, ce n'est plus l'enveloppe qui m'est donnée à voir, c'est mon être même.

Grand dessillement.

Pour parvenir à l'essence des choses, Ramakrishna procède à l'inverse de la philosophie déductive (« Je pense donc je suis ») à l'occidentale. Il procède par dépouillement, retranchement, soustraction – de craintes et d'espérances, de pensées, de croyances et d'opinions –, et toute l'Inde avec lui. À la fin, il désigne le vide comme l'essence des choses. Ce maître de l'hindouisme rejoint ainsi le bouddhisme, pourtant considéré par maints brahmanes comme une hérésie.

Si nous connaissons l'âtman, nous obtenons la « science de toutes les Upanishads », promet la *Maitrî.* Plus besoin alors de lire les Upanishads ! Quand on sait combien cette lecture est ardue, la promesse vaut le détour. Souvenez-vous de ce mot, âtman. Il dit ce que désigne, chez nous, le mot « Dieu », dans son fond et son tréfonds, une fois épluché de toutes les représentations qui s'agglutinent autour. Le nom seul change.

Déjeuner au Quartier latin

C'était il y a longtemps. Nous déjeunions, mon ami Emmanuel et moi, au Quartier latin, en échangeant nos aperçus juvéniles sur le christianisme. Notre marraine commune, Jacqueline Frié, nous avait mis sur la piste, comme à deux chiens efflanqués on jette un os rempli de moelle. Mon ami n'avait pas encore ses cheveux coupés très court. On ne pouvait pas deviner le visage sillonné de zek qui serait le sien ni qu'il écrirait, vingt ans plus tard, un livre pour dire qu'il ne comprenait pas celui qu'il avait été vingt ans plus tôt, que j'avais ce jour-là en face de moi. Son regard était inquiet et fraternel derrière de grosses lunettes à monture sombre. Une tignasse noire lui barrait le front.

J'étais déjà passionné par les Upanishads. Je ne tenais pas tant que ça à être moi, et je commençais à entrevoir que je ne l'étais pas, d'un certain point de vue, que le degré d'identification que l'on a avec soi-même est une variable flexible, qui peut être rendue plus flexible encore par divers exercices – bref, que je pouvais échanger moi contre *cela*, *aham* contre *âtman*, comme disent les sages de l'Inde, et que j'avais évidemment tout à y gagner. Je comprenais aussi que ce n'était pas pour demain, mais que c'était un chemin à suivre et le jeu en valait la chandelle. Du côté ouvert des choses, bingo, on contemplait le vaste ciel, pour quoi l'on était né selon Pythagore, alors que du côté fermé, où nous sommes, il y a souvent matière à se plaindre, n'est-ce pas ?

Le recroquevillé, le minuscule, le mortel que nous croyons être sur cette terre, frêle, vulnérable, bancal, essoufflé, dont le doigt s'introduit spontanément dans une narine encombrée, dont le crachat se fourvoie sur la chemise, cet être, insuffisant, obscur, pathétique parfois, nous ne le sommes pas. Nous pouvons prendre le large !

Décrocher ! Pas de verrous ! Pas pour toujours, les verrous !

Auprès d'une telle découverte, celles d'Archimède et de Newton, de Colomb et de Magellan font pâle figure. À quoi bon explorer le monde extérieur quand *tout y est*, ici, dedans ? Bon, je n'en suis pas sûr, je vous l'accorde, mais vous m'accorderez à votre tour que cette piste vaut d'être explorée. Quoi de mieux à faire sur cette terre ? Gagner de l'argent ? Le voudrais-je (et je le voudrais bien) que je n'y parviendrais pas.

Au restaurant chinois, je communiquai ces pensées à Emmanuel. Son regard se perdit dans les brumes. J'ajoutai, dans mon exaltation, que le Christ était, lui aussi, *cela* – je ne suis pas sûr que j'employai ce mot, j'espère que non – et que si la porte étroite par laquelle il nous invite à passer un jour s'ouvrait, c'est *cela* qui se découvrirait à nos yeux émerveillés.

L'histoire que racontent les évangiles est unique parce que la vérité y est prise, si je puis dire, la main dans le sac. Les détails, les pauvres détails se mettent de la partie. Souvenez-vous : le jeune homme qui s'enfuit nu au jardin des Oliviers, Zachée sur son sycomore, le paralysé que l'on fait descendre par la lucarne du toit, le coq qui chante… L'accent de la vérité résonne dans les détails. Tout le monde en est frappé. *Cela*, dans cette grande histoire, est donné à voir (« incarné », disent les théologiens) comme nulle part ailleurs.

C'est cela ! C'est cela !

Emmanuel doucha mon enthousiasme par cette forte parole : « La croix, ce n'est pas pour du beurre. » Ce n'est pas *cela*, la croix. Pas un oignon, pas une épluchure, pas une illusion. On n'est pas au théâtre. La vie n'est pas un jeu. C'est sérieux. Il aurait pu me dire aussi bien : Auschwitz, c'est pas pour du beurre. Ce n'est pas *cela*, n'est-ce pas, Auschwitz ? J'aurais peut-être rétorqué, il y a vingt ans, qu'un cauchemar demeure toujours un rêve même dans son degré d'intensité maximale et qu'il finit par se dissiper exactement comme les autres rêves. Mais aujourd'hui j'ai appris à me taire. Mon ami a raison : plus nous grandissons, plus la douleur du monde – la terrifiante douleur, qui nous fait venir les larmes et nous atterre – grandit avec nous, et la conscience que l'on en a aussi. Cela devient, comment dire, grave, vraiment grave. On n'a plus le cœur à faire le malin, à faire le métaphysicien. On ne peut pas être un observateur quand la maison brûle.

Plus tard, cependant, le même thème a refait surface. Cette « philosophie de garçons » dont se moque gentiment sa femme Hélène – elle pourrait légitimement s'écrier : Redescendez, les gars ! – continue à animer nos conversations et nos marches en montagne dans le Valais. Emmanuel se cabre quand je dis – et redis – que la réalité, si on donne des petits coups de marteau dessus, comme Nietzsche dit qu'il faut pratiquer la philosophie, rend un son creux, qu'il y a diablerie là-dedans. Il me donne en exemple l'ingénieux Ulysse, qui a mené bonne vie, avec femmes, enfant, chien, maison blanche à Ithaque, pieds sur terre, quoiqu'il fût souvent sur mer, dans la réalité enfin, comprends-tu, Hervé, sans chercher midi à quatorze heures. C'est vrai. Il a raison, mais comme je ne peux pas croire que mon ami confonde la réalité avec la superficialité de l'existence comme Napoléon, par exemple, pour qui Austerlitz et Waterloo, l'air parfumé de Corse et la moiteur de Sainte-Hélène ne sont pas des tours de Mâyâ, et comme je sais aussi qu'il sait, pour l'avoir vécu, que de cette couche superficielle on se détache aisément, par la faim, le vin, le rêve, l'amour, la poésie, la méditation, la danse, la fièvre, le son de la flûte et du tambourin, par la folie et l'art, par le télescope et le microscope, par fumigations, inhalations, émanations, ascension, et de mille autres façons, par la mort par exemple, qu'elle est donc parcellaire cette vie d'homme qui nous est échue, passagère, insuffisante, minuscule et bornée – pour toutes ces bonnes raisons, je continue, plein d'allant, à lui désigner ce moment où l'œil devient perçant (c'est *cela*, c'est *cela* !), pour l'advenue duquel je donnerais mille vies bien remplies comme celle d'Ulysse, tandis que nous marchons parmi les gentianes et les rhododendrons sans voir le temps s'écouler.

L'éléphant nommé âtman

Pour nous, ce n'est qu'un mot, « âtman », mais quand la réalité de ce mot se découvre et vous touche, comme un poisson torpille, tout s'arrête : soudain plus d'enveloppes, de couches, d'écorce. Soudain, le nu de la vie. Fin de l'histoire, fin de l'enquête. Vous êtes rendu. Quand Abraham repose enfin son couteau, et que Isaac relève la tête, le soulagement que ressent le vieil homme n'est qu'une ombre légère auprès de celui qui envahit maintenant chacune des cellules de votre corps.

L'âtman ne se laisse par encadrer par l'encadreur que nous portons en nous : on ne le fait pas entrer dans des cases, catégories, grilles. Et c'est pourquoi les esprits cartésiens, pour qui deux propositions contraires ne font pas bon ménage, ne se sentiront jamais à l'aise en Inde – et c'est aussi pourquoi, a contrario, les Anglais s'y sont trouvés si bien.

L'âtman est inatteignable. « Cet âtman ne peut être atteint par l'exégèse, ni par l'intellect, ni par beaucoup d'étude », dit la *Katha Upanishad.* Mais attention, cet inatteignable doit être cherché toutes affaires cessantes, et il doit être atteint. Sinon la vie est vaine, elle se perd comme l'eau de pluie qui dévale une pente terreuse. Tous les hindous pieux le cherchent. Ils ne pensent qu'à ça. Leurs exercices de yoga, méditations, spéculations, contemplations, discussions entre eux, leurs hymnes, rites, mantras, leur *kundalini* qu'il faut réveiller, leurs chakras qu'il faut allumer, leurs libations, leurs sacrifices, leur adoration (quel peuple plus adorateur ?) ont cela en ligne de mire : la fin de l'oignon.

Une fois l'âtman connu, plus rien ne reste à connaître. On échappe à la « gueule de la mort ». Et c'est pourquoi il faut méditer l'âtman sans céder à aucune forme de découragement. Quand l'esprit inquiet de l'homme sort du focus, il faut le ramener encore et encore, l'atteler au joug. Attention, c'est urgent. « L'âtman, écrit Shankara, doit être connu ici même, dans cette vie. Tel est le précepte… Si l'âtman est connu ici, il y a alors la vérité suprême et le but de l'existence sera atteint ; telle est l'intention. Si l'âtman n'est pas connu, la vie est inutile. Alors, il y aura de perpétuelles destructions dans le cycle incessant des naissances et des morts. C'est avec l'intention de mettre un terme à cela que l'âtman doit être connu. »

Parole solennelle : « Si l'âtman n'est pas connu, la vie est inutile ». Si l'on traverse la vie sans aucune intuition de l'âtman, sans reliance, sans ouverture aucune vers l'infini, le but de l'existence est manqué. C'est un gâchis. Il faudra renaître encore et encore.

L'âtman n'est pas mérité. Mère Teresa n'en est pas plus proche que la femme adultère. On ne l'attrape pas, on ne le saisit pas, on ne le maîtrise pas. C'est lui qui nous attrape. C'est comme un rapt, disent les maîtres du yoga. On ne sait pas pourquoi ce rapt survient, ni quand ni comment. Mais il faut tout de même chercher. C'est comme la lueur de l'éclair qui rend lumineux tous les objets plongés dans la nuit. Pourquoi est-ce soudain ? Parce que l'âtman est de nature entière comme la mer, comme l'éléphant : on est dessous, on ne respire pas ; dessus, on respire. Pas de gradation.

L'âtman est caché ; il soutient cet univers entier avec une parcelle infinitésimale de son être, il le pénètre comme la saveur du sel pénètre le grand océan. Il est plus fin que le plus fin. Cependant l'homme « fin » le perçoit : « Ceux qui voient fin le voient », assure dans une note surprenante d'optimisme la *Katha Upanishad*.

Il a mille têtes, mille yeux, mille pieds, mille mains (comme cela doit être compliqué de faire du yoga !). Mais il court sans pied, il pagaie sans main, il observe sans yeux. Immobile, il va plus vite que ceux qui courent. Assurément, il ne ressemble à rien de connu. « Autre que le connu, autre que le non-connu », dit la *Kena Upanishad*. Quand on l'a enfin trouvé, on oublie tout « comme un homme, dans les bras d'une femme aimée, ne sait plus rien du dehors et plus rien du dedans », dit le sage Yâjnâvalkya dans la *Brhadâranyaka Upanishad*.

Comment le trouver ? Par l'amour, disent les amoureux. On n'aime que lui. Vous croyez aimer votre femme, vos enfants, une maison, un pays, l'argent, le pouvoir, les rires, les rites, la bonne compagnie, les grands crus, les bons dieux, erreur, mes amis, erreur. C'est lui, toujours, que vous aimez, à votre insu, lui : l'aimé universel. Qui l'a vu ne peut plus s'en détourner. Un tel homme est perdu pour la distraction. L'âtman est pareil à un soleil. Il éclaire tous les êtres, les relie entre eux comme une cordelette les perles d'un collier. Il nous fait de l'un à l'autre prochains : qui agresse, blesse, offusque un être vivant – plante, animal, être humain –, c'est lui-même qu'il blesse, c'est l'âtman caché dans le cœur. Qui « détruit » l'indestructible âtman se détruit lui-même.

Alors il va vers les « mondes sans soleil », dit l'Upanishad.

2

L'éthique : une question de reconnaissance

Aimer l'autre « comme soi-même »

Dans les sociétés dites « traditionnelles » (par les écrivains traditionalistes), l'éthique est un surgeon de la métaphysique. Dieu est le gardien des lois immuables. Grâce à lui, le monde ne sombre pas dans le chaos. Grâce à lui, tout n'est pas permis. Mais le Dieu abyssal des mystiques et des philosophes, qui siège au-delà de la dualité, du bien et du mal, de l'être et du non-être, comment pourrait-il être le gardien d'aucune loi ? Quel genre d'éthique repose sur un tel Dieu ?

La conception indienne de l'âtman nous met sur la piste. L'homme éthique, reconnaissant sa propre essence dans autrui, ne peut être indifférent à rien. Toute destinée est la sienne, toute douleur aussi : pour lui toujours sonne le glas. À cause de l'âtman, l'autre doit être aimé « comme soi-même ». L'autre ne peut être abandonné à son malheur car ce malheur est le nôtre. C'est une évidence ontologique, mais qui nous échappe souvent.

L'éthique est donc une question de *reconnaissance*. *Prendre soin de soi*, comme le recommande Socrate à ses disciples, c'est d'abord *prendre soin du Soi*, c'est-à-dire de l'âtman. Question : comment parvenir à aimer l'autre quand cet autre se comporte de façon détestable – Hitler est-il mon prochain ? Quelle empathie envers ceux qui en sont dépourvus ? Le sage, qui voit d'un œil égal l'or et la boue, connaît peut-être la réponse. Moi je ne la connais pas. Je me contenterai à présent de vous donner trois exemples de non-reconnaissance : le premier par peur, le deuxième par préjugé (celui-ci rattrapé in extremis) et le dernier par simple sottise.

L'éthique à huit mille mètres

Dans l'évangile de Luc, un habitant de Samarie descend sur la route qui relie Jérusalem à Jéricho. Il voit dans le fossé un homme que des voleurs ont roué de coups et qui semble mal en point. Le Samaritain s'arrête, verse sur ses blessures un mélange d'huile et de vin, bande ses plaies, charge l'homme sur son âne et le conduit dans une auberge. Il rémunère l'aubergiste pour ses frais puis s'en va. On l'appelle le « bon Samaritain ».

Une histoire symétriquement opposée mais tout aussi digne de réflexion survint sur les pentes de l'Everest le 11 mai 1996. Trois Indiens, redescendant de la montagne, furent frappés l'un après l'autre par le mal de l'altitude. C'était à plus de huit mille mètres. Étendus dans la neige, attaqués par le froid, les trois hommes, sans aide, étaient voués à une mort certaine. Deux Japonais, Eisuke Shigekawa, vingt et un ans, et Hiroshi Hanada, trente-six ans, grimpaient ce jour-là en direction du sommet. Ils croisèrent d'abord un Indien, puis, un peu plus haut, les deux autres mais ils ne s'arrêtèrent pas. Aucune parole ne fut échangée, ni eau, ni nourriture, ni oxygène. Ils passèrent leur chemin, comme le prêtre et le lévite dans l'histoire du bon Samaritain. Ils parvinrent au sommet un peu avant midi, et réussirent à regagner leur camp de base ; ils furent vivement félicités par leurs camarades. Les trois Indiens moururent.

Interrogés plus tard par un journaliste du *Financial Times*, les deux Japonais expliquèrent qu'ils n'avaient vu aucune raison de s'arrêter : « Nous ne connaissions pas ces hommes, nous ne leur avons pas donné d'eau. Nous ne leur avons pas parlé. Ils souffraient du mal des montagnes. Ils avaient l'air dangereux », indiqua Hanada. Ils n'avaient pas reconnu *le Même* dans ces silhouettes fantomatiques. Mais ils avaient perçu un danger possible. Shigekawa eut cette parole remarquable : « Au-dessus de huit mille mètres, il n'y a plus de morale qui tienne. »

À huit mille mètres où chaque pas est lourd, la respiration laborieuse, où les pensées se fraient difficilement un chemin d'une synapse à l'autre, où guette la mort, la morale n'a plus cours. La morale est un luxe pour gens de la plaine, aux pieds légers. Là-haut, chacun pour soi. Mais alors à quoi sert d'aller là-haut ? « À quoi sert à un homme de gagner le monde entier s'il perd son âme ? » demanda un jour Jésus. Mais ce même Jésus, vous avez raison de me le rappeler, dit aussi : « Ne jugez pas. » Ce précepte s'applique à tous les hommes qui vivent au-dessous de huit mille mètres.

L'éthique au bord du Gange

Même les sages ne sont pas à l'abri d'un moment d'aveuglement. Shankara, considéré par ses disciples comme une incarnation de Shiva, dieu de la désillusion, en fit l'expérience. Un jour, à Bénarès, il faillit ne pas reconnaître le Shiva en question quand il se présenta à lui hirsute et déguenillé.

Le maître se rendait sur les ghâts du Gange lorsqu'il croisa, dans une rue étroite, un *chândâla*, un hors-caste, misérable et crasseux, à la peau sombre, petit de taille, et presque nu. L'homme lui barrait le chemin. Il tenait au bout d'une corde quatre chiens aussi sales que lui. La souillure d'un *chândâla*, aux yeux des brahmanes, est contagieuse : l'écho de sa voix, le contact de son ombre polluent. Shankara fit un signe pour qu'on lui laisse le passage. Le misérable rétorqua : « Qu'est-ce que je dois déplacer ? Mon corps ou mon âme ? » Car si c'est le corps, dit-il, le corps de tous les êtres est impur, et pas seulement le mien. Mais si c'est l'âme, elle est toujours pure. « L'âme d'un ascète, d'un voleur ou d'un assassin est divine et ineffable en son essence. Seuls les actes sont de nature à l'enténébrer », ajouta le *chândâla*.

Vous aurez noté deux points. D'abord que ce genre de rencontre n'arrive qu'en Inde, ensuite que le message est encourageant : l'« enténèbrement » de l'âme est passager, il ne touche que la périphérie ; le centre demeure toujours paisible et lumineux.

Shankara reconnut dans cet être méprisé de tous un libéré vivant, un *jivan-mukta*, c'est-à-dire un grand sage. Dans l'Autre – le dernier des autres – il avait finalement reconnu le Même. Le maître composa alors un hymne fameux où il est dit, entre autres choses, que l'âtman pénètre tous les êtres « depuis Brahma jusqu'à la fourmi ». Pour cette raison, tous méritent le respect. Aucun ne doit être maltraité ou méprisé. Quand Shankara eut achevé son chant, le dieu Shiva, radieux, lui apparut en lieu et place du mendiant. Il tenait dans une main les quatre Vedas, comme le *chândâla* avait tenu dans la sienne les quatre chiens.

L'éthique à l'hôpital militaire de Kaboul

C'était en octobre 1995. Terence White, le correspondant de l'AFP, avait été gravement blessé sur la ligne de front autour de Kaboul. Le desservant d'un mortier, un moudjahid qui n'avait pas inventé la poudre, avait projeté avec force l'obus dans le tube de l'engin au lieu de le laisser glisser comme il convient. L'obus et le mortier avaient explosé. Des fragments d'acier avaient perforé l'estomac et l'intestin du pauvre Terence. Deux autres personnes avaient été tuées.

À l'époque, on comptait sur les doigts d'une main les Occidentaux qui vivaient en permanence à Kaboul. Si mon souvenir est bon, il y en avait quatre : les correspondants des trois agences de presse internationales et Suzy Price, la correspondante de la BBC. Terence était très populaire à Kaboul, en raison de son exceptionnelle visibilité physique (il était immense), de son rire tonitruant, de sa personnalité généreuse et pleine d'entrain. Quand je lui rendis visite, il se trouvait à l'hôpital militaire où il était l'objet des soins attentifs des médecins et infirmiers afghans. Il était allongé sur un lit roulant. La grande salle était inondée par la lumière jaune et froide de l'automne. D'autres blessés étaient allongés à côté. Il me regarda avec insistance, je me penchai, il me chuchota à l'oreille : « Ils m'ont fait des choses horribles. » Il parlait du personnel médical afghan et il ajouta : « Hervé, tire-moi de là. »

Je n'hésitai pas un instant. Je ne le tirai pas de là.

Je débarquais d'Islamabad. Je n'avais aucune idée de la façon dont il fallait procéder pour le tirer de là, et il me semblait que ce n'était pas une bonne idée. Terence avait de la fièvre. Peut-être était-il en proie au délire. Les médecins et infirmiers avaient la réputation d'être dévoués et compétents. J'alignai ces raisonnements a posteriori, comme les deux Japonais trouvèrent après coup toutes sortes de bonnes raisons de ne pas secourir les alpinistes indiens. Mais sur le moment je n'hésitai pas une seconde.

N'empêche. « Tire-moi de là », cette parole venue du fond du cœur de Terence, aurait dû toucher le mien. J'aurais dû discuter avec les médecins et les infirmiers, avec la directrice de l'hôpital, tenter de comprendre, tourner au moins la chose dans ma tête. Mon cœur, ce jour-là, est resté plat comme un encéphalogramme mort. De toutes les sottises, c'est la pire : la sottise du cœur. Non, ce jour-là, je ne reconnus pas le Même dans mon compagnon.

Dieu, dans l'islam, est nommé *al-Samî* (celui qui bien entend) : il écoute les sons du monde. La voix de l'affligé, du prisonnier, du mendiant, le hurlement de détresse des animaux blessés ou maltraités ne s'élèvent pas en vain. Il est aussi nommé, dans l'islam, *al-Basîr* (celui qui voit). Ce jour-là, je n'ai rien vu, rien entendu. Je n'en suis pas fier. Terence s'en tira. Ce géant blond et barbu, que mes enfants adoraient, fut transporté à Islamabad par la Croix-Rouge, puis dans un avion sanitaire à Paris où il fut soigné. Il revint travailler à Kaboul puis s'établit, plus tard, avec femme et enfant, dans son pays d'origine, la Nouvelle-Zélande.

3

Cela ne pose pas de problème

Le mot Dieu, rappelons-le, désigne deux réalités (ou illusions) distinctes : il y a d'un côté le Dieu personnel des croyants, qui possède attributs et qualités, et de l'autre le Dieu entonnoir, impersonnel, sans forme, ni fond, ni fin, de quelques mystiques, soufis, philosophes, marginaux. Les noms divins, quand ils sont appliqués au Dieu personnel, entrent en contradiction flagrante avec le monde tel que nous le connaissons – et en ce sens ils posent, aux esprits épris de cohérence, un problème. Voici quelques-uns de ces noms problématiques.

Si Dieu est bon et miséricordieux (*ar-Rahmân* et *ar-Rahîm*), pourquoi ces écartelés, ébouillantés, égorgés, crucifiés, sans-yeux, sans-voix, sans-mains, les foutus de naissance, avant la naissance, les foutus par éducation, etc. ? Pourquoi ?

Si Dieu est le grand ordonnateur et le grand réparateur (*al-Jabbâr*), pourquoi ces désordres, fiascos à répétition, défaillances à tout bout de champ ?

S'il est celui qui rassemble (*al-Jâmi'*), comme le tisserand rassemble les fils pour ourdir sa trame, pourquoi ces trous, fractures, déchirures, malentendus, zizanies, divisions ?

S'il est celui qui guide (*al-Hâdî*), s'il est la lumière (*al-Nûr*) du monde, celle qui éclaire tout homme, pourquoi l'obscurité, la perdition, l'errance, l'ignorance ?

S'il est celui qui donne généreusement, sans rien attendre en retour (*al-Wahhâb*), pourquoi notre pauvreté, précarité, insécurité, misère ?

S'il est le protecteur (*al-Hafîz, al-Hâfiz*), pourquoi les catastrophes ? Quand le loup est venu, où était-il, notre protecteur ?

S'il est le beau (*al-Jamîl*), source et ami de toute beauté, pourquoi cette laideur envahissante du monde, ces poils qui sortent du nez et des oreilles, cette puanteur sous l'épiderme, cette gangrène du temps qui passe ?

S'il est le compagnon (*ar-Rafîq*), celui qu'invoqua le prophète à sa dernière heure, s'il est le proche (*al-Qarîb*), le tout proche, le tout intime, pourquoi ce froid, cette solitude, cette tristesse, même sous la couette où nous nous recroquevillons, et non, non, nous ne voulons pas en sortir, non même pas pour entendre tes explications. Oui, pourquoi ?

C'est un vrai problème, n'est-ce pas ? Au sens originel, un *problêma* est un obstacle sur lequel bute l'esprit. Les Occidentaux ont appelé celui-ci le « problème du mal ». Car ce n'est pas un Dieu débonnaire, n'est-ce pas, celui qui détruit Ninive et Babylone, Dresde et Hiroshima, sans oublier au passage d'arracher l'œil de la mouche. Il nous fait obstacle. Il nous fait scandale.

En résumé, comment a-t-il pu foirer aussi monstrueusement sa création, s'il est bien qui l'on dit : un Dieu bon et tout-puissant ? Pourquoi reste-t-il bras croisés là-haut sur son nuage ?

Je hasarde maintenant cette idée doublement hasardeuse : le problème du mal se pose avec plus d'acuité dans le judaïsme et le christianisme que dans l'islam ; la raison en est que le musulman garde en ligne de mire le caractère *non représentable* et dépourvu de qualités de Dieu (face nord), quand bien même il ne dispose pas, à la différence des hindous, d'un nom spécifique pour le désigner. Dans le mot « Allâh » coexistent – pesant d'un poids égal – versant nord et versant sud, l'éléphant en entier et l'éléphant en morceaux, horizontalité et verticalité. C'est une étrangeté de l'islam.

Ajoutons que *cela* – le brahman des hindous, la déité de maître Eckhart – est indemne du problème du mal. Il faut le rappeler car on n'y pense jamais. *Cela* est dépourvu d'attributs. Il est absurde de dire que *cela* est bon – aussi absurde, dit maître Eckhart, que de dire du soleil qu'il est noir, on l'a vu. Il est absurde de dire que *cela* est tout-puissant. Il est même absurde de dire que *cela* est conscient du monde et du mal qui est dans le monde. Cela n'entre en contradiction avec rien ni personne qui est dans le monde. *Cela* est autre. *Cela* est tout. *Cela* est tout autre. *Cela* ne pose donc pas de problème.

Le problème du mal ne se pose qu'en référence au Dieu personnel, engagé dans un rapport de dualité avec le monde – mais alors là, oui, il se pose pleinement. Aussi a-t-il tourmenté beaucoup d'âmes chrétiennes et juives, lesquelles n'ont pas attendu Auschwitz pour en saisir l'acuité. Leibniz lui a donné une réponse demeurée justement célèbre. Dieu, explique-t-il en substance dans les *Essais de théodicée*, fait au mieux. « Entre une infinité de mondes possibles, celui qui est effectivement donné est le meilleur de tous. » Retenons cette idée : *le monde qui est effectivement donné est le meilleur.*

De cette réponse leibnizienne, Voltaire s'est moqué de façon à la fois un peu lourde et un peu légère. Quand l'écrivain fait observer, après le tremblement de terre de Lisbonne (1755) au pasteur Jean-Jacob Vernet, théologien à Genève, que la providence « l'a dans le cul », ou quelque chose d'approchant, il méconnaît les tensions inhérentes au système. Il n'envisage pas que le mal soit inhérent à la notion même de création, laquelle est éloignement de Dieu, c'est-à-dire du bien absolu. Plus on s'éloigne du soleil, plus la chaleur décroît. C'est inéluctable. Le mal est défaut de bien, défaut de lumière. Cependant le Dieu bon, source de toute bonté, auquel croit Leibniz, a agencé sa création de façon telle que le mal incompressible qui s'y trouve soit minimal. Dieu, qui fait tout au mieux, ne peut pas faire mieux que ce qui est effectivement donné. Le séisme de Lisbonne est un effet collatéral du mieux de Dieu, comme la crasse est un effet collatéral de la machine à pistons.

À la vérité, il y aurait un moyen de mieux faire, qui serait de siffler sans délai la fin de la création et de tout résorber dans l'unité. Si le Dieu créateur, pris d'un remords, ou sous la poussée de sa miséricorde – qui n'aurait dès lors plus matière à s'exercer –, rappelait à lui toutes les choses créées, le mal disparaîtrait aussitôt : sans création, pas de mal. En revanche, dans le cadre contraignant qui est le sien – laisser une place à l'autre –, le Dieu bon, que l'on peut fléchir par une prière efficace, agit conformément à sa bonne nature à chaque fois qu'une bonne occasion se présente, mais il le fait subrepticement, dans les marges, par gradations infimes, souvent à l'insu du bénéficiaire, pour ne pas déranger l'ordonnancement du monde. Il fait le maximum qui soit compatible avec l'altérité, c'est-à-dire avec l'existence d'un autre que lui. S'il en faisait un peu plus, si le monde était un tout petit peu meilleur, même d'un iota, il serait happé dans l'unité divine : plus d'autre, plus de jeu, plus de création. Fin de partie.

Schopenhauer exprime une pensée exactement inverse mais nullement contradictoire : « Si le monde était légèrement plus mauvais encore, il ne pourrait déjà plus subsister. » Nous vivons dans le pire des mondes possibles. Du rapprochement des deux pensées antagonistes, celles de Leibniz et Schopenhauer, nous pouvons déduire que le monde tel que nous l'appréhendons se tient sur une ligne de crête, tenu à la nuque par l'impérieuse nécessité : il ne peut être ni meilleur ni pire, sinon il trébucherait dans le non-être.

Vous connaissez sans doute l'acteur Michael Lonsdale qui a joué dans *Des hommes et des dieux* de Xavier Beauvois et, dans *India song* de Marguerite Duras. Tout en se défendant d'être le moins du monde théologien il impressionne plus qu'un escadron de théologiens, avec son allure de prophète courbé par le temps et le malheur et sa voix lente et douce qui semble surgir du fond des âges. Lonsdale, qui est chrétien, était interrogé dans une émission de télévision sur le problème du mal. Il répondit que la prolifération du mal dans le monde était due à l'impuissance de Dieu. Dieu, disait-il, « n'a que l'amour » pour lutter contre le mal. Il ne force personne. Il est infiniment patient, petit, rencogné, avec son amour, attendant qu'on veuille bien s'attendrir, le regarder et lui faire une place. Cette explication m'a semblé en valoir n'importe quelle autre.

Les gnostiques ont émis l'idée que le Dieu créateur n'était pas bon ou avait délégué le travail de création à des divinités de second ordre, pires que lui, ou carrément au diable. D'autres enfin, et c'est la solution la plus simple au problème du mal, pensent que Dieu n'existe pas. Ne l'oublions pas : le problème surgit toujours en relation avec une représentation de Dieu. Supprimez la représentation et le problème disparaît. Il n'y a pas de problème du mal pour l'athée qui ne croit à aucune de ces représentations, ni pour le sage, connaisseur de l'âtman, qui est au-delà de toute représentation. On demandera à quoi il sert, cet âtman des hindous, ce dieu sans mains, sans yeux, sans oreilles, qui n'écoute pas, ne parle pas, que l'on ne prie pas, à qui l'on ne se confie pas dans l'épreuve. À quoi sert « cela » quand le navire fait naufrage, quand mon petit enfant se noie, quand la terre tremble ? Réponse de l'hindou : À rien. Il fait mieux que servir. Il *est*. Il est le réel. Or le réel, si l'on en croit l'hindouisme, est imprégné, dans toutes ses parties, aussi infimes soient-elles, de particules de béatitude (*ânanda*), comme le bonbon de sésame est imprégné de graisse. L'hindou tente de capter cette félicité, cette manne, et de s'en nourrir : il ne connaît pas de meilleur antidote à la souffrance, à la détresse et à la mort. Il sait où diriger son regard. Il sait aussi que le mal se déploie en dehors du réel, dans un entre-deux, qui est ni être ni non-être, qu'il nomme Mâyâ.

Il n'y a pas de problème du mal dans l'hindouisme, mais il y a peut-être un problème de Mâyâ, et c'est vers lui que nous allons à présent nous tourner.

VI

Qui a caché l'éléphant ?

Longtemps je me suis réveillé de bonne heure, tout à la joie d'aller déjeuner chez notre grand-mère, rue de la Cure. Granny avait des perruches qu'elle laissait voler en liberté dans sa cuisine mais quelques-unes d'entre elles, bizarrement, ne sortaient jamais de leur cage. Comme si elles avaient oublié qu'elles avaient des ailes ou que ces ailes étaient trop lourdes pour se déployer.

Plus tard, écrivant ce livre, je voulus en avoir le cœur net et j'interrogeai une amie, ornithologue amateur, Mme D. Elle me demanda si ma grand-mère avait placé un miroir dans la cage. Je n'en avais pas le souvenir. Si c'était le cas, poursuivit-elle, les perruches se regardaient probablement dans leur miroir. Les perruches adorent se mirer. Tout à leur occupation, elles ne pensaient pas à s'envoler. Elles oubliaient le ciel et la liberté.

Pourquoi les aveugles ne voient-ils pas l'éléphant ? Pourquoi les prisonniers de Platon ne sortent-ils pas de la caverne ? Et les perruches de leur cage ? La réponse de l'Inde tient en un mot : Mâyâ, que nous traduisons ordinairement en Occident par « illusion ».

1

Illusion

Je reprends la question : pourquoi ne voyons-nous pas l'éléphant qui est sous nos yeux ? Comment se fait-il qu'une réalité omniprésente nous échappe totalement ? Nous connaissons déjà la réponse : parce que nous sommes aveugles. Mais pourquoi sommes-nous aveugles ?

Le vedânta, qui est la moelle de l'hindouisme, un peu comme le soufisme est la moelle de l'islam, le vedânta donc, qui est l'accomplissement des Vedas (*Veda anta*), ainsi que la plus haute philosophie de l'Inde, a placé cette question au cœur de sa méditation. Shankara, qui vécut au VIIIe siècle de notre ère, apporte à ce paradoxe de l'évidence cachée une réponse également paradoxale : il affirme qu'il y a une seule réalité, le brahman, que cette réalité est sans second, et que par voie de conséquence il n'y a pas de prisonnier au fond d'une prétendue caverne, pas de perruches dans la cage, pas d'aveugles devant un soi-disant éléphant, pas de nous.

Cependant, Shankara sait parfaitement que son enseignement ne s'adresse pas à des sages mais à des hommes ordinaires, c'est-à-dire des aveugles de naissance. Aussi nous donne-t-il une explication supplémentaire : le monde dans lequel nous vivons, ce monde que nous appréhendons de façon morcelée, à l'instar des aveugles du conte, existe d'une certaine façon, singulière et énigmatique, comme manifestation de Mâyâ. Cette puissance chatoyante nous en met, si j'ose dire, plein la vue. À cause de ce trop-plein que nous avons dans l'œil, comme une poutre, nous sommes aveuglés. Mais dès que la poutre disparaît, la réalité ressurgit comme elle est et n'a jamais cessé d'être. Nous nous réveillons. C'est un résumé très succinct de la grande doctrine de Shankara, mais je le crois fidèle.

Le mot *mâyâ* provient de la racine *mâ,* qui signifie « mesurer, délimiter, construire ». La mâyâ dessine des formes évanescentes sur une feuille blanche, elle établit des cloisonnements dans un espace éternellement vide. Nous croyons à cette trame bariolée qu'elle nous présente comme au cinéma un enfant se prend aux images du film. Nous y adhérons de toute notre âme. Le brahman, pendant ce temps, ce long temps de l'histoire, demeure cantonné à l'arrière-plan – immense arrière-plan – tandis que l'illusion déploie ses effets minuscules, sur le devant de la scène, à l'intention d'êtres minuscules aux vies et aux pensées minuscules. Quel prodige !

Si, comme le dit l'indianiste Olivier Lacombe, la mâyâ nous introduit « au cœur du mystère propre à l'erreur », elle mérite toute notre attention, car des erreurs nous en faisons à tour de bras : erreurs de jugement, d'appréciation, de perspective, erreurs par confusion, omission, présomption, inopportunité, vanité, oubli ou ignorance… La pire de toutes, l'erreur-racine en quelque sorte, est de ne pas prendre conscience de notre inclination structurelle à l'erreur et par voie de conséquence de ne pas entrer en défiance de nous-mêmes, condition première d'un rétablissement, comme l'a dit Pascal.

Où est Mâyâ, le principe d'erreur ? Dans les choses ou dans notre esprit ? réel ou lui-même illusoire ? La mâyâ appartient à un ordre existentiel à part, *sui generis*, comme certains organismes publics français : on ne peut pas dire qu'elle existe mais on ne peut pas dire non plus qu'elle n'existe pas. Elle n'est ni dehors ni dedans. Nous ne la connaissons jamais en soi (elle n'a pas d'en-soi), mais nous pouvons en percevoir et en subir les effets ambigus, fuyants et redoutables.

Comment opère-t-elle ? Par surimposition (*adhyâsa*), enseigne Shankara. Et ici je dois vous demander un effort d'attention supplémentaire mais bref et surtout utile, car si nous n'avons aucune idée du mode opératoire de Mâyâ, nous n'aurons aucune idée non plus du chemin que nous devons emprunter pour nous en libérer. Dans un commentaire aux *Brahma sûtras*, Shankara définit, de façon assez biscornue, la surimposition comme une « présentation apparente en forme de mémoire, sur un autre fond objectif, de manières d'être déjà perçues antérieurement ».

L'image traditionnelle est celle de la corde et du serpent. Sur le chemin, il y a une corde mais, dans la pénombre, nous croyons voir un serpent. La peur nous envahit. Des « manières d'être déjà perçues antérieurement », c'est-à-dire des souvenirs négatifs associés au serpent, affluent dans notre esprit. Un proverbe gabonais dit : « Le pied qui a été mordu par un serpent a peur d'un bout de corde » – nous disons : « Chat échaudé craint l'eau froide. » La donnée « objective », qui est la corde, est occultée par la donnée surimposée : le serpent imaginaire. Mâyâ est la puissance qui nous fait voir les choses comme elles ne sont pas. Adam, le premier homme, croit croquer une belle pomme vermeille mais il croque la mort qui va assombrir sa destinée et celle de ses descendants. Par mégarde, il est entré dans un mécanisme de surimposition aux conséquences incalculables.

Alberto Giacometti était familier de ces dérives (et j'ouvre ici une parenthèse). Son regard avait le pouvoir de transformer une jolie femme en déesse – tandis que lui se transformait en adorateur. Un maquillage réussi, un air, une silhouette, l'enchantement d'une voix ou d'un regard, et voilà que Giacometti entrait à fond en représentation ou, pour reprendre le vocabulaire technique indien, dans une surimposition fébrile.

Jean Genet, dans un livre intitulé *L'Atelier d'Alberto Giacometti*, a reproduit un dialogue qu'il eut à ce sujet avec l'artiste : « Quand je me promène dans la rue, dit celui-ci, et que je vois une poule de loin et tout habillée, je vois une poule. Quand elle est dans la chambre et toute nue devant moi, je vois une déesse.

– Pour moi, une femme à poil est une femme à poil, répond l'écrivain. Ça ne m'impressionne guère. Je suis bien incapable de la voir déesse. Mais vos statues, je les vois comme vous voyez les poules à poil.

– Vous croyez que je réussis à les montrer comme je les vois ? »

Mâyâ est la puissance qui transforme dans le regard des hommes une femme avec ses soucis, ses cors aux pieds, ses caries, ses marmots, c'est-à-dire un être comme vous et moi, pas spécialement fignolé, en déesse, une bicoque délabrée en château, une étendue de sable en oasis, un compte en banque en sentiment de puissance.

Fin de la parenthèse.

Comment est-ce possible ? Comment des images surimposées obscurcissent-elles la lucidité de l'unique brahman au point de l'engager de façon si dramatique dans le devenir ? Où est le brahman durant le temps de la surimposition, qui est le temps du monde ? Comment l'un et l'autre – brahman et mâyâ, la vérité et l'illusion – coexistent-ils ? Plutôt que d'entrer dans le dédale des raisonnements, prenons trois images :

• L'image de la lune. La vérité et l'illusion coexistent comme la lune se reflétant sur la surface mouvante de l'eau : si nous regardons la lune, elle est une, mais si nous regardons l'eau qui tremble, nous voyons plusieurs éclats de lune. C'est une question de regard.

• L'image du miroir. La vérité et l'illusion coexistent comme l'homme qui se contemple dans un miroir à plusieurs faces, il voit plusieurs têtes mais en vérité il n'en a qu'une. Le miroir capte, démultiplie, mais ne prend pas. C'est encore une question de regard.

• L'image du gant. La vérité et l'illusion coexistent comme un gant que l'on peut retourner à l'endroit ou à l'envers, sans que sa nature de gant soit modifiée dans l'opération.

Les deux premières images expriment la philosophie dite de l'*advaïta* (non-dualisme pur) dont Shankara est le porte-parole le plus éminent. Dans cette vision, le réel est fondamentalement un, simple, seul, singulier, sans fracture ni contradiction, sans mouvement, sans aléas, sans alter ego et sans histoire, comme cela a été dit à maintes reprises. De ce point de vue, absolument vrai, et donc paradoxal pour des hommes qui ne vivent pas dans l'absolu, il n'y aura jamais de fin de l'histoire pour la simple raison que l'histoire n'a pas commencé. L'*advaïta* exprime pleinement la vocation antihistorique de l'Inde, dont l'indifférence totale des hindous pour la chronologie est une conséquence.

La mâyâ, dit Olivier Lacombe, est « incapable de mordre sur la plénitude » du brahman. Autrement dit, réveillons-nous, mes amis. Cette théologie est simplissime : rien ne mord. Vous avez l'impression d'être mordu, n'est-ce pas ? Vous avez l'impression que le serpent, entraperçu dans la pénombre, dont vous auriez bien aimé qu'il soit une corde, s'est soudain redressé, et vous a mordu à la main, au mollet, au bras ? Je partage cette impression, et aussi ce sentiment d'être engagé dans une vie happée par la mort.

Si Mâyâ agit par surimposition, il est logique que la libération s'obtienne par retranchement, dépouillement, abandon, sur le modèle de Ramakrishna qui pèle son oignon ou sur celui de Socrate qui pèle aussi son oignon (on appelle cela la « dialectique »). La démarche opposée est celle de la philosophie accumulative et déductive, à l'occidentale, dont Descartes est l'un des pionniers. Il part d'une illusion : « Je pense » et plutôt que d'attaquer cette illusion à coups de marteau, il en ajoute une seconde : « Donc je suis. » Il fait un double nœud, une double surimposition. Si la pensée est pareille à une couche de nuages, comme l'assurent des maîtres du yoga, derrière laquelle se cache le ciel bleu de l'être, c'est la proposition inverse qu'il nous faut soutenir : Je pense, donc je ne suis pas. Tant que j'adhère à des pensées, par nature flottantes, tant que je tremble avec elles, je suis bien incapable d'accéder à l'immuabilité de l'être. Non seulement la liaison cartésienne est fautive, dans la perspective indienne, mais également son présupposé initial : le « je ». À chaque fois que tu dis « je », enseigne une Upanishad, tu te laisses prendre au filet comme un oiseau captif.

La vision du vedânta, je le répète, est d'une merveilleuse simplicité et si la simplicité est un critère du vrai, comme le croyait Schopenhauer, elle est d'une merveilleuse véracité. En fait de simplicité, dans le vaste champ des conceptions du monde, je ne connais rien d'approchant.

Comment Shankara procède-il pour parvenir à une telle simplicité ? Je crois – mais c'est une supposition – qu'il ne part pas du monde empirique, ni même de la méditation des Vedas, encore moins de la logique, comme Descartes, mais de l'expérience vécue. Un sage a ceci de singulier qu'il fait l'expérience de la vérité comme préalable à la réflexion, et non comme son aboutissement. Shankara fait l'expérience de cette chose simplissime qu'est la vérité, que l'Inde appelle le brahman, puis il revient dans le monde, avec son gibier. Dans le monde, il trouve échos et confirmations de l'expérience augurale.

La troisième image, celle du gant que l'on retourne, mais qui reste le même alors qu'il n'a ni la même couleur ni la même consistance à l'envers et à l'endroit, exprime la vision de Râmânuja (1055-1137), représentant d'une branche du vedânta dite « différenciée » ou « tempérée ». Dans cette conception, le divers ne se fond pas dans l'unité. C'est le contraire : l'unité investit la diversité pour la jouissance réciproque du dieu et de l'homme, l'un et l'autre pleinement réels. « Il y a du réel dans l'erreur », résume sobrement Olivier Lacombe.

Du minuscule grain de sable à la rotation amoureuse des étoiles, tout est rempli du brahman, donc tout est réel.

Râmânuja était un *bhakta*, un ami, amant, adorateur du Dieu, comme Rûmî dans la sphère islamique, et il ne pensait pas du tout que son adoration soit une illusion, un tour de Mâyâ. Pour lui, le brahman se fait sourire, la vie prend la saveur intense de l'amour. L'époux est là, de sortie, qui répand autour de lui sa joie. Resterons-nous endormis derrière nos murs ? Plus tard viendra le temps de dormir, plus tard celui de jeûner. Le *bhakta* se lève et court à la rencontre de son ami. Quand il le trouve, il est comblé. Il est le plus heureux des hommes quand bien même il vivrait couché sur un grabat entre deux poubelles. Plus serait trop. Plus le ferait basculer dans la face nord, ce (non-)lieu que désigne Shankara, où tout s'éteint. Or il ne veut pas y aller, lui le *bhakta*, pas trop vite, pas trop tôt (« N'éveillez pas, ne réveillez pas mon amour, avant l'heure de son bon plaisir »).

Dans la doctrine de Râmânuja, le gant reste gant autant, si je puis dire, à l'envers qu'à l'endroit (alors que la lune, dans la vision shankarienne, est dans le ciel et pas dans ses reflets). Le réel resplendit dans le chatoiement de l'apparence, pleinement, délicieusement, et même quand il se cache, c'est pour la plus grande joie des amoureux.

2

Réalisation

La mâyâ est un instrument du dieu, disent les sages de l'Inde : par le pouvoir de sa mâyâ – yoga descendant –, le dieu se dérobe au monde, qui ne le connaît pas, « lui le non-né, lui l'impérissable », chante la *Gîtâ*. Le pouvoir inverse de désillusionnement, c'est-à-dire de réalisation, lui appartient également. Ainsi, dans un grand va-et-vient cosmique, le dieu produit la multiplicité avant de la résorber ; il différence et apparie, projette et rétracte : c'est son jeu, le grand jeu divin nommé par les hindous *lîlâ*.

La perspective chrétienne est différente. Dieu, qui est bon et miséricordieux, n'illusionne personne. La chute dans la multiplicité et l'opacité est le fait de l'homme et de sa liberté, cette insondable liberté qui lui appartient de tourner son regard ailleurs que vers le bien et la lumière. Mais le pouvoir de réalisation – ou si l'on préfère de *rédemption* – appartient essentiellement à Dieu. À lui, le Dieu identique au réel – *ens realissimum* – revient le pouvoir d'exfiltrer l'homme de l'illusion et donc de le rendre réel, de plus en plus réel, dès lors que la liberté de l'homme n'entrave pas son action. Ce monde en friche, bancal, en appel, en sueur, en attente, en travail, en gestation, en perdition, est son matériau. Vers lui Dieu se penche comme l'ouvrier sur son établi. « Dieu est un réalisateur de toutes choses », écrit maître Eckhart.

Pour méditer sur ce magnifique nom divin, le *Réalisateur*, je ne vais plus m'appuyer sur l'islam et l'hindouisme mais – puisque ce nom nous vient de maître Eckhart – sur une parole de Jésus que l'islam appelle le « prophète Issa », et que j'appellerai moi aussi dorénavant *Issa*, dans un bel élan œcuménique. Cette parole est étonnante. La voici : « À celui qui a on donnera, à celui qui n'a pas on enlèvera même ce qu'il n'a pas. »

Dans la « bonne nouvelle » chrétienne que nous appelons l'« Évangile », Dieu fait au mieux. Il arrange, répare, complaît, oblige, *goupille*, comme nous le ferions pour nos enfants. Il raccourcit, allonge, dilate, anime, colmate les brèches, redresse, répare, embellit, bref, il *réalise*. Et son fils, Issa, aussi : « Mon père travaille et moi aussi je travaille », dit-il. L'amour, nous le savons, ne demeure jamais oisif. Du grain de sénevé, le plus petit de tous les grains, il fait un grand arbre. Les oiseaux du ciel y ont leur nid. Il fait aussi le nid, et même les oiseaux. Issa, enfant, façonne des oiseaux avec de l'argile, dit une ancienne tradition. Ensuite, il souffle sur l'argile et les oiseaux s'envolent. C'est très beau.

Mais attention, l'opération de réalisation ne fonctionne pas toujours. Pour que le *fiat* du grand réalisateur se déploie, une condition est nécessaire : il faut y mettre un peu du nôtre. Rien ne se fait sans rien : « À celui qui n'a pas on enlèvera même ce qu'il n'a pas. » Nous devons apporter un petit quelque chose dans l'entreprise, même aussi petit qu'un grain de moutarde ; alors ça va, c'est bon, ça passe. Mais si nous venons avec rien du tout, alors non, ça ne va pas. Notre ticket n'est pas valable.

Ex nihilo nihil fit. Ex nihilo ne marche pas. Parce que si nous n'avons rien – c'est Issa qui parle si hardiment – eh bien, sachez-le, mes amis, en vérité, en vérité, je vous le dis, ce rien même vous sera ôté. On n'en parlera plus. Vous serez oubliés, votre rien sera oublié, comme une flèche décochée dans la nuit. Mais si vous avez quelque chose au départ, un peu, un petit peu, pas un semblant de peu, un vrai peu, bien à vous, et que vous ne l'enterriez pas, votre petit peu, mais que vous le mettiez en jeu, que vous le hasardiez, comme on jette les dés, bref, que vous preniez un risque, qui n'en est pas un, c'est sûr, c'est garanti, même si vous n'en êtes pas sûrs maintenant, vous aurez beaucoup à l'arrivée.

Qui a raura.

Au centuple même. On ne sait pas pourquoi mais c'est ainsi.

Le peu que vous avez au départ, tenez, par exemple votre vie turbulente d'adolescent, à laquelle vous tentiez autrefois de porter remède, dont vous vouliez désespérément tirer une forme, une ligne, un point même, enfin quelque chose de vaguement présentable, Dieu le voit. De loin, il voit vos efforts, discontinus, haletants, piètres comme le père voit de loin les efforts du fils prodigue, celui de la parabole, pour se détourner de la vie de cochon qui est devenue la sienne, il ne sait plus comment, à cause d'une mauvaise décision sans doute qu'il a prise un jour, et il ne sait plus très bien quand ni pourquoi, mais maintenant il en a assez, le fils, et il voudrait bien revenir chez lui. Son père se réjouit de sa décision, comme Dieu se réjouit de votre peu, avec lequel vous essayez de faire au mieux, en bricolant, tâtonnant, trébuchant, en grinçant des dents, en soufflant et ahanant. Il s'en réjouit et s'en empare, il lui donne un tour à sa façon, c'est son jeu : ce tour, cette façon qu'il a de changer l'eau en vin, le boutonneux en Rimbaud, le rêveur en ouvrier – et encore, à la onzième heure, quand descend l'obscurité, l'heure qu'il préfère, in extremis, alors que nous on n'espérait plus rien, on n'y croyait plus, on n'arrivait plus déjà à soulever notre carcasse, nos cent kilos, comme Jef, dans la chanson de Brel (« Arrête de te répandre, Jef, arrête de répéter que t'es bon à te pendre »), bref, c'est comme ça qu'il fait, le réalisateur, en un tournemain, quand on a baissé les bras, et cessé de se demander, comme une idée fixe, en se tordant les mains : Et si c'était une vie pour rien ma vie ? Regardez maintenant, les amis, cessez de vous tourmenter, voyez un peu comme ce peu que vous avez mis dans l'affaire prend bonne tournure, que vous n'imaginiez pas, vous à qui l'on avait promis la vie nulle et la catastrophe.

Précisons un point. Issa ne dit pas : Si vous avez peu, vous aurez beaucoup. Il dit : Si vous avez, on vous donnera, et plus que vous pensez, mais il ne précise pas la quantité que nous devons avoir. J'ajoute le mot « peu » de mon chef : *celui qui a un peu, il aura beaucoup*. Dans cette négociation, en effet, il est clair que peu vaut mieux que beaucoup. Tous ceux qui sont familiers des évangiles le savent. Si vous avez beaucoup, vous êtes armés, parés pour la vie, vous faites partie de ces nantis qui n'entrent pas dans le royaume, qui auraient mieux fait de naître chameaux, c'est toujours Issa qui le dit, car en vérité, en vérité, il le dit, les chameaux entrent dans le royaume avant les nantis, comme les prostituées entrent avant les pharisiens, et les publicains avant les docteurs. Si vous avez beaucoup donc, comme M. Bertin, débrouillez-vous, mais enfin, sachez-le, votre beaucoup a beaucoup de chances de se perdre.

Le mieux, comme d'habitude, est au milieu : ni beaucoup ni rien. Juste un peu. Si vous avez un peu, ça passe. Ça passe avec son homme, l'homme de peu, par la porte étroite, par le chas de l'aiguille, par lequel passent les chameaux, comme nous l'avons dit, mais pas les riches. Ça passe puis ça grandit comme le grain de moutarde.

Donc, pour que l'opérateur opère, pour que le réalisateur réalise, il faut juste un quelque chose à soi au départ, je me répète, je le sais, mais c'est important, juste un petit peu : c'est ça la recette. Même trois fois rien, une fois rien même, ça va, il prend. Deux petits pains et un petit poisson, au fond d'un petit panier, même avarié le poisson, même rassis les pains, même troué le panier (et combien ma vie est trouée, toi seul le sais, Seigneur), il prend. Il prend tout. Comme le feu, il prend. Une étincelle suffit.

Donc, ne désespérez pas, vous qui avez peu (mais pas rien), ne vous lamentez pas, vous aurez beaucoup.

À la fonction d'artisanat divin correspond dans l'islam le nom divin *al-Sâni'*, dérivé de la racine *sn'* dont les significations sont bien concrètes et matérielles, selon Daniel Gimaret. Elles traduisent l'idée de fabriquer (d'où le mot *sinâ'a*, « art, métier »), de faire. Le grand ouvrier divin fabrique comme le tisserand ou l'orfèvre. Sur son impulsion tout se fait, sans elle rien qui vaille la peine.

3

Ti, une syllabe à la peine

Sur le versant nord : unité. Sur le versant sud : diversité. L'un et l'autre à perte de vue. Comment peuvent-ils coexister ? La réponse de l'Inde, nous venons de le voir, tient en un mot : Mâyâ. La diversité est projetée par la mâyâ, sans préjudice pour l'unité, à la manière d'un jeu, d'un rêve ou d'un travail à accomplir.

Où est-elle projetée ? Où l'illusion trouve-t-elle une place dans la plénitude du réel ? L'une des plus anciennes et vénérables Upanishads, la *Brhadâranyaka Upanishad*, nous suggère une réponse, qui est paradoxale, ou si vous préférez dialectique : Mâyâ, l'illusion, trouve une place dans le réel, où elle est « encadrée », soutenue, comme le nez par l'ossature et la peau du visage (parfois on ne voit que lui).

Les hindous et les musulmans sont convaincus que vérité et réalité sont une seule et même chose. Pour cette raison, un seul et même mot, dans l'islam et l'hindouisme, désigne cette entité unique : le mot sanscrit *satyam* et le mot arabe *al-Haqq*.

Satya (ou *satyam* dans la prononciation védique) est composé de trois syllabes : *sa, ti* et *yam.* La première et la dernière syllabe (*sa* et *yam*) sont le « réel », dit l'Upanishad, et au milieu il y a le « faux », soit l'irréel (représenté par la syllabe *ti*) : *Ti* symbolise les forces d'illusion, de mensonge et de désordre. Si le monde était uniquement sous l'empire de cette petite syllabe, laissée à elle-même, isolée, sans ses deux acolytes, il roulerait dans le chaos, se consumerait dans la mort, à jamais séparé de l'être et de la lumière. Or ce n'est pas le cas. La syllabe *ti* est soutenue par ses voisines *sa* et *yam,* comme un infirme l'est par deux hommes vigoureux. De cette solidarité cosmique jaillit le réel : *satyam*, composé indissociablement de vérité et d'erreur, d'être et de non-être, de lumière et d'obscurité, c'est tout un. Je rappelle l'observation si perspicace d'Olivier Lacombe : « Il y a du réel dans l'erreur. » Et inversement.

Quand notre vie se défait, et que nous prenons conscience de toutes les solides raisons que nous avons de désespérer, comme Jef, dans ces moments-là il est utile de se souvenir de la syllabe *ti.* Rappelons-nous qu'elle n'est pas seule, et que, par voie de conséquence, nous ne sommes pas seuls non plus – malgré les apparences. L'illusion est prise dans le réel, et le mal dans le bien, comme les nuages dans le ciel. À cause de cette solidarité métaphysique, le faux n'est jamais tout à fait faux, l'irréel ne décroche pas complètement et nous non plus. Quand nous glissons, ce n'est pas dans un abîme sans fond : il y a un filet.

Le grand jeu divin que les hindous nomment, je vous le rappelle, *lîlâ*, n'est qu'un jeu – prodigieux, fascinant, hallucinant certes, mais un jeu. Un jeu d'enfants, un jeu de dieux enfants ou de petits démons. Un jour nous nous réveillerons et les masques tomberont. En ce jour, le gain et la perte, la vie et la mort, le commencement et la fin nous apparaîtront comme les deux faces d'une réalité unique.

À la question centrale de la métaphysique indienne – comment coexistent l'un et le multiple ? –, la *Brhadâranyaka Upanishad* nous apporte donc cette réponse : la diversité a une place dans l'unité. Elle y est accueillie, et par cet accueil qui lui est fait, elle perd le caractère contradictoire qui est le sien, à vue humaine, devenant à son tour pleinement réelle.

Qui a caché l'éléphant ? Mâyâ. Où est caché l'éléphant ? Là, sous nos yeux, dans la vérité, qui accueille et berce l'apparence. « Celui qui voit les choses ainsi n'est pas contaminé par l'irréel », conclut l'Upanishad. Celui qui voit les choses ainsi n'a plus peur.

VII

L'éléphant en situation de monopole

Dieu étant le seul réel, et le réel étant seul, il s'ensuit que Dieu est tout entier partout. On regarde devant : c'est Lui. On se retourne : Lui encore. « Où que tu portes ton regard, là est la face de Dieu », dit le Coran (2, 115). Cette face est lisse, sans arête, sans entaille où fixer une corde, où se ménager des appuis ou des repères.

C'est la face nord.

Cette vision unitaire réduit à néant nos sentiments de supériorité ou d'infériorité, de culpabilité ou de vanité. Un sûtra bouddhiste dit : « Qui se croit supérieur, inférieur ou même égal à un autre homme ne voit pas les choses comme elles sont. » Il les voit distinctes, diverses, séparées. Il est sous l'empire de Mâyâ.

Les choses comme elles sont ? Un seul agit, un seul connaît, un seul rêve…

1

L'unique dévorant

Le soufi persan Rûzbehân Baqlî (XIIe-XIIIe siècle) quitta sa maison à l'âge de quinze ans pour chercher Dieu, le cherché par essence. Il devint un grand maître du soufisme, réalisant de l'intérieur et non pas intellectuellement, le *tawhîd.* Un jour, il eut la vision d'un lion qui cheminait, solitaire, sur la crête d'une montagne. C'était la montagne Qâf dont la tradition musulmane dit qu'elle entoure l'univers comme un gros anneau d'émeraudes (on ajoute parfois qu'elle-même est entourée par un gros serpent). Dans sa vision, le lion avait dévoré les cent vingt-quatre mille prophètes dont la présence et l'enseignement éclairent le passage de l'homme sur terre. Il les avait tous dévorés, depuis Adam jusqu'à Mohammed. Leur sang ruisselait encore de sa gueule.

Michel Chodkiewicz, commentant cette vision dans un livre remarquable, *Le Sceau des saints*, écrit : « Rûzbehân comprit qu'il y avait dans cette image une allusion à la force conquérante de l'unicité divine (*qahr al-tawhîd*) et que c'est Dieu lui-même qui s'épiphanisait sous la forme du lion. »

Le caractère dévorant de l'unité divine est une suite nécessaire de l'identité entre Dieu et le réel. Si Dieu est identique au réel, à tout le réel, il n'y a que lui qui soit réel. Forcément. C'est une tautologie. Derrière les prophètes, c'est lui. Derrière les dieux de l'Inde, c'est lui. Derrière le lion, lui encore. Lui seul. Dans l'islam, les noms qui désignent l'absolu dans son absolue unité sont *al-Ahad* (l'un), *al-Wâhid* (l'unique), *al-Haqq* (le réel), *Huwa* (lui), *al-Qayyûm* (l'immuable) ou encore *al-Fard* (le sans-pareil)... Ces noms désignent le Dieu abyssal et sans fond du soufisme (de certains soufis). Ils désignent la face nord, non la face sud, laquelle est plus facile d'accès mais aussi plus encombrée et polluée.

Parce qu'il voit cette face, et rien d'autre, Hallâj s'exclame : *Ana' al Haqq*, « Je suis le réel », ce qui revient à dire, comme l'ont compris tous ses interlocuteurs : Je suis Dieu. Que pourrait-il être sinon *al-Haqq* ? De la pointe des cheveux au bout de ses orteils, il est tout entier *al-Haqq*. Comme l'eau occupe les océans, comme le feu consume le bois, *al-Haqq* occupe le soufi. Si Hallâj disait le contraire, il serait un menteur. De la même façon, Bayezid, soufi persan, déclare : « Sous mon vêtement il n'y a rien que Dieu. »

De ce réel unique, on ne fait pas le tour : comment faire le tour de qui n'a pas de contour ? On n'en sort pas puisqu'il n'est rien en dehors de lui, et par voie de conséquence, on n'y entre pas – d'où viendrait-on ?

Dans le conte oriental du début de ce livre, les aveugles pensent qu'il existe dans leur village des chiens errants, un muezzin, un vendeur de babouches, des vieilles femmes à la burqa poussiéreuse ; ils voient tous ces êtres comme distincts les uns des autres, et ils les voient sur un mode successif. Et c'est pourquoi ils ne voient pas l'éléphant.

Comme le lion de Rûzbehân, le gros pachyderme dévore tout, y compris les aveugles eux-mêmes.

Cette vision de l'unique est celle de Hallâj, de Rûzbehan, de Bayezid. C'est aussi celle de Shankara. L'islam intérieur converge ici avec la grande pensée de l'Inde. Si on la prend au sérieux, comme je le fais ici, notre manière d'appréhender le monde en est transformée. Car si Dieu est identique au réel et s'il est un, on ne connaît jamais que lui, en vérité. Et lui seul connaît. Qui d'autre connaîtrait ? Qui d'autre serait connu ? De lui à lui va la connaissance. Mais quelle est la nature de cette singulière connaissance ?

2

L'unique connaissant

Je vous rappelle que nous essayons de comprendre pour quelles raisons nous ne voyons pas cet être énorme qui occupe tout le réel, et qui est campé, ici et maintenant, tout entier devant nos yeux. La première réponse est que nous sommes aveugles. À la question : Pourquoi sommes-nous aveugles ? le philosophe indien Shankara apporte une réponse qui ne simplifie pas notre enquête : Non, nous ne sommes pas aveugles.

L'apôtre Paul, dans une de ses épîtres, enseigne que notre connaissance est pareille à celle des petits enfants, que nous voyons le monde à travers un miroir embué mais qu'un jour viendra, assure Paul, où nous verrons face à face, sans voile ni médiation, comme nous sommes vus. Alors, nous ne serons plus des enfants. Un hadîth du prophète de l'islam Mohammed résonne à nos oreilles comme un écho de cet enseignement de Paul : « Les gens dorment et quand ils meurent, ils se réveillent. » Tant que nous vivons, nous adhérons au rêve de la vie – remuant, changeant, douloureux, atroce, et parfois même, tout arrive, heureux. Nous sommes captivés comme des enfants. Mais quand nous mourons, la captation cesse : nous nous réveillons. Le monde est comme une poussière que le vent a chassée dans notre œil – poussière magique qui nous fait rêver et trembler, et que la mort dissipe.

Il existe cependant dans l'islam une autre tradition qui, loin de dévaluer le monde – poussière dansante, miroir embué, rêve, bulle, mirage –, en souligne le caractère profondément nécessaire. Nécessaire à quoi ? À quoi sert donc le monde, cette figure de style ? Réponse de l'islam : Le monde sert à la connaissance que Dieu prend de lui-même. Cet enseignement s'appuie sur un hadîth souvent cité par les soufis, dans lequel Dieu, parlant de lui-même à la première personne, dit : « J'étais un trésor caché, j'ai voulu être connu, alors j'ai créé le monde afin de me connaître moi-même en lui. » À la question : Qui a caché l'éléphant ? que nous avons examinée au chapitre précédent, l'islam ésotérique répond que c'est l'éléphant lui-même. Pourquoi ? La réponse est paradoxale : L'éléphant se cache pour se connaître. Mais alors qui sommes-nous, nous qui ne connaissons rien de rien, comme les aveugles du conte ? L'éléphant ?

L'idée que Dieu, sans le miroir du monde, serait comme un trésor caché à ses propres yeux est surprenante. Dieu a besoin de la diversité, dans laquelle nous nous perdons, pour ne plus être, lui, perdu et plongé dans l'ignorance – « merveilleuse ignorance » certes, mais ignorance tout de même. À quoi sert un trésor s'il est caché ? Qui jouira de son éclat ? Il existerait donc, toujours si l'on suit cet enseignement singulier de l'islam, au sein de l'essence divine, un besoin, un élan ou une volonté de sortir de soi, de son prodigieux en soi, pour se connaître. Cette volonté essentielle produit le temps, l'espace et, à la croisée des deux, cet enchaînement causal que nous appelons le « monde ».

Pour éclairer ce hadîth du trésor caché, faisons un bref détour par un film de Martin Scorsese, intitulé *Aviator,* qui est consacré, vous vous en souvenez peut-être, au milliardaire américain Howard Hughes. Celui-ci, en plus de la passion de l'argent, avait celles des avions et du cinéma. Dans *Aviator,* nous le voyons produire et diriger un film, dont une scène montre des avions, pilotés par des as, voltiger dans un ciel impeccablement bleu. Le rendu à l'image, malheureusement, ne répond pas aux attentes. C'est plat et ennuyeux. Hughes a alors l'idée de tourner la même scène mais avec des nuages et là, grâce au contraste, ça rend beaucoup mieux. C'est vivant et efficace. Ça prend. Mon amie Ève, à qui j'emprunte cette image d'*Aviator* (qui sera aussi dans le livre qu'elle est en train d'écrire), nomme les nuages qui donnent vie à la scène « contrepoint ». Le monde est le contrepoint de Dieu. Sans ce nuage, sans cette poussière entrée dans notre œil, sans le monde, Dieu demeurerait caché à lui-même. C'est paradoxal : Dieu se connaît par le monde, qui nous empêche de le connaître. L'un, pour se connaître, doit devenir deux. Le Même doit devenir l'autre.

L'islam dit et répète que Dieu est un grand connaisseur du monde. Il le connaît sous toutes ses coutures, dans tous ses plis et replis. Il le connaît dans sa globalité et dans chaque point de détail. Il le calcule. Il jette partout dans le monde des « coups d'œil » (« Dieu lance chaque jour trois cent soixante coups d'œil dans le cœur de chaque croyant », affirme un hadîth). La lune et le grain de moutarde, le poil et la galaxie, les paroles que chuchote Satan dans la poitrine de l'homme, il les connaît. Il sait comment les matrices se contractent et se dilatent. Il sait l'arcane et ce qui est plus caché que l'arcane, dit le Coran. Bref, il connaît parfaitement le monde, et dans cette connaissance parfaite qu'il a du monde il se connaît lui-même. Pour cette raison, il est nommé *al-'Alîm* (le Connaisseur).

Entre la connaissance que Dieu a du monde et celle que nous en avons, il y a beaucoup de différences. La principale est que nous appréhendons le monde dans sa diversité alors que Dieu le connaît dans son unité, ou son essence : dans tout être singulier du monde, il connaît tout, c'est-à-dire lui-même. Il ne se perd jamais de vue alors que nous marchons dans l'obscurité, enveloppés d'ignorance, et d'abord dans l'ignorance de ce que nous sommes. Dissemblance est notre lot, semblance est le sien. C'est pourquoi le monde ne cesse de nous solliciter et de nous interpeller, nous les dissemblables, pour nous rappeler notre vocation divine : Regarde, regarde, souviens-toi, connais-toi toi-même, *cela* tu l'es.

En écho, une ancienne tradition platonicienne, qui figure dans un étrange dialogue intitulé *Alcibiade majeur*, assure que l'homme ne se connaît jamais que par la médiation d'un autre homme, comme un œil ne se connaît jamais que dans le reflet d'un autre oeil. Tout être, sans contrepoint, sans ami, est voué à s'ignorer lui-même, autant que Dieu s'ignore sans le contrepoint du monde.

Mais il existe un mystère aussi stupéfiant que celui de la connaissance, qui est celui de l'action.

3

L'unique agissant

Si l'unique est tel qu'on le dit, unique, il est forcément seul (sinon, encore une fois, ils seraient deux). S'il est seul, rien ne s'intercale jamais entre lui et lui. De la plénitude de l'unité il faut logiquement déduire, quoi qu'il nous en coûte, que la myriade d'actions, même les plus minuscules et triviales, qui se déploient sans cesse dans le monde ont un auteur unique. Le lion de Rûzbehân, à la gueule ruisselante de sang, dévore non seulement toute connaissance mais aussi tous les actes qui s'accomplissent dans le monde, depuis le frémissement de la feuille d'automne jusqu'à la création des univers : un seul est agissant.

Une pierre lancée dans l'espace, si elle était douée de conscience, penserait qu'elle traverse l'air par un effet de sa volonté propre, dit Spinoza. C'est l'illusion la plus partagée du monde. C'est la nôtre. L'homme pense être l'auteur de ses actions, il pense qu'il pense ses pensées, et il en déduit parfois, comble d'outrecuidance, qu'il est quelqu'un – « je suis » – et parfois même quelqu'un d'important, tandis que les dieux dans leur empyrée sourient ou se tordent les côtes.

Imaginez un homme qui parle derrière un rideau, dit Rûmî. Quand on soulève le rideau, on voit bien que c'est l'homme qui parle, pas le rideau. La diversité des êtres est le rideau de Dieu. J'ai ressenti, à ce propos, une curieuse impression à laquelle on ne peut sans doute pas accorder beaucoup de crédit, mais qui possède un avantage : tout le monde peut en vérifier le bien-fondé sur Internet. La voici.

Dealey Plaza, 22 novembre 1963, 12h30. Oui, vous connaissez. C'est le film amateur le plus célèbre du monde, celui d'Abraham Zapruder, fabricant de vêtements pour femmes de Dallas. Zapruder stationne le long d'Elm Street, l'artère où doit passer le cortège présidentiel. La limousine entre dans le champ de sa caméra 8 mm. Kennedy est tourné vers la droite, il salue de la main, la limousine disparaît derrière un panneau de signalisation, dont nous ne voyons que l'envers. Quand elle ressort, les gestes des acteurs semblent étrangement coordonnés, comme dans un ballet. Le président lève les coudes, ses deux mains se rejoignent un peu au-dessus de son cou, le gouverneur John Connally, assis sur le siège avant, semble tanguer, comme pris dans un roulis. Jackie, perplexe, le regarde, puis elle se tourne vers son mari, se penche vers lui. Une deuxième balle pulvérise la tête de Kennedy. C'est l'image 313. Jackie, avec sa toque rose assortie à son tailleur Chanel, se hisse sur la plage arrière de la limousine. La toque ne tombe pas. Du côté gauche de l'écran surgit un homme en noir, un agent de la sécurité, dont l'histoire retiendra le nom, Clint Hill. Il se précipite à son tour sur l'arrière de la voiture, saisit Jackie par le bras – image 387. La limousine accélère, passe derrière un autre panneau indicateur, et disparaît. Fin de l'action. Le film a duré vingt-six secondes.

L'impression dont je voulais vous faire part est celle-ci : il y a des moments où nos minuscules actions personnelles semblent rapportées à un sujet unique, qui tire tous les fils. Les vingt-six secondes du film de Zapruder montrent l'un de ces moments. C'est paradoxal : le désordre extrême, inauguré par la pression d'un doigt sur une gâchette, laisse entrevoir un ordonnancement caché – on pourrait dire la « main du destin ». Un seul agent tire les ficelles. Où est-il, l'agent ? Où est-il, le *sujet* ? Il est un et multiple à la fois. Il est le (ou les) tueur(s), il est le président, il est l'épouse du président, qui soudain réalise la violence qui s'abat sur elle, il est Zapruder, qui continue de filmer en hurlant son effroi, il est la femme qui se tient à côté de Zapruder et le soutient, il est l'homme de la sécurité qui, n'écoutant que son courage, se hisse sur la voiture, il est le gouverneur Connally, désarticulé comme un pantin, il est dans chaque badaud qui se met soudainement à courir, il est tous les autres jusqu'à nous aujourd'hui, qui nous penchons sur le trou noir, et allons tous, à notre insu, de conserve, intimement coordonnés.

On croit que la vie est fortuite mais non, elle est d'une exactitude et d'une précision extrêmes, comme le tir de Lee Harvey Oswald dans la tête de Kennedy, comme celui de Jack Ruby dans l'estomac d'Oswald. Rien ne dévie. Tout est nécessaire et procède du ciel en ligne directe – et moi, naïf, j'en veux pour preuve le sourire de Franklin D. Roosevelt ou celui de Grace de Monaco, mais on trouvera de meilleurs exemples. Si l'on n'est pas conscient de cette pure transparence de l'être, accusons notre regard : il est défaillant, c'est-à-dire humain. Rappelons-nous le dicton portugais : « Dieu écrit droit par des lignes courbes. » Il n'y a pas de coude dans notre labyrinthe.

S'il n'y a qu'un seul agent, toute volonté propre est un faux-semblant. Dans ce cas, la thèse que je suggère ici, que l'on pourrait dénommer, avec un clin d'œil, la « thèse de la conspiration métaphysique » – improbable, malicieuse et inédite parmi la forêt de théories sur l'assassinat de Kennedy –, serait avérée. Sauf que ce n'est pas une thèse, juste une impression, comme je l'ai dit, fugitive et qui ne mérite pas qu'on s'y arrête plus que ça. Jetez un coup d'œil sur le film de Zapruder et, qui sait, peut-être la partagerez-vous, fugitivement.

Le scénario est simple : l'homme le plus puissant et charismatique du monde, celui dont le visage accrochait le mieux la lumière, au succès le plus éclatant, et susceptible pour toutes ces raisons de provoquer ce que les Grecs nommaient la « jalousie des dieux », cet homme en un instant bascule dans la nuit. « Le clou qui dépasse appelle le coup de marteau », dit un proverbe japonais. Il y a là matière à réflexion.

On a dit que l'assassinat du président Kennedy était une tragédie des temps modernes. Ce lieu commun prend un relief plus fort si nous nous souvenons du sens premier du mot « tragédie ». Aux yeux des anciens Grecs, la tragédie avait pour fonction ultime de mettre à nu la trame ordinairement cachée de la vie – de manière à faire surgir, de façon impromptue et fugace, le « sentiment d'unité tout-puissant », dit Nietzsche.

Dans le Coran, Dieu est premier moteur, premier lanceur, premier agent : « Ce n'est pas vous qui les avez tués, Dieu les a tués. Ce n'est pas toi qui as tiré quand tu as tiré, mais c'est Dieu qui a tiré » (8, 17). Dieu est le « causateur » universel : « Derrière le voile des causes, il y a le causateur », dit Rûmî. L'homme est l'arc, Dieu l'archer.

La volonté du grand ouvrier habite invisiblement tout homme, elle l'occupe pleinement. « Lorsque je l'aime (l'homme), je suis l'ouïe par laquelle il voit, l'œil par lequel il entend, la main par laquelle il saisit », enseigne un hadîth. Parce qu'il sait cela, le sage n'a aucune volonté propre. Il ne lève pas le petit doigt qu'un autre ne le lève pour lui. M. Bertin, âme-propriétaire, pense à l'inverse, il ne se voit pas du tout comme une pierre aveugle : Ce que j'ai fait, pense-t-il, je l'ai fait à la force du poignet. Je ne le dois qu'à moi-même. Il étend le bras, nous montre fièrement ses champs, ses silos, ses usines, sa maison, sa femme, ses enfants.

En Inde, Dieu est l'artisan universel, moteur du monde. L'oreille, l'œil, le toucher, le goût, l'odorat, la pensée des êtres vivants, il les emploie, dit la *Bhagavad-Gîtâ*. « Si le tueur croit qu'il tue, si le tué croit qu'il est tué, ni l'un ni l'autre n'ont la vraie connaissance », affirme la *Katha Upanishad*. Personne ne tue, personne n'est tué. La seule réalité est l'âtman, dont tous les êtres sont, volontairement ou non, consciemment ou non, les instruments.

L'homme qui sait cela, quand il voit, entend, goûte, sent, mange, bouge, dort, respire, parle, absorbe ses aliments et les rejette, quand il ouvre les bras ou les ferme, pense : Je n'agis pas. Les actions se détachent de lui comme peau morte. Il ne dit pas « moi », « mien ». Il ne dit pas « ma femme », « mes amis », « ma maison ».

Rappelons que le même enseignement figure dans le dernier dialogue de Platon, *Les Lois*, où l'homme est décrit comme une marionnette dont les cordons d'or et de fer, les uns souples les autres rigides, sont actionnés par les dieux, soit pour leur amusement, soit à des fins plus sérieuses mais dont nous ignorons tout. Dans un autre passage du dialogue, Dieu est nommé le « joueur » (*petteutês*) et les hommes sont les pions qu'il déplace. Les deux images ont ceci de commun qu'elles accordent peu d'autonomie voire aucune à la nature humaine, et bien peu de réalité.

Une consolation pourtant : s'il n'y a qu'un agent, aucun blâme pour nous. Sur qui retomberait le blâme ? La pollution ? Les miasmes ? Dieu seul le sait. Pas de mérite certes, mais pas de faute non plus. Léger, notre fardeau. Heureux, l'homme qui contemple sa vie comme une simple pièce dans le grand jeu divin.

VIII

L'éléphant nommé tout autrement

Suzanne takes you down
To her place near the river
You can hear the boats go by
You can spend the night beside her
And you know that she's half crazy
But that's why you want to be there
And she feeds you tea and oranges
That come all the way from China…

1

Deux premières paroles éclatantes

Paroles verbeuses, paroles éclatantes

Au cours de son travail, un homme qui se mêle d'écrire, et que l'on appelle bien à tort un « auteur », alors qu'il ne doit être l'auteur de rien mais se laisser porter, puis éventuellement jeter, comme la pierre aveugle de Spinoza, un tel homme peut avoir le sentiment de passer un cap. Il se sent soulagé : son projet a cessé d'être un magma informe, il est charpenté, orienté, infusé de vie, quelque chose a été arraché à la névrose, qu'il peut considérer à tort ou à raison comme vivant. C'est bien, pense-t-il, le plus dur a été fait. Il ne reste plus maintenant qu'à surinfuser, fourrer, tanner, comme le cuir, puis à aboutir, sauf accident.

J'ai eu ce sentiment en écrivant ce livre. Un cap a été franchi. Mais un autre, après, est venu, puis un autre. Et, à chaque fois, la fin reculait et il me semblait alors que je ne pouvais pas boucler mon travail, pas plus que les Danaïdes remplir leur tonneau, pour la simple raison que le sujet du livre, cet énigmatique sujet « dont le centre est partout et la circonférence nulle part », ne pouvait aucunement l'être, bouclé. Cependant, j'étais travaillé comme tous les auteurs par l'aspiration téléologique à mettre un point final à la liasse, pour passer à autre chose, et je compris un jour qu'il me faudrait trancher, couper court à tous ces mots qui s'agitent en ouvrant leur bec. Ce jour-là arrive. Mais auparavant, je dois, une dernière fois, récapituler.

Face à ce qu'un Persan, prototype du nouveau venu, pourrait appeler le « problème de Dieu », les hommes se répartissent en trois familles. D'abord ceux pour qui Dieu n'est pas un problème. Ils vont à l'église, à la mosquée, à la synagogue. Parfois ils renâclent mais ils finissent bon gré mal gré par accepter le joug. Pour les hommes de la deuxième famille, Dieu n'est pas non plus un problème. Ils ont dépassé le stade où l'on s'intéresse à ces vieilleries. Ils sont aux prises avec le combat de la vie où il faut garder la tête hors de l'eau. Les hommes et les femmes de la troisième famille aspirent à une vie plus haute, intense et lumineuse, à un temps plus vivant qu'aujourd'hui. Ils veulent respirer. Or dans le monde de l'économie et de la finance, de l'argent et de la consommation qui est le nôtre, ils ne respirent pas. C'est clair. Ils vivent comme ils peuvent, dans les marges, plutôt mal que bien, et le plus souvent masqués. Ils veulent la *vraie vie,* celle qui est absente, comme le dit Rimbaud, et ils ont peur de se perdre en chemin. Si la vraie vie s'appelle « Dieu », va pour Dieu, sauf qu'ils ne veulent plus, justement, l'appeler Dieu. Ils cherchent d'autres façons de sentir, penser, formuler, rêver. C'est pour eux, mes semblables, que j'écris, pour qu'il fasse le lien (connaître, dit Socrate, c'est faire le lien).

Tchouang-tseu, sage chinois dont nous ne savons pas grand-chose sinon qu'il exerça la fonction de superviseur des arbres à laque, Tchouang-tseu, donc, dit ceci : « La petite parole est verbeuse, la grande parole est éclatante. » Un prophète dit des paroles éclatantes. À cela on le reconnaît. Un poète ou un grand philosophe, comme Héraclite, est à l'affût des paroles éclatantes. Nietzsche, qui prophétise tête en bas, jette parfois sur le papier des paroles éclatantes.

Je voudrais maintenant évoquer à l'intention de mes camarades de la troisième famille trois paroles éclatantes. Elles disent autrement cela que désignait autrefois le mot Dieu. Elles disent le moment où l'homme sort de la caverne, où les aveugles voient l'éléphant, où l'oiseau enfermé s'envole dans le ciel. Elles disent ce qui éclate alors à nos yeux si longtemps fermés.

Plus de rideau

Voici la première de ces paroles. Nous sommes en 1801. Chateaubriand, accompagné de son camarade d'exil Christian de Lamoignon, est reçu dans l'élégante maison de la rue du Mont-Blanc, où il rencontre Mme Récamier, célèbre pour sa beauté et son charme. Se remémorant plus tard cette rencontre avec la plus belle des femmes, le plus posthume de nos écrivains écrit ceci : « Le rideau se baissa subitement entre elle et moi. » Rien de plus. Il reviendra, longuement, dans les *Mémoires*, sur Mme Récamier, grand amour de sa vie, mais là, il n'en dit pas plus.

Chateaubriand appartient sans doute à la première des trois familles dont nous parlions, mais ces mots, inspirés par Juliette, muse universelle, sont absolument modernes : ils nous intéressent absolument. J'allais écrire, pompeusement, que ces mots sortent du tréfonds de son âme. À la vérité, je n'en sais rien. Personne ne sait d'où viennent ces mots. Un seigneur de la littérature fait-il autre chose que de la littérature ? On ne sait pas, on n'a aucune idée des sentiments qui animent Chateaubriand lorsqu'il écrit ces mots. Mais peu importe. Sortons-les de leur contexte. Chateaubriand dit une parole prophétique, il la dit malgré lui, comme Caïphe, grand prêtre à Jérusalem, prophétise malgré lui quand il déclare, désignant Issa : « Il faut qu'un homme seul meure pour le peuple », ou comme Ulysse, répondant à la question de Polyphème – « Qui es-tu ? » –, dit : « Je suis personne. »

Que signifient ces mots : « Le rideau se baissa subitement » ? Ils disent que l'amour fulgurant met fin à deux *représentations.* La première : l'homme et la femme, dépouillant leur ego, cessent de représenter. Ils sont nus, parés d'une nudité existentielle et exquise. Adam, de cette façon, vit Ève au jardin d'Éden. Aussitôt il l'aima et, je pense, à la folie, puisque que cet amour dure encore aujourd'hui. Secondement : ce rideau qui tombe met fin, pour un temps, à la représentation du monde. La sagesse populaire dit que les amants sont seuls au monde. Le monde, à leurs yeux, ne représente plus rien ou plutôt ce qu'il représente n'a plus aucun intérêt pour eux. Il est comme frappé d'inexistence. Sa fonction magique de détournement et de dissipation disparaît. Quelle union alors entre l'homme et la femme ! Quel amour ! Plus rien ne les sépare : plus de rideau.

On peut supposer que Chateaubriand fait une expérience de l'unité, ou du moins qu'il en pressent l'intensité, et cela par la médiation de la femme, à l'image de ce prophète de l'islam qu'il abhorrait et dont il ignorait sans doute qu'il fut surnommé le « prince des amoureux ».

La parole de Chateaubriand dit la stupéfaction qui nous saisit devant la beauté. Telle est donc la première de nos trois paroles éclatantes : *soudain, plus de rideau.*

À présent, voici une histoire un peu triviale mais qui va nous permettre d'opérer une transition entre nos deux premières paroles éclatantes. Rûmî était un immense poète et il appartenait, comme Chateaubriand, à la famille des amoureux. Ces gens-là ne sont pas amoureux par circonstance mais par essence. Quand ils ne sont pas amoureux, ils ne sont tout simplement pas eux-mêmes. Rûmî savait que l'amour travaille inlassablement à détruire les obstacles, à faire tomber le rideau. Dans *Le Livre du Dedans*, il raconte une historiette qui illustre, drôlement, cette fatalité d'Éros.

Un épicier aimait une femme. Il lui confiait des messages par l'intermédiaire d'une servante : « Je souffre du mal d'amour, je brûle, je n'ai plus de repos, je ne mange plus, je souffre de ta cruauté, ton amour me tourmente nuit et jour, hier j'étais dans un état terrible mais la veille je n'étais guère mieux, je t'aime, mon âme, je t'aime plus que le jour et la nuit, plus que ma vie, plus que tout, je t'aime, mon cœur, ma sœur » et patati et patata. Ainsi parlait le marchand. C'est toujours la même ritournelle que les femmes entendent toujours avec le même plaisir, avec les deux oreilles, même si elles n'y croient qu'à moitié. La servante revint auprès de sa maîtresse et, comme elle avait le sens de la synthèse, elle lui dit : « L'épicier te salue bien, et il dit : Viens que je fasse *cela* avec toi. » La dame fut très étonnée : « Vraiment, il a été aussi direct ? »

La servante répondit : « Il a raconté de longues histoires mais l'essentiel c'était cela. »

L'épicier fait de longues phrases mais, au fond, il ne s'intéresse qu'au moment où entre la dame et lui, il n'y aura plus de rideau. Il ne s'intéresse qu'à la « chose même ».

La chose même

Franz Meyer, conservateur à la Kunsthalle de Berne, puis directeur du Kunstmuseum de Bâle jusqu'en 1981, affirme avoir éprouvé un sentiment de stupeur quand il vit, pour la première fois, un tableau du peintre hollandais Bram Van Velde.

Bram Van Velde (1895-1981), peintre sauvage, solitaire, appartenait à cette troisième famille que j'évoquais plus haut : il tendait de toutes ses forces vers l'absolu mais il ne voulait surtout pas l'enfermer dans des mots – il n'aimait pas vraiment les mots – et surtout pas dans le mot Dieu. Il parlait peu, il se contentait de peindre, peu également. Ses peintures sont comme lui, sauvages et sans accommodement. Beaucoup de gens ne les aiment pas.

Certaines d'entre elles disent le sacré pétrin où il était embourbé mais elles le disent avec des couleurs somptueuses, qui se font écho, et des trajets inattendus de formes en quête de nécessité. Il cherchait, comme tout créateur, à réaliser concrètement l'unité : « Réaliser une toile, c'est faire que tous ses éléments parviennent à une unité. » Par endroits, au milieu de la pâte dégoulinante, des tripes enroulées, des aubes navrées, des larges remords, hoquets, larmes, compressions et chahuts de couleurs pointe une transparence, une éclaircie, une ouverture.

Soudain, on *voit.* Et on y puise un réconfort.

Pour dire le tout-autre qui l'habitait, Bram cherchait des mots tout autres. Peindre, dit-il un jour, c'est « chercher le visage de ce qui n'a pas de visage ». Il expliquait très simplement pourquoi il travaillait : « Je peins pour me sortir du trou. » Il peignait aussi pour respirer, tout simplement respirer : « Ce que j'ai fait, je l'ai fait pour respirer, il n'y a là aucun mérite. » Il peignait enfin par goût de la liberté : « Je n'ai cherché qu'à être un homme libre. »

Il était sans rôle, milieu, patrie, confession, idéologie, et même sans opinion. Elles ne l'intéressaient pas. Une seule chose l'intéressait : sortir du trou, respirer, cela seul lui semblait urgent. Il y consacrait toute son énergie. Bram avait vécu durant la guerre dans un dénuement extrême, qu'il parvint à atténuer grâce à la présence et à l'aide de Beckett. Durant cinq ans, il cessa de peindre mais il comprit quelque chose de très important. Il disait : « Celui qui n'a pas eu l'expérience de la misère ne peut rien comprendre. » Et aussi : « C'est par la misère que j'ai approché la vie. » On peut inverser la perspective : le malheur des riches est d'entretenir l'illusion qu'ils ne sont pas perdus dans le monde. Ils ne comprennent rien. Ils ont leur comptant.

Franz Meyer fit la rencontre de Bram en 1957. Il organisa une exposition de ses peintures à la Kunsthalle de Berne en 1958. À cette époque, contemplant une peinture de Bram, une étrange pensée lui vint à l'esprit : « C'est la chose même ! C'est la chose même ! » Stupeur.

C'est la deuxième parole éclatante que je souhaitais vous rapporter. Franz Meyer, en évoquant « la chose même », reprenait, délibérément ou non, une formulation familière au mouvement phénoménologique dont l'intention centrale fut d'y aller voir, « droit à la chose même », sans rideau ni écran, comme Ramakrishna pelant son gros oignon va droit à l'âtman. La chose même, la mystérieuse chose même, repliée dans son essence, nue, si difficile à percevoir, est paradoxalement, *à découvert*. Elle est là, devant nous, où que nous posions le regard, comme l'éléphant devant les yeux des aveugles, simple, simplissime, lumineuse, mais personne ne la voit. Quand on l'aperçoit, en un éclair, la stupeur, l'incrédulité s'emparent de nous : C'était cela ! C'était là ! Sous mes yeux ! Et je ne la voyais pas ! La chose même !

Une toile de Bram fait signe : elle montre la direction vers laquelle il faut regarder. Elle montre aussi le labyrinthe qu'il nous faut parcourir avant de voir.

Prenons maintenant des souliers peints par Van Gogh, ces godillots de paysan exposés dans un gros cadre doré au Metropolitan Museum of Art de New York. Ils nous introduisent droit à la chose même. Mais avant d'aller plus loin, rappelons très brièvement l'itinéraire de Van Gogh. Fils d'un pasteur hollandais, habité par une foi ardente, il commence à évangéliser dans le Borinage, près de Mons, mineur avec les mineurs, tourbier avec les tourbiers, tisserand avec les tisserands, comme Paul. Puis il se consacre à la peinture, encouragé par son frère Théo et, de plus en plus, il *y met sa peau.* Il peint avec ardeur, crotté, à genoux dans la boue, sous la pluie, visage brûlé par le soleil comme ce roi de l'Inde nommé Brhadratha dont je vous ai raconté l'histoire : chercheraient-ils tous les deux la même chose ? Les années passent. Sa palette se dégèle. Sa main, de plus en plus souvent, prend feu. Et puis un jour, à Paris, à Arles, à Saint-Rémy, la peinture commence à lui rendre ce qu'il a donné. Au centuple. Un jour viennent *Les Godillots*, puis *La Maison jaune*, puis *Amandier en fleur*, entre cent chefs-d'œuvre, dont personne alors ne comprend la portée. Peu importe. Van Gogh a changé : au lieu de faire de la religion filtrée et figée, fragmentée en petits mots verbeux, il fait de la religion à l'état brut, et de façon bien plus éclatante, on peut le penser, que dans le Borinage. Pourquoi ? Parce que ses godillots et ses branches d'amandier nous *relient* concrètement et non pas intellectuellement. À quoi ? Disons, pour le moment, à un *centre,* ou un foyer, lequel est donné à voir sur la toile, simplement, sans exclusive ni concessions, dans un langage que tout le monde comprend. Nul besoin de croire, il suffit de voir.

Van Gogh, dans cette affaire, notez-le bien, paie de sa personne, au moins autant que dans le Borinage : « Je suis allé aussi loin que j'ai pu, j'étais seul, vous ne m'avez pas accompagné, j'ai fait un détour dont vous n'avez pas idée et voilà, j'ai ramené ça, pour vous. » Et il nous montre fièrement les godillots, comme l'enfant montre à sa mère, soigneusement enveloppée dans un mouchoir, une fiente de pigeon ou une clé rouillée. Les épaisses chaussures sont posées sur un sol carrelé. On perçoit quelques taches brunâtres sur le cuir. Les lacets sont raidis par le froid. Une ombre est esquissée en hachures. Et voilà, c'est tout. Rien que ça ? Oui. Pourquoi est-ce si important ? Parce qu'ils sont là, les godillots, et qu'ils ont une manière d'être là, et même drôlement là, profondément là – d'une profondeur qui coïncide avec l'apparence –, qui s'impose à quiconque sait voir. Ils brillent par leur simplicité. Ils n'en rajoutent pas. C'est la chose même qui nous est donnée à voir.

Quelle différence avec ces souliers de femme dont s'échappe une crinière rousse dans une autre peinture, que nous devons, celle-là, à Magritte, intitulée *L'Amour désarmé* ! Quelle différence ! Comme Magritte est malin ! Comme il est littéraire ! Et au fond, comme il est verbeux !

Venez et voyez (les deux toiles se trouvent facilement sur Internet). Vous verrez combien Les Godillots de Van Gogh, eux, sont désarmés, démunis, et Van Gogh aussi. Ils ne représentent pas. Ils sont là, brut, sans carapace, sans feinte, nus, comme l'oignon sans épluchures du sage indien, comme la *gravitas* d'Ève dans son esseulement, comme les amants du premier matin. À cause de cette simplicité souveraine, abandonnée, un courant passe entre eux et nous. Nous sommes reliés.

« Il est difficile d'être simple », écrivait Van Gogh, dans une lettre à son ami Gauguin. Oui, la simplicité, « sceau de la vérité », comme le dit un philosophe, n'est pas donnée sur un plateau. Il faut aller la chercher loin, comme la femme africaine va au puits, loin de son village, chercher de l'eau, il faut l'arracher à la profondeur, puis la ramener sur la terre compliquée. Ensuite il faut avoir un autre courage : celui de l'y laisser, seule, abandonnée, exposée. C'est triste. Il ne faut pas chercher à la couvrir, la simplicité, à l'habiller, à la maquiller avec des arguments, des raisonnements alambiqués. Les « ainsi, donc, si j'ose dire, en quelque sorte » sont une atteinte à la simplicité, même si moi, en quelque sorte, et même assez souvent, je procède ainsi, si j'ose dire, encore que, vous comprenez ? N'est-ce pas ? Pas toujours, heureusement.

Nous avons du mal à discerner une telle simplicité quand elle se présente à nous. Durant le cours de sa vie, Van Gogh ne vend qu'un seul tableau, *La Vigne rouge,* par l'intermédiaire de son frère Théo. Un seul article, dans le *Mercure de France*, signale son bref passage sur terre. Alors, oui, on est triste pour la simplicité et pour ceux qui vont la chercher au puits, triste à cause de cet abandon où ils sont laissés.

Le 27 juillet 1890, dans un champ à Auvers-sur-Oise, Vincent se tire un coup de revolver dans la poitrine. Il meurt deux jours plus tard à l'auberge Ravoux, où son frère est venu le rejoindre. Il a trente-sept ans. On retrouve sur lui une lettre destinée à Théo, dont la dernière phrase est celle-ci : « Eh bien, mon travail à moi, j'y risque ma vie et ma raison y a fondu à moitié – bon – mais tu n'es pas dans les marchands d'hommes pour autant que je sache et tu peux prendre parti, je le trouve, agissant réellement avec humanité, mais que veux-tu ? » De ces derniers mots, je retiens deux choses : que « mon travail à moi, j'y risque ma vie », et que Théo, l'homme honorable, qui meurt quelques mois après Vincent, accablé de chagrin, ne figure pas parmi les « marchands d'hommes ».

Dieu, dans l'islam, est nommé *al-Fattâh* (le sans cesse ouvrant). Il exerce sa fonction d'ouverture continuellement, partout, à notre insu. Il fissure les vieux murs, les vieilles outres, les vieux dogmes, les vieilles chapelles, les circuits clos. Le sans cesse ouvrant dénoue, tranche, libère, malgré les marchands d'hommes. C'est son jeu : ouvrir ce que les hommes veulent maintenir fermé. Il finit toujours par y parvenir.

Dans le cas présent, il se saisit d'un individu nommé Van Gogh et il s'en sert, comme d'un instrument tranchant, pour ouvrir un objet naturellement opaque, nommé « chaussures ». Puis, quand il a ouvert la chose, et qu'elle est exposée à tous les regards, devenue la chose même, il abandonne l'individu Van Gogh au gâchis apparent de son existence. Peu importe l'instrument. Seul compte le résultat.

Grâce à Vincent, Théo, Bram et leurs semblables, nous avons gagné : nous sommes devenus plus forts en voir, en capacité de voir l'ouvert dans les choses.

Dîner avec Charles Juliet

Un soir de novembre, je rendis visite à Charles Juliet, l'auteur des *Rencontres avec Bram Van Velde,* à Lyon. Nous dînâmes dans un bouchon, à côté de la place Bellecour, place la plus triste au monde, dit Stendhal, qui connaissait mal le monde. J'écrivais déjà ce livre et voulais savoir pourquoi lui, Charles Juliet, homme de la troisième famille, épris d'absolu, n'utilise jamais le mot Dieu dans son *Journal* échelonné sur plus de cinquante ans, ni nulle part ailleurs dans son œuvre, autant que je sache.

La conversation s'élargit. Nous parlâmes de la vie intérieure, de ses tarissements et de ses soudaines clartés. Il me confia qu'il lui était arrivé, après de longues heures de travail et beaucoup de fatigue accumulée, d'être envahi, de façon inattendue – mais toujours au moment où la concentration se dissipe – par un sentiment de l'« intemporel » : transparence, luminosité, ouverture. Le monde se pare de couleurs vives. « Cela s'accompagne d'un immense amour de la vie. J'ai alors le sentiment que tout peut être compris et admis », me dit Charles. Tout ? Tous ? Le bourreau et la victime peuvent être également compris – oui, sans doute – mais doivent-ils être également acceptés ? On n'ose aller très loin sur cette voie. Je rétorquai qu'il y a des actes inadmissibles et Charles en convint.

Charles Juliet possède cette singularité dans la conversation qu'au lieu de la relever quand elle s'étiole, il la laisse tomber, mais attention : pas à demi, non, carrément et, je l'en soupçonne, délibérément. Il baisse les bras. Il décroche totalement. Le silence se répand alors entre les paroles, comme le vin sur la nappe. Des escadrons d'anges passent. Je me débats comme un noyé, cherchant dans ma tête un mot, une idée, une anecdote pour relancer notre échange, tandis que lui demeure impassible, nez plongé dans son assiette, comme s'il la contemplait pour la première fois, *sub specie aeternitatis*.

Enfin, au bout d'un temps interminable, d'autres paroles surgissent, je ne sais comment, spontanées, non calculées, ouvertes – paroles empreintes de silence, comme un nouveau-né de liquide amniotique. « Ce monsieur maîtrise l'art du silence », observa justement Philippa, ma nièce, à qui je racontai ce dîner le lendemain (je vais bientôt vous parler de Philippa). Du silence, du moment creux, du vide jaillit la parole pleine et vraie. J'essaie de faire l'apprentissage de cette règle du silence. Elle vaut aussi pour l'écriture.

Je demandai donc à Charles, puisque c'était le but de ma visite, pourquoi il s'abstenait de faire usage du mot « Dieu ». Il me répondit qu'il cherchait des « mots neutres », qui ne soient pas reliés à une notion de transcendance. J'eus beau argumenter que le mot Dieu n'était relié à rien, ni à la transcendance ni à l'immanence, et que c'était juste un mot pour dire ce que lui, Charles, cherchait depuis soixante ans, et qu'il nommait, par exemple, l'« inconnu », l'« inconscient », le « mystère », la « transparence », que c'était juste un mot commun, trop commun certes, mais bien utile pour communiquer, il ne m'entendit pas.

Ce n'était qu'un argument. Il n'avait pas reçu le cachet du silence.

2

Philippa : troisième parole éclatante

Elle dit qu'il existe au centre de toutes choses un point absolument ouvert. On peut l'appeler ainsi. L'ouvert est comme le trait d'union entre les êtres divers et encapuchonnés que nous sommes. Si nous parvenons à nous entendre, malgré nos différences, s'ils parviennent à s'entendre, le Papou et l'académicien, c'est grâce à lui. Il faut juste trouver le point. Mais parfois il se découvre sans crier gare.

Philippa est grande, élégante, belle. Dans son visage s'expriment la tendresse, l'humour et l'intelligence, reflets changeants d'une beauté qui ne passe pas. Comment ne pas l'aimer ? Elle a trente ans, c'est ma nièce. Quatre crises de folie, comme des gouttes de métal en fusion, ont transpercé sa vie. Elle me les a racontées. Je la crois parce que ses mots sonnent juste. Avant la déferlante de la folie, il y eut un moment d'extrême lucidité, le *moment d'avant,* où se révéla quelque chose d'inoubliable mais que l'on peut, en vérité, oublier.

Maintenant je raconte, au présent.

Les prémices de l'expérience se manifestent corporellement. Philippa se redresse, son visage capte mieux la lumière. Sa respiration s'amplifie. Elle commence à voir les choses subtiles du monde : le dessin délicat d'une lèvre, la vérité d'une fleur, l'enchantement d'un rire. Philippa voit les choses dans leur vérité cachée. Des mots, que l'on n'aurait crus capables de rien, comme à l'accoutumée, nos pauvres mots se mettent à l'ouvrage. Ils prennent sens et vie. Ils s'ouvrent (les langues sacrées gardent une trace de cette ouverture possible des mots), se délient, se libèrent, *font connaissance*. Ils entrent à plein régime dans leur fonction reliante. Les choses se serrent les coudes. Les moments d'hyperacuité s'enchaînent sans faille. Hyperacuité de l'œil, de l'oreille, de la pensée. Le temps se dresse.

Au centre de l'expérience, tirant à lui tous les fils, Philippa pressent qu'il y a quelqu'un ou quelque chose. Elle le nomme l'« Esprit ». Et elle dit que c'est bouleversant.

Il y a un moment de basculement. Soudain, l'Esprit est, seul, lui seul, dans son unité : seul, lui, un. Rien d'autre n'existe : clignement de moi, clignement de monde. Ce n'est pas une perte, pas une spoliation, au contraire, c'est mieux que s'ils étaient restés, le monde et le moi, ces deux complices. C'est bouleversant, fascinant, sidérant. Si vous ne le dites pas, les pierres le diront. Elles le crieront. Ce n'est pas une vue intellectuelle, ce n'est pas un travail de thèse, ça ne se trouve pas dans un congrès de théologien. C'est un remuement intense de tout l'être.

« Cela fait couler des larmes », dit Philippa. Ses larmes coulent. Combien de temps ? Elle ne sait pas. C'est sans lien avec le temps. Puis, parce que tout de même il y a un « puis » ; puis (par quel mystère ce « puis » ?), le temps, dans un mystérieux ressac, la repousse vers nous, vers les grands lieux communs : la condition humaine, le monde, l'existence, la vie, la mort.

Philippa se remet. Elle rentre dans ses moi – mal calée, mal taillée, de biais, *puzzled*. On tente quelques mots, une pensée se met en place : comment-cela-faire-se-peut ? Question très énigmatique : quel lien entre le monde et l'absolu, qui se nient réciproquement ? Philippa n'a pas de réponse, et moi non plus. Mais elle se souvient de l'espace ouvert qui était là-bas : « L'Esprit est tellement ouvert et spacieux qu'il y a, en lui, de la place pour autre chose, par exemple pour le mal. »

J'y ai réfléchi après nos conversations. Et, à y réfléchir, c'est peut-être une réponse à la question : quel lien ? Quel rapport ? L'irréel tient dans le réel. L'illusion tient dans la vérité. C'est la réponse. C'est la troisième parole éclatante que je voulais vous communiquer. L'ouvert accueille le fermé. L'unique accueille la diversité. L'éléphant accueille les aveugles. Ça ne le dérange pas plus que ça qu'on le prenne pour une colonne ou une corde. Il rit vendredi, il rira dimanche. Que lui importe le renfrogné ? L'intégriste ? Le bêta ? Il accueille. Il a le temps. Ils finiront par ouvrir les yeux. Mille ans ne sont-ils pas, pour lui, comme un jour ? Nous sommes accueillis. Bonne nouvelle !

Lui, qu'on avait entre-temps oublié, avance comme un feu. C'est une autre vision. Philippa se plaque de tout son long sur les tomettes rouges de l'appartement (c'est elle qui raconte). Pour la première fois, elle voit le feu, elle ne voit pas le feu ordinaire, celui des paliers intermédiaires où il fait bon vivre, le feu du foyer, de la chaumière, qui réconforte la vieille de Ronsard, le feu qui anime le cœur des amants, qui répand le plaisir dans les membres du vieil Ulysse, elle voit le feu en soi (la « chose même ! »). Enthousiasmant.

Une telle majesté, une noblesse aussi insigne, Philippa n'avait aucune idée que cela puisse exister. Personne ne le lui avait dit. Cela ne se contemple pas face à face : on est atterré. Littéralement, on tombe à terre. On disparaît dans la terre. On est fini. On est *fanâ*. Philippa fait un avec le sol. Elle le touche avec ses mains. Ses bras sont allongés de chaque côté.

Sur ces approches fulgurantes, la folie vient se greffer. « Le diable est le singe de Dieu », dit-on. Un fil les sépare. Ce qui est heureux, lumineux et ouvert se voile lentement de ténèbres, puis éboulements, crevasses, soulèvements, chaos. C'est « la caresse et la rouste », dit Philippa, *la caresse et la mitraille* : « Pour avoir accès à *ça*, il faut se prendre dans la figure l'ego, l'orgueil, la peur, la paranoïa. »

On se dit : Je suis le roi du pétrole.

La folie, ce déboîtement, pointe l'oreille. Philippa est sortie de ses gonds. Elle n'arrive pas à comprendre comment les braves gens qui l'entourent, qui partagent la même vie qu'elle, dans la même ville, le même immeuble, le même palier, sur le même trottoir, ne voient pas l'évidence éclatante de l'Esprit. Elle interpelle les passants : « Vous ne voyez pas ? Vous êtes aveugles ? Ouvrez seulement les yeux ! » Ils la regardent éberlués, indifférents ou gênés. Ils passent. À quoi jouent-ils ? « Ce que je voyais était tellement prenant. J'essayais de le leur dire mais ils ne comprenaient pas. C'est ça qui m'a rendue folle : de voir que le monde ne voyait pas l'évidence de l'Esprit. Je les soupçonnais de feindre de ne pas voir. » On a falsifié les passants. Ne dirait-on pas maintenant qu'ils l'évitent ? Ah non, pas simples, ces passants…

On l'embarque. Sainte-Anne.

En contrebas, la faille s'est élargie. La pensée folle, qui était au départ ténue comme un clinamen, a grandi et s'est ramifiée : lessive de mauvaises pensées, banc de mauvaises pensées, tortueuses, bizarres, grouillantes, abracadabrantes, à la diable, à la volée, désarticulées, de mauvaise allure, mauvais augure, pensées racaille, pensées gueules cassées, pensées à sonnettes, débridées, honteuses, qu'on préférerait ne pas, comme dit Bartleby, le personnage de Melville, qu'on préférerait ne pas penser.

Idées folles, sans butoir. Mer de mauvaises pensées.

Naufrage.

L'aurait-elle voulu, me dit-elle, aurait-elle trouvé dans ce chaos quelque chose appelée « volonté », l'aurait-elle saisie, cette chose, et remise sur pied, qu'il lui aurait été impossible de la faire avancer d'un pas : « La folie est comme un cheval au galop. » Personne ne peut résister. Il faut rebrousser chemin. Avec l'aide de ceux qui savent aimer et le dire, avec l'aide des médecins – bien qu'ils n'aient pas idée de la fulgurante éclaircie (ou rien qu'une idée) –, avec l'aide de leurs chasse-pensées, avec l'aide de l'écriture et de la méditation – deux versants d'un même recentrement –, elle revient. Vers quoi ? Vers nous, vers le monde ancien, degré zéro de la vérité – mais attention : pas moins cinquante ! Pas moins cinquante ! Quel abîme entre le purgatoire et l'enfer ! Elle revient donc vers ce lieu où les hommes construisent petit à petit leur maison, leur raison, leurs cloisons. On reprend la norme, ce pardessus troué. On se ménage des oasis de plaisir, de tendresse. Tu verras, *tendrás amigos, tendrás amor*...

Surtout, on se souvient : avant la déferlante, il y eut *cela*, l'état rarissime, dionysiaque, celui qu'elle m'a raconté et que j'essaie à mon tour, avec mes mots, mais fidèlement, je crois, de vous raconter. Philippa a reconstruit. Elle a deux petits garçons, un travail. Beaucoup de gens l'aiment, et c'est très simple parce qu'elle est très aimable.

Elle a réfléchi, mis des mots justes sur son expérience. Elle fait des retraites dans un centre bouddhiste. Elle aime le saint-estèphe, lire et beaucoup rire. De l'épreuve, elle est sortie grandie. Ainsi font les gens avisés, ils mettent en application le précepte tantrique : « Ce qui cause la chute doit servir à l'élévation. »

Mania

La mantique, qui est l'art de divulguer des vérités que le temps nous dérobe, que ce soit dans le passé, le présent ou l'avenir, est apparenté au mot grec *mania*, qui désignait, dans l'antiquité, la fureur, la folie, l'enthousiasme inspiré. La *mania*, indique Giorgio Colli, grand spécialiste de Nietzsche, dans un ouvrage intitulé *Après Nietzsche*, est « quelque chose de plus que l'ivresse, c'est la seule approche authentique de la divinité, quand l'homme anéantit sa propre individuation ». En ce sens se comprend la grande parole d'Héraclite : « La Sibylle, de sa bouche folle, dit, à travers le Dieu, des choses sans sourire, ni ornement, ni fard » – et j'ajouterais, mais est-ce nécessaire, absolument vraies. Elle ne filtre pas, n'arrange pas. De l'à-pic de sa vie, Philippa est revenue avec une parole, au moins une, éclatante, que nous pouvons nommer « parole sibylline », non qu'elle soit obscure – elle est très claire – mais parce qu'elle en a trouvé l'inspiration loin de sa maison, de sa raison, de ses gonds, dans cet ailleurs exalté et esseulé où Van Gogh va chercher la radieuse simplicité, et dont il revient avec sa sœur jumelle, la *mania,* qui brise l'écorce de l'individuation.

Récapitulons. Nous disposons à présent de trois paroles éclatantes. Les deux premières disent ce qui advient lorsque la cage s'ouvre : soudain, plus de rideau (Chateaubriand) ; c'est la chose même (le conservateur de Bâle). Nul besoin d'être un grand philosophe pour comprendre qu'elles se font écho : *la chose même* est l'éléphant en entier, on le voit quand il n'y a *plus de rideau* entre lui et nous.

La troisième parole éclatante, celle de Philippa, témoigne de la sollicitude qui nous entoure, nous protège et nous soutient même au plus obscur de nos vies : *l'Ouvert est tellement ouvert qu'il fait une place au non-ouvert.*

Le non-ouvert ? C'est nous, c'est ce lieu où nous sommes, c'est le fond de la caverne où sont enchaînés les prisonniers de Platon. Eh bien, sachez-le, atteste Philippa, l'Ouvert est si grand, si ouvert justement, si bienveillant, si indulgent (rappelez-vous la vision de Ibn 'Arabi) qu'il nous fait une place, pas un semblant de place, non, une vraie place comme les syllabes *sa* et *yam,* dans l'Upanishad, font une vraie place à la syllabe *ti*, en attendant son bon vouloir. Si vaste est la raison qu'elle fait une place à notre déraison. Nous ne sommes pas perdus ni seuls, quand bien même notre perte et notre solitude s'étendraient sur notre vie entière entre ces deux murs de papier que nous appelons la « naissance » et la « mort ».

Soudain une main.

IX
Apparitions furtives

Une initiation est le passage d'un état à un autre. Elle peut être individuelle ou collective. Entre les deux états se place un moment périlleux où l'initié a le sentiment de perdre son identité. Malgré l'anxiété, le doute, la perplexité, il doit avancer, sinon l'initiation est avortée. Il doit, comme on le dit parfois, « lâcher prise », abandonner son petit moi, sa petite personne, ses amours, ses contours, ses intérêts, ses idées, ses repères, ses traditions. Il doit descendre, comme un aveugle, un escalier sombre.

Une idée hasardeuse reste une idée hasardeuse quel que soit celui qui l'exprime, encore qu'on l'oublie parfois, mais quand elle est présentée comme telle, hasardeuse, elle gagne, d'une certaine façon, en crédibilité. Elle devient plus acceptable. On se dit que l'auteur, dans ses errements, fait un effort de lucidité et on lui sait gré, surtout, de ne pas prendre un ton péremptoire. Je hasarde donc, dans ce chapitre, l'idée que l'Occident est entré dans l'un de ces moments périlleux de son histoire qui marquent le passage d'un état ancien à un état radicalement nouveau, dont il n'a pas encore idée.

Il est entré dans la phase ténébreuse de l'initiation.

1

Le désert croît

« Le désert croît », écrit Nietzsche (ce génie impérieux a ceci de contrariant, en plus de tout le reste, qu'on a déjà en travers de la gorge, qu'il nous oblige à le citer). L'image du désert, ici, symbolise un lieu où le sens s'éteint, comme le feu, faute de combustible. Dieu fut pendant longtemps, en Occident, notre principal combustible : il donnait sens à la vie des hommes, à celle du pauvre moujik comme à celle du tsar, la première pesant exactement autant, dans la perspective divine, que la seconde.

Dans le lieu de désolation où nous sommes entrés après la mort de Dieu, le sens se perd. « L'homme est sur terre pour contempler le ciel », dit Pythagore. Mais s'il n'y a plus de ciel, quel est le but de notre vie sur la terre ? Participer à l'effort de croissance ? Ceux qui ne le pensent pas voient le désert croître. Ils regardent en arrière, en avant. Et la seule chose qu'ils voient en avant et en arrière est le désert.

Le désert croît. « Cette parole est simple parce que pensée », commente Heidegger. Mais la parole d'un grand philosophe possède ce privilège, comme les textes sacrés, de ne pas être bornée par l'interprétation que nous en faisons ou qu'en font pour nous les professeurs. Elle donne à penser, la pensée tombe dans la vie, comme une semence, et de ce mélange, de cette roulade de la vie et de la pensée surgissent des sens nouveaux, non exclusifs les uns des autres. Je suggère à présent celui-ci : ce qui croît, aujourd'hui, dans la désolation du monde, cachée par elle, est la face désertique de Dieu, libre de tout élément anthropomorphique, que maître Eckhart appelle la « déité » et que j'ai appelé dans ce livre l'*éléphant en entier* ou la *face nord*. Elle croît dans la même proportion et au même rythme que la face du Dieu d'Abraham, d'Isaac, de Jacob s'amenuise et disparaît.

Cet aperçu est hardi, je le reconnais, et il est solitaire. Je ne peux l'étayer par aucun raisonnement ni lui donner la caution d'une quelconque autorité. Mais, qui sait, peut-être y discernerez-vous une étincelle de vérité ? Dans ce cas, notre errance s'éclairerait dans un certain sens – le suivant : notre monde, entré dans la phase obscure de l'initiation, deviendrait, par nécessité historique, *personne*, comme Ulysse qui, pour sortir de la caverne où le retient Polyphème, dit, à la manière dont on dit un mantra ou un mot de passe, que c'est bien cela qu'il est, *personne.* Il lui manque juste de s'en convaincre car il est grec et non indien.

De cette occultation, ne voyons-nous pas des signes, et ces signes ne sont-ils pas plus nombreux, plus flagrants, plus effrayants chaque jour ? « Ne sommes-nous pas précipités dans une chute continue ? » demande l'insensé du *Gai Savoir*. Dans ce lieu étrange où nous pénétrons, nos traits s'effacent, notre identité se perd. Littéralement

– Dieu ! – nous devenons personne. Plus de visage. À quoi nous raccrocher ?

Quelque chose meurt, autre chose s'élève. C'est une loi de la nature : inspiration, expiration. Nuit et jour. Mort et renaissance. Cette loi est universelle. Elle vaut même pour Dieu. Donc elle vaut pour nous. Pour sortir du trou, nous devons rapetisser encore, devenir embryonnaires, et mourir.

Autrefois, rappelez-vous, nous devions faire effort pour garder présente dans notre cœur la face aimable et personnelle de Dieu. Souvenez-vous, souvenez-vous, disaient les religions. Efforcez-vous, efforcez-vous, disaient les religions. Mais le Dieu aimant et aimable, avec lequel nous voulions être à tu et à toi, parce que nous avions tout à gagner, parce que nous y trouvions une complétude (rappelez-vous Épictète, la piété est affaire d'intérêt), comme l'homme assis trouve sa complétude dans un bon fauteuil, et parce qu'il rendait la vie digne d'être vécue, que l'on soit tsar ou moujik, ce Dieu, donc, qui reliait tous les fils, qui produisait des signes, qui donnait sens à notre errance, grandeur à notre petitesse, relief et saveur aux choses, s'est éclipsé. Malgré nos efforts, il s'est échappé, comme l'eau claire d'une citerne trouée. Quand il n'y eut plus d'eau (situation que Nietzsche appelle la « mort de Dieu »), les esprits affinés commencèrent, avec effroi, à percevoir le désert.

Et le désert a grandi, grandi. Jusqu'au point où nous en sommes. Le désert, nous le définirons ici non comme une vaste étendue de sable mais comme un lieu net, compact, simplissime. Un lieu où rien n'est donné à voir. C'est la première fois, de mémoire d'humanité, que *rien est donné à voir*.

Un jour, vingt-quatre maîtres, dit Eckhart le théologien, se réunirent pour convenir de ce que Dieu était, mais ils se séparèrent sans être parvenus à leurs fins. Ils se réunirent à nouveau et chacun d'eux, ayant bien réfléchi, donna un avis. Je ne retiens ici que le premier de ces avis : « Dieu est quelque chose par rapport à quoi toutes les choses temporelles et périssables ne sont rien. » Jusqu'à présent nous n'avons pas perçu ce rien des choses, ou alors très brièvement, entre deux rendez-vous, deux pensées, deux affaires. Dans le désert, il se donne à voir, enfin : rien à capter, répertorier, punaiser, intellectualiser, rien qui raffermisse, réconforte, séduise, oriente. Quel désencombrement ! Nous voilà contraints d'ouvrir les mains. On appelle parfois cette ouverture « lâcher-prise » ou, pour reprendre un mot de Roland Barthes, à la fin des *Fragments d'un discours amoureux*, « non-vouloir-saisir » (NVS) : « Je me jette sur mon lit, je rumine et je décide : dorénavant, de l'autre, ne plus rien vouloir saisir. » De cet autre dont je parle, rien n'est donné à saisir. Dans ce désert, pas d'accroche, donc pas d'approche. Qui croit s'en approcher se trompe. Qui croit saisir se fourvoie. Qui pense s'en éloigner le trouve. Oui, on peut appeler cela la liberté. Non, pas facile, la liberté.

Le désert, qui grandit à l'horizon planétaire, est dépourvu de dunes et d'oasis. Pas d'aspérité, de modelé dans ce désert. Ce n'est pas couleur de sable ni de poivre gris. C'est sans odeur, sans saveur, ni couleur. Où est-il, l'amour ? On se frotte les yeux. On n'y voit rien. Une bonne nouvelle, dites-vous ? Cela ne bouge pas, n'ondule pas comme un mirage, cela n'est pas haletant comme la mer. Cela est sans échappée, sans l'homme (cet échappé) – cela n'est pas humaniste donc, et la philosophie qui en découlerait, si elle voyait le jour, ne le serait pas non plus. C'est proprement ratissé, continu, lisse.

Dans ce désert, quelque chose transparaît, que j'ai appelé l'*unité du réel.* Où je voulais en venir. Pour la première fois, de mémoire d'homme, c'est-à-dire de mémoire d'aveugle, chance nous est donnée de percevoir l'unité du réel, de voir l'éléphant en entier. Ce n'est pas sûr, je vous l'accorde. Ce n'est qu'une conjecture. Mais ce n'est pas non plus impossible. C'est une clé – et je n'en vois pas d'autre pour comprendre notre temps sauf à dire son absurdité, qui a été dite mille fois. Quelque chose vient. De quel côté – au-dedans, au-dehors ? –, nous n'en savons rien. Il faudrait ouvrir mieux les yeux. Quelque chose à l'horizon se lève. Pour la première fois ? Un point à l'horizon ? Il grandit ? Une illusion, dites-vous ?

2

Modernité

Nous ne savons pas très bien ce qu'est la modernité. Si nous la définissons comme le produit de cet effort accompli par l'homme occidental pour se dégager des systèmes de pensée clos – effort qui est loin d'être terminé –, alors, bien sûr, nous sommes pleinement dedans, et contents d'y être.

Depuis qu'il est entré dans la modernité, l'homme occidental se détourne de la face claire du (bon) Dieu que lui désignaient les religions. Cette imagerie, pense-t-il, était bonne pour les siècles puérils. Ne sommes-nous pas les héritiers des Lumières ? N'a-t-il pas fallu arracher ces Lumières à l'obscurantisme, la bigoterie, l'ignorance, la superstition, l'inertie dogmatique, la sottise crasse, l'infâme aux mille visages, comme le dit Voltaire, que l'on croyait définitivement écrasé et qui nous revient aujourd'hui avec force par l'un de ces détours dont l'histoire est prodigue ? Ne l'oublions pas sous peine d'oublier qui nous sommes.

Il se pourrait que la modernité, ce phénomène protéiforme qui roule comme une avalanche, trouve sa raison d'être et sa cohérence secrète dans le refus de la face claire et déclinante (que l'on peut décliner) de Dieu. Ce rejet nous confronte, à notre insu, à la face sombre, dont nous ne pouvons bien sûr nous faire aucune idée claire, comme les aveugles ne peuvent se faire aucune idée claire de l'éléphant, bien qu'il soit devant eux, faute d'yeux. Nous allons vers elle dos tourné, de plus en plus vite, comme un corps céleste détaché de son soleil, aspiré dans la sphère d'un trou noir, qui dérègle les orbites et réchauffe les atmosphères.

« Qu'avons-nous fait à désenchaîner cette terre de son soleil, demande l'insensé de Nietzsche, vers où roule-t-elle à présent ? Vers quoi nous porte son mouvement ? Loin de tous les soleils ? Ne sommes-nous pas précipités dans une chute continue ? Et cela en arrière, de côté, en avant, vers tous les côtés ? Est-il encore un haut et un bas ? N'errons-nous pas comme à travers un néant infini ? Ne sentons-nous pas le souffle du vide ? Ne fait-il pas plus froid ? Ne fait-il pas nuit sans cesse et de plus en plus nuit ? » La mort de Dieu est un « événement prodigieux » qui vient lentement aux oreilles des hommes, écrit Nietzsche, comme la lumière des étoiles vient lentement à leurs yeux. Plus prodigieux encore est pourtant ce qui se lève et grandit au crépuscule de Dieu : le désert. Mais cela, le grand découvreur ne le dit pas – sauf à donner le nom de Dionysos à ce Dieu innommable.

Le désert ? Oui, le désert, qui est la faillite désolante du sens, certes, mais aussi l'amorce d'un autre sens, jamais défloré, qui est Dieu encore mais par l'autre versant, dans sa face obscure, en immense décalage avec tout ce que nous avons connu, imaginé, pensé et dit de Dieu jusqu'à présent. Quelque chose de proprement stupéfiant (la vision d'Allâh, dans son versant noir, plonge l'homme dans la stupéfaction : il est comme un désert qui n'a ni commencement ni fin, dit un poète).

Fait-il plus froid dans ce désert, fait-il plus nuit, comme le dit l'insensé de Nietzsche ? On ne sait pas.

« Quand tu auras vieilli, tu étendras les mains, un autre te ceindra et te conduira où tu ne voudrais pas. » Cette parole de l'Écriture semble avoir été dite tout spécialement pour notre temps, pour notre monde vieilli, désenchaîné, désenchanté, délié, défait, qui étend les bras comme un aveugle, et va où il ne voudrait pas, à reculons, tel un homme dans un skiff secoué par la houle. Il regarde alentour : rien. L'immensité sombre de la mer. Il est seul. Comme il ressent sa précarité ! Il s'achemine vers un lieu où il n'y a ni haut ni bas, ni avant ni après, mais seulement une face sombre, dont certains artistes, comme Giacometti, pressentent le rayonnement magnétique, et qu'ils nous donnent à pressentir à travers leurs œuvres – et c'est pourquoi elles sont si importantes, et c'est pourquoi il faut les contempler encore et encore.

Qu'est-ce qui leur fait les yeux si ronds, si fixes et comme hallucinés, à certains modèles de Giacometti ? Pourquoi l'homme à la grande tête de la fondation Beyeler regarde-t-il un peu de travers ? Que se passe-t-il ? Pourquoi son attention est-elle soudain allumée ? Et Eli Lotar, dont la tête surgit, intacte et lumineuse, on dirait d'un éboulement volcanique, que voit-il ? Pourquoi se fige-t-il ? Qu'est-ce qui lui donne cet air si étrangement hiératique et intemporel, à Diego ? Son air *arrêté* ? Que cherchent-ils tous à voir, et lui, Giacometti, que cherche-t-il à voir ? Et à nous faire voir ? Et pourquoi son œuvre est-elle, comme il le dit lui-même, une succession ininterrompue de défaites ?

Le désert ne se regarde pas en face, pas plus que le soleil et la mort, qui en sont l'expression. Toute tentative de voir *cela* en face, sans que le regard dévie – tentative qui pourrait résumer l'œuvre de Giacometti et de quelques autres grands artistes de la modernité, parce qu'ils vont toutes antennes dehors –, toute tentative de représenter la face noire, la vérité noire, l'à-pic vertigineux qui se dresse dans la nuit, toute tentative de contempler le désert, qui ne se laisse pas contempler, parce qu'il est un, de fixer le réel dans sa dévorante unité, se solde immanquablement par une défaite ou une série de défaites. Jamais homme ne l'attrapa, ne le fixa dans un cadre, une sculpture, un poème ou des notes de musique. Plus on pointe, moins on voit : « La forme se défait, écrit Giacometti dans une lettre à Pierre Matisse, ce n'est plus que comme des grains qui bougent sur un vide noir et profond, la distance entre une aile du nez et l'autre est comme le Sahara, pas de limite, rien à fixer, tout échappe. »

Impossible de réaliser : *tout échappe.*

Un vide noir et profond. Plus il s'efforce de fixer, plus il désespère. Oui, tout échappe.

Non, pas cela, pas cela ! *Neti, neti !*

L'art de Giacometti est une variante appliquée de la théologie négative. D'une telle entreprise on ne peut sortir que défait. Il en est conscient : combien de fois l'a-t-il dit, et en badinant, qu'il ferait mieux d'abandonner brosses, pinceaux et couteaux pour devenir berger, avec un chien, dans son val Bregaglia, où l'air est plus pur qu'à Montparnasse. Pourtant, il n'abandonne pas. Au contraire, il revient à la charge. Il retombe et se relève, encore et encore. Quelles glorieuses défaites ! Comme elles disent du bien de l'homme ! Comme elles le font grandir !

X

Les yeux ouverts

Chaque être veut persévérer dans l'être, écrit Spinoza. L'Aztèque veut garder son âme d'Aztèque. Il se bouche les oreilles pour ne pas entendre les prophéties qui lui soufflent le contraire. Le lion veut rester lion dans la savane et pas dans un zoo. Le carré ne veut pas être contrecarré. L'âge venu, on se met à douter : on voudrait bien lâcher le morceau et se fondre dans le vaste rien. On aurait vue panoramique alors, on verrait le ciel.

Vous croisez Hélène, la plus belle des femmes, celle de Troie. Elle vous sourit. Au creux du *hara*, un cri-boule se forme, ou quelque chose ressemblant à un cri, mais silencieux, non moins puissant pourtant, quelque chose se fraie un chemin dans les entrailles et finit par sortir des lèvres, méconnaissable, entre le sifflement et le râle. Quelque chose, disons par facilité, comme *Waaaouuuuu.* Ce cri n'est pas dénué de souffrance : on a eu d'elle un sourire, rien qu'un sourire, mais tout de même, tout bien pesé, c'est bien : la joie prévaut. Le fond de notre âme, les « cavernes profondes de nos sens », d'ordinaire éteintes, s'emplissent de chaleur, de couleur, de saveur et de vie. *Waaaououu*… Le monde chante. Pendant un instant.

Mais voir l'éléphant, c'est mille fois plus fort.

1

Méditation

Du Dieu anthropomorphe, les croyants s'approchent par la prière ; du Dieu nu, sans forme ni figure, on s'approche par la méditation. Aujourd'hui, en Occident, les centres de méditation ne désemplissent pas et les églises se vident. Est-ce un « signe des temps », comme dit René Guénon ? Méditer serait-il le meilleur moyen que nous ayons trouvé, nous autres hommes du XXIe siècle, pour percer les nuages, étancher notre soif, contempler le ciel ?

Je pratique une forme élémentaire de méditation inspirée du bouddhisme. On s'assied, le dos droit, les jambes croisées, sur un *zafu,* un coussin rond et dur de méditation, si possible chaque fois à la même heure et au même endroit, si possible à jeun ou après avoir pris une tasse de thé. On fait porter son attention, aussi entière que possible, sur les allers et retours de la respiration. Au bout d'un certain temps, celle-ci se régularise sans effort conscient de notre part.

On tient bien le fil. Quel fil ? L'attention. Elle est comme un petit enfant, ou un amour naissant, ou vieillissant : il faut la protéger. C'est le but de la méditation : protéger l'attention puis la faire grandir (le mot bouddhiste qui désigne l'attention est *sati*). L'exercice peut durer vingt minutes, une demi-heure, pour moi ce n'est jamais plus. Le bénéfice immédiat provient du fait de *se poser*. On commence à se dire – et c'est une découverte capitale – que nulle part n'est mieux que l'endroit où on est, posé, vacant, en état d'enfance. Tout y est très bien, sur le *zafu*, petite barque pour un grand passage. En fait, *tout y est*. Et l'on ne voit pas de raison, pendant un moment, que l'on essaie de prolonger, d'aller voir ailleurs.

Cette méditation assise nous entraîne, de façon naturelle, vers une autre forme de méditation, plus vaste, généraliste, *intégrée* en quelque sorte – je n'ose pas dire plus ambitieuse, puisqu'il s'agit au contraire, dans tous ces exercices, de retrancher tout ce qui peut ressembler à une ambition, à un désir et même à l'idée d'un but. Cette nouvelle forme de méditation peut se déployer tout au long de la journée (le trop ici n'est jamais à craindre : on n'est jamais trop attentif). Elle pénètre notre vie, lui donne du champ, du calme, de la profondeur. « Profondeur stratégique », disent les militaires pour désigner des zones de recul possibles en cas de percée de l'adversaire. Certains pays en ont beaucoup, comme la Russie, d'autres pas du tout, comme l'Allemagne. Quand on est confronté à un lâcher de rottweilers, il n'est plus temps de penser à la profondeur stratégique. On se dit juste que ce serait bien d'en avoir. La méditation aide.

Dans sa version généraliste, la méditation consiste tout simplement à vivre « les yeux ouverts », selon le beau titre d'un livre d'entretiens de Marguerite Yourcenar avec Matthieu Galey. Je crois que tout le monde sera d'accord avec cette définition. Il est vrai que l'on peut vivre les yeux ouverts sans pratiquer la méditation et Marguerite Yourcenar en est un bon exemple. Mais la méditation, ici encore, aide. Les yeux ouverts ? Mais à quoi ? La réponse est simple : à tout. À tout ce qui surgit dans le champ de conscience : sensations, perceptions, sentiments, émotions, pensées, aspirations, turbulences, souffrances qui passent en nous, à travers nous, comme nuages chassés par le vent, et le plus souvent à notre insu. Le champ de l'observable est illimité.

Comment observer ? À la façon du miroir : sans chasser ce qui vient, sans retenir ce qui va. On n'ajoute pas une couche (de pensées, de jugements, de craintes, d'espérances, de raisonnements) à ce qui est. Et si on en ajoute une, malgré soi, on observe la couche ajoutée, sans en rajouter une autre. On peut toujours reprendre pied dans l'observation nue. Tant qu'il existe un présent – et c'est toujours – cette porte n'est pas fermée : on peut reprendre pied. Alors les remous et les tourbillons se calment. On se pose. J'insiste sur ce point parce qu'il m'a paru, un jour, lumineux : le bénéfice de la méditation provient du fait de se poser. L'attention, la respiration, la pensée, le regard, la voix, les paroles, les gestes progressivement se posent. Et pour finir, la vie tout entière. C'est le but. Sinon, on galope assis, pour reprendre l'expression d'un philosophe chinois : on s'agite beaucoup pour peu de chose. Notre société galope assise. De plus en plus vite. Ne dirait-on pas qu'elle s'est emballée ? N'en voyons-nous pas partout les signes : dans la destruction accélérée de la nature, la prolifération du jetable, la perte de la mémoire collective, la fragmentation du savoir, entre mille autres ? Au lieu de regarder l'aiguille des heures, nous regardons, fascinés, celle des secondes.

La méditation nous désemballe, si j'ose dire. L'image traditionnelle est celle de la goutte de pluie qui glisse sur la feuille du lotus sans l'entamer. L'homme qui médite sur son *zafu* est pareil à la feuille de lotus. Tranquille, il observe la pluie, l'entend tambouriner sur la toiture ; mais de temps en temps, avouons-le, c'est l'inverse : la goutte se transforme en tsunami et on est emporté. L'effort consiste à se stabiliser en un point où aucune pensée, aucun souci ne peut plus nous rattraper : sur la margelle du monde. Voilà une manière bien grandiloquente de s'exprimer, direz-vous, et pourtant vraie : d'un côté on voit le monde et son fourmillement, pensées incluses, de l'autre on ne distingue rien. Dans cette direction, tenons un moment notre regard fixé. C'est noir. C'est nu. Grand silence. Rien. C'est vertigineux. Oui, on peut l'appeler la face nord.

Bon, maintenant que nous y sommes, sur cet à-pic, comme suspendus, au terme de l'histoire, entre ciel et terre, que faire ? Pardon ? Que dites-vous ? Ouvrir la main ? Lâcher la prise, lâcher la corde ? Vous êtes sûr ?

2

Le cri

Quand les yeux s'ouvrent, qu'advient-il ? L'ébranlement de l'être est si profond, dit-on, la vision de la face nord si renversante qu'on peut pousser un cri. Un cri se pousse. Tout seul. Venu du fond de l'être, des entrailles, de l'inconscient, de la nuit du temps. Un cri inouï.

Cette expérience survint à Ibn 'Arabî, à Tunis, sans doute en l'année 1194. Le plus grand des maîtres participait à la prière commune lorsqu'il vit, sous ses yeux éberlués, s'ouvrir la « vaste terre de Dieu », sans circonférence ni centre, brillante, radieuse, universelle, heureuse, inhumaine. Confondu par la vision – compréhension balistique de tout –, il poussa un cri : Ah !

Ah, très bien. Sauf que, ce jour-là, il cria comme un sourd.

Dans *Les Illuminations de La Mecque,* le shaykh raconte, avec une faconde toute méridionale, les effets inattendus de son cri : « Lorsque je pénétrai dans la demeure de la Vaste Terre – je me trouvais alors à Tunis – je poussai un cri sans même m'en rendre compte. Personne ne l'entendit sans en perdre conscience. Les femmes qui se trouvaient sur les terrasses avoisinantes s'évanouirent ; certaines tombèrent de la terrasse dans la cour mais, en dépit de la hauteur, elles ne se firent pas mal. Je fus le premier à reprendre conscience ; nous étions en train de faire la prière derrière l'imâm. Je vis qu'ils étaient tous tombés foudroyés ; au bout d'un moment, ils retrouvèrent leurs esprits et je leur demandai : "Que vous est-il arrivé ?" Ils répondirent : "Parbleu, c'est à toi de nous le dire. C'est toi qui as provoqué tout cela avec ton cri" mais moi je n'avais même pas conscience d'avoir poussé un cri. »

Ce cri venait des entrailles, du fond de la nature, de ce fond que les Japonais nomment le *hara*.

3

Méditation (suite et fin)

Dans le Coran, le Dieu qui observe est nommé *al-Raqîb*. Il est le grand vigilant. Son œil est perpétuellement ouvert, arrondi, comme celui de la chouette sur les pièces de monnaie d'Athènes. Il connaît tous les secrets. Les confidences entre amants, les pensées intimes des cœurs, il les connaît. « Allâh, sur toutes choses, est *al-Raqîb* », dit le Coran (33, 52).

Qui prend le pli de méditer introduit chez lui un hôte singulier. Quand il est entré, on lui a dit : Vous êtes ici chez vous. Il nous a pris au mot. Maintenant, le drôle observe, mesure, palpe, prend force notes, qu'il fourre ensuite dans ses poches. Il donne des coups légers sur les cloisons de la chambre, comme s'il cherchait des placards secrets, un trésor caché. Il s'intéresse à des bruits de souris, des déplacements haletants d'acariens, des ombres sur les murs. Il observe les fluctuations infimes de la conscience, auxquelles moi, naïf, subissant sans voir, je ne prêtais pas attention avant de le rencontrer. Les modulations délicates, les fines variations d'humeur, de sang, de bile, de fluides, de niveaux de conscience, d'états d'esprit, voilà son affaire. « Sur toutes choses, il est témoin *(al-Raqîb)*. » Même le regardement, il le regarde. Et ce regard qu'il pose sur le regardement, le regarde-t-il aussi ? Mais il ne s'attarde pas. Il pointe le bout de l'oreille, de l'œil, du museau, puis rétracte vite ces choses. L'œil surtout, quelle arme, cet œil, qu'il darde, pièce maîtresse de l'opération *drill* – forage, fouinage, fouissage – où il est passé maître. Il ne s'en laisse pas imposer par les surfaces. On ne lui raconte pas d'histoires. Il ausculte, bistourise, perce. Il voit les micro-impulsions, les soulèvements velléitaires du sang, les raz de marée lilliputiens, les courants souterrains, les dérives du cœur, les trous d'air, les brisures, les fêlures, l'élan qui se forme, se brise puis se reforme, comme la mer. Tout cela, il le voit. Il le pointe. Il projette partout sa lumière unique. Et toutes choses y sont prises comme dans un filet.

Par ce regard aiguisé qui est le sien – rendons-lui cette justice –, il tient en respect les puissances obscures qui subvertissent le cœur de l'homme. Le lierre des mauvaises pensées ne grimpe pas autant qu'avant, n'étouffe plus comme naguère. Il coupe court, notre ami. Il tranche le cordon ombilical qui relie les pensées à un moi.

Quand mon observateur se manifeste, le diable, qui est dans les détails, y reste. La pensée maligne, intrusive, tumorale, quand elle est vue et bien vue – or c'est son rôle de voir et bien voir –, ne prend pas racine. Elle ne se glisse pas sous la peau. Elle ne pond pas ses œufs. C'est la raison pour laquelle je l'ai introduit chez moi, lui, l'observateur. Il ne dort pas. Il ne dort jamais. Serait-il enfoui dix pieds sous la terre, ouate dans les oreilles, décérébré, qu'il continuerait à observer. À son contact, quelque chose prend naissance comme une *conscience de derrière.* Progressivement, subrepticement, elle se met en place, tapie, aux aguets, cavernicole. Nous avions plus d'un fond, et nous ne le savions pas !

À mon tour, par mimétisme sans doute, je me surprends à l'observer : ses allers et retours, ses absences, cette aptitude qui est la sienne d'attraper au vol des impressions que moi, j'aurais négligées, ses airs de grand seigneur, qui plane au-dessus des contingences, son regard droit, fixe, acéré de chasseur, sa pensée toujours en incursion, son recul, son singulier recul, cette façon surtout qu'il a de me faire passer, moi, pour *excentrique* à mes propres yeux. Excentrique ! Excentrique, moi, chez moi ! Délocalisé ! Chez moi ! Et finalement, même s'il ne le dit pas, subalterne. Comme si je prenais trop de place dans cette maison, qui est la mienne, où je l'ai introduit, où je lui ai ménagé une place. Mais je note. Je prends bonne note. Je garde des traces. Qu'un jour, me dis-je, cela pourra servir.

Plus je l'observe, plus il m'observe. Des pans entiers de moi, dans ces moments-là, y passent. Vous avez remarqué comme une chiquenaude nous envoie dans les cordes. Il m'arrive, en faisant du yoga, de me confondre avec le tapis qui me porte. Nous sommes tellement poreux… Un jour, je le pressens, mon ami l'observateur pourra se passer entièrement de moi, dans ses grands empans de conscience. À la fin, c'est sûr, nous finirons à l'unisson, comme nous avons commencé. De quel côté, je ne vous le dis pas.

Entre nous, en ce jour, il n'y aura plus de rideau.

Deux oiseaux sont posés sur une même branche, raconte une vieille histoire indienne. L'un s'agite beaucoup, picore les fruits de l'arbre, suit des yeux les insectes qui passent. L'autre demeure immobile et silencieux : il observe. Voyant son ami si sage, le premier oiseau éprouve un sentiment de gêne puis de honte. Il se lamente de son absence de « seigneurie », dit une Upanishad. Progressivement, il se calme. Il se pose. À son tour, il devient silencieux. Puis un jour, il réalise que son ami et lui ne font qu'un. Et qu'il en a toujours été ainsi. L'oiseau silencieux, c'était lui, c'était l'âtman.

Cette petite fable animalière éclaire le but de la méditation : se connaître soi-même.

Épilogue

Nous ne saurons jamais si George Mallory et Andrew Irvine furent les premiers hommes à fouler le sommet de l'Everest. Les deux Britanniques quittèrent leur camp à l'aube du 8 juin 1924. Ils furent aperçus en milieu de journée marchant d'un bon pas sur une crête proche du sommet, avant d'être engloutis par les nuages. Ensuite, plus personne ne les revit vivants. À un journaliste du *New York Times* qui lui demandait avant l'expédition pourquoi il avait formé le projet d'escalader l'Everest, Mallory avait simplement répondu : « Parce qu'il est là. »

Pourquoi écrire sur « Dieu » ? Parce qu'il est là. Il n'est pas là comme l'Everest, certes, il n'est pas là-haut, pas là-bas, pas massif, pas pentu, ni le contraire, mais il est là. Il a cet art-là, unique, bien à lui, d'être là. Quand on sort de la couche des nuages, il est là, accueillant, rayonnant, immuable, innommable.

Là ? Où, là ?

Oui, aujourd'hui, comme Mallory et son compagnon, nous n'y voyons goutte, nous tâtonnons, nous tournons en rond dans l'épaisseur des nuages lourds et gris, mais il peut arriver que nous percevions, de temps en temps, une brèche. Soudain, une ouverture. Nous nous écrions alors en pointant le rai de lumière : C'est là ! C'est là, les amis ! Et nous courons, nous nous pelotonnons dans le cercle lumineux que dessine le ciel sur la terre, comme les prisonniers de la Kolyma, pour avoir chaud un moment et voir clair. C'est pour de tels moments qu'on écrit.

Entre ici et là, c'est tranchant comme le fil du rasoir. Quand on est ici, dans le monde, sous la cloche des nuages, on n'a aucune idée de *là*. Et inversement. Un homme qui serait assez extravagant pour concevoir et cultiver le goût de l'absolu – dont Nietzsche disait que c'était le « pire des goûts » – se sentirait assez seul, ici. C'est pour l'être moins qu'on écrit.

Redisons-le une dernière fois car c'est important : il n'existe aucune raison impérative d'appeler l'essence des choses « Dieu ». On peut l'appeler « brahman », on peut l'appeler l'« Esprit » comme Philippa, *Gottheit* comme maître Eckhart, le « Bien » comme Platon, le « réel » comme certains soufis ou la *face nord*. Il n'a pas de nom pour toujours. Un chêne n'est pas moins chêne parce qu'on l'appelle *oak* ou *roble*. Peu lui chaut, au chêne, le nom qu'on lui donne. Cela ne change pas sa croissance, la poussée de sa sève, la chute de ses feuilles et de ses glands, la venue de l'automne.

Appelons-le, si vous le voulez bien, appelons-le pendant un moment, l'objet de notre recherche, *cela*. Faisons comme si le mot le plus ancien pour désigner l'essence intime des choses, le mot des Upanishads qui a traversé trois millénaires, était aussi le plus moderne. Qu'avons-nous appris sur *cela* au terme de notre enquête ? *Cela* est le réel. Pas le réel du journal de vingt heures, de la politique, de l'économie et du spectacle, pas celui de M. Bertin ou de M. Tata. Non, ça ce sont les nuages. Ils nous cachent la vue. *Cela* est le « vrai réel », celui que le roi de l'Hindoustan Brhadratha va chercher dans la forêt, attaquée aujourd'hui de toutes parts par les bulldozers de M. Bertin.

Cela est caché, secret même, tellement caché que nous oublions souvent qu'il y a un secret. *Cela* est de nature entière, sans gradation ni mélange. Cela est la liberté, noyau de l'être. Au-delà de nos libertés nationales, politiques, sociales, pour lesquelles nous sommes légitimement si pointilleux, il existe un absolu de la liberté. Nous l'avons oublié en Occident. *Cela* n'est pas objet de connaissance mais d'expérience. *Cela* est étrange, sans équivalent dans notre monde, hors série. On bascule dans la sphère de *cela*, on est happé, disent les maîtres du yoga. Comment, pourquoi, par qui ? On ne sait pas.

Parvenir à cela : réussite. Attention, vous qui courez vers ce qu'on appelle ordinairement la « réussite », c'est de l'autre côté qu'il faut chercher, dans l'autre direction qu'il convient de courir. Rebroussez chemin pendant qu'il est encore temps. Savez-vous d'où provient notre mot français « réussir » ? Par une heureuse coïncidence linguistique, il provient du mot italien *uscire,* qui signifie « sortir ». L'oiseau qui sort de sa cage a réussi son coup. Le prisonnier qui sort de la caverne aussi. Et s'il peut en aider d'autres à sortir avec lui, comme Ibn 'Arabî au « jour du Jugement », tant mieux.

Disparu, le disparate : on est sorti.

« C'est le plus grand de tous les gains, et le trésor auprès duquel tous les trésors perdent leur valeur », affirme la *Gîtâ*.

Réussite. Réussite. Réussite !

C'est quand on commence à entrevoir cela, dit Platon, que la vie vaut la peine d'être vécue (il ne dit pas « cela »). Et c'est pourquoi cela vaut d'être pensé. Il se pourrait même que rien ne vaille autant d'être pensé aujourd'hui. Pour penser cela, on écrit.

Pas facile, la réussite. La taupe n'est jamais plus à l'aise que dans sa taupinière, écrit Nietzsche, ce naturaliste douteux. C'est mon expérience. Je n'ai plus le goût d'être ailleurs qu'ici. Est-ce une définition de la vieillesse ? Le véritable progrès est ailleurs : j'accepte mon obscurité, c'est le seul moyen que j'ai trouvé d'y voir clair. Et il m'arrive aussi, en faisant des efforts, d'accepter celle des autres : quelle lumière on y découvre alors ! Pour le reste, je me tiens à carreau, je n'en mène pas large, non, comme ce poulet qui n'ose sortir du cercle de craie qu'un philosophe ingénieux a tracé autour de lui. C'est ainsi qu'il faut entendre le mot « islam » : non comme une « soumission », selon la traduction ordinaire de ce mot – et surtout pas une soumission aux docteurs de la loi –, mais comme le fait de ne pas en mener large, ni parler trop fort ni trop haut, comme le fait de demeurer dans son cercle à soi, profil bas, dessaisi, sans faire le malin, sans parader, parce que l'on a pressenti au-delà du cercle, derrière notre dos, quelque chose d'énorme et de mystérieux, d'infiniment plus vaste que nous et que tout ce que l'on imaginait, à quoi il faut être très attentif. Et à quoi l'on peut faire confiance.

Allons maintenant au plus simple : tapez sur votre clavier « Hopper *Morning Sun* ». C'est à portée de main.

Observez un moment ce célèbre tableau d'Edward Hopper (peut-être pouvez-vous le laisser en fond d'écran, comme je l'ai fait moi-même). La femme est figée, « genre égyptien », comme dit le Douanier Rousseau du style Picasso. Elle est entre deux âges, en arrêt, de profil, une ouvrière du textile peut-être, assise sur un lit, portant une chemise de nuit rose carmin, joue rentrée, une pommette saillante (l'autre, on ne sait pas), bras nus posés sur ses jambes nues. Elle sort de quelque chose, d'un rêve peut-être, d'un cauchemar ou d'une nuit agitée, comme l'histoire. Elle semble vannée, sans illusions. Le mur est nu aussi. Elle regarde par la fenêtre, par l'encadrement de laquelle elle peut voir d'autres fenêtres, à perte de vue, et un château d'eau, sous le ciel. Elle attend patiemment. Quoi ? Quelque chose s'annonce là – devant elle, la femme vannée, meurtrie, devant nous aussi, meurtris par l'histoire, quelque chose est annoncé par Edward Hopper, délibérément ou non je ne sais pas, plutôt non je dirais, quelque chose est là, à venir, annoncé dans ce tableau, drôlement là, en gestation, sans nom, qui pointe là, d'annoncé, à elle, à nous, par lui, Hopper, délibérément ou non, quelque chose là d'*absolument moderne,* dont vient maintenant le tour.

La femme attend. Quelque chose est annoncé. Qui pointe, qui vient. Quelque chose se lève, dont le soleil lui est l'image, dont le désert lui est l'image, dont l'éléphant lui est l'image, de sorte que l'on peut l'appeler simplement « Lui ».

Quelque chose qui croît, transparaît, réchauffe. On n'est pas sûr encore, mais ce serait bien si c'était cela, si c'était lui.

APPENDICE

Entre les lignes

Prologue

La caverne

P. 11. Le mythe de la caverne figure au livre VII de *La République* (514 a – 517 a). La version que je présente ici est considérablement simplifiée.

Les noms

P. 17. Une question a surgi à propos des noms de Dieu : faut-il leur mettre ou non une majuscule ? Dans cette affaire épineuse, j'ai procédé de façon subjective. Considérant que trop de révérence tue la révérence, j'ai omis la majuscule aux noms divins en français, sauf quand celle-ci m'a semblé utile pour faire ressortir la force d'impact du mot ou quand l'usage l'imposait (comme c'est le cas du nom « Dieu »). En revanche, j'ai toujours mis une majuscule aux noms divins transcrits de l'arabe (*al-Haqq, ar-Rahmân, ar-Rahîm*), suivant ainsi l'exemple de plusieurs islamologues.

Le soleil noir

P. 17. « En Dieu, dit maître Eckhart, il n'y a ni "bon", ni "meilleur", ni "le meilleur". Qui affirmerait que Dieu est bon lui ferait tort tout comme celui qui dirait que le soleil est noir » (« *Comme une étoile du matin* », in *Sermons, traités*, trad. fr. Paul Petit, Gallimard, coll. « Tel »).

Socrate

P. 19. Socrate est comparé au sage indien dans un livre de Roger Godel, *Socrate et le sage indien*, Les Belles Lettres. On pourrait également comparer Socrate le silène au sage taoïste, lequel, « rude vêtu, garde un jade en son sein » (Lao Tseu, *Tao-tê-king*, chap. 70, trad fr. François Houang et Pierre Leyris, Seuil).

I. COMMENT CHERCHER L'ÉLÉPHANT

1. Histoire d'un roi de l'Hindoustan

Dieu, l'aimé universel

P. 25. Évoquant Dieu comme aimé par essence, une Upanishad dit précisément : « Ce n'est pas pour l'amour du mari que la femme aime son mari, c'est pour l'amour de l'âtman. Ce n'est pas pour l'amour de l'épouse que le mari aime son épouse, c'est pour l'amour de l'âtman qui est dans l'épouse. Ce n'est pas pour l'amour de ses fils qu'un homme chérit ses fils, c'est pour l'amour de l'âtman qui est dans les fils. Ce n'est pas pour l'amour des richesses que l'on aime les richesses, mais c'est pour l'amour de l'âtman que la richesse est chérie… Ce n'est pas pour l'amour des mondes que l'on aime les mondes, c'est pour l'amour de l'âtman qui est dans les mondes. Ce n'est pas pour l'amour des dieux que les dieux sont aimés, c'est pour l'amour de l'âtman qui réside dans les dieux… » (*Brhadâranyaka Upanishad,* deuxième leçon, IV, 5).

La perle

P. 25. La citation exacte de Rûmî est : « Comment pourrait-on parvenir à la perle en regardant simplement la mer ? Il faut un plongeur pour trouver la perle » (*Le Livre du Dedans*, trad fr. Eva de Vitray-Meyerovitch, Actes Sud, coll. « Babel »).

Le sage Maitrî

P. 28. La datation de la *Maitrî Upanishad* est très incertaine, comme celle des autres Upanishads. Elle doit son nom au sage Maitrî qui enseigne à Sâkâyanya la « science de toutes les Upanishads », c'est-à-dire la science du brahman-âtman. Une fois cette science connue, tout le reste est connu.

Le Dévorateur

P. 30. En restant mille jours bras tendus vers le soleil, forme particulière de *tapas*, le roi peut se prévaloir d'une illustre tradition remontant à Atri, l'un des sept grands sages qui voient le Veda (la révélation des hindous) au début de chaque cycle cosmique. Selon une antique légende, Atri, dit le Dévorateur, demeura trois mille ans bras levés vers le ciel. On aurait dit « un morceau de bois, un mur ou un rocher », indique le *Vâyu Purâna* (cité par Roberto M. Calasso, *L'Ardeur*, trad. fr. Jean-Paul Manganero, Gallimard). Un jour, des yeux du Dévorateur commença à couler, comme une larme de joie, le suc qui donne l'ivresse : le Soma, plante qui fait les yeux émerveillés, dieu des prodigieux raccourcis.

2. *Philosophie et religion*

L'arrêt

P. 32. La définition du yoga comme « arrêt des fluctuations mentales » (*yogash chitta-vritti-nirodha*) figure dans la section I, 2 des *Yoga sûtras* de Patanjali. Le mot *vritti* est parfois traduit par « modification » ou « transformation ». *Chitta* désigne l'ensemble des activités psychiques ; ce mot est parfois traduit par « mental ». *Nirodha* est dérivé du mot *niruddham* qui signifie « restreint, contrôlé, arrêté ». Le yoga est ainsi la poursuite d'un *état mental non modifié.* Dans le *Timée*, Platon définit cette variété de yoga nommée « philosophie » comme la stabilisation des mouvements vagabonds de l'âme : « Ce n'est qu'après avoir étudié à fond les mouvements célestes, après avoir acquis le pouvoir de les calculer correctement en conformité avec ce qui se passe dans la nature et après avoir imité les mouvements du dieu, *mouvements qui n'errent absolument pas*, que nous pouvons stabiliser les mouvements qui en nous ne cessent de vagabonder » (47 c).

II. QUELQUES INDICES

1. *L'éléphant nommé « Dieu »*

Soixante-dix mille voiles

P. 40. L'idée selon laquelle la lumière divine parvient à nous filtrée et tamisée par des voiles fait allusion au hadîth (tradition prophétique) suivant : « Allâh a soixante-dix mille voiles de lumière et de ténèbres. S'il les relevait, les gloires transcendantes de sa face consumeraient toutes choses que son regard atteint. »

La piété : affaire d'intérêt

P. 41. La citation exacte d'Épictète est la suivante : « Tout être vivant cherche son intérêt et la piété est toujours liée à l'intérêt » (*Manuel*, 31, 3-4, trad. fr. Pierre Hadot, Le Livre de poche).

Comment s'y prendre avec Dieu

P. 42. La vision d'Ibn 'Arabî, qui figure dans le *Livre des visions*, est rapportée par Claude Addas, *Ibn 'Arabî ou la quête du Soufre Rouge* (Gallimard). Je l'ai lue puis je l'ai laissée retomber, attendant qu'elle germe, comme une fleur au printemps. Alors je l'ai recueillie. Ce n'était plus tout à fait la même. De façon générale, c'est ainsi que je raconte les histoires de ce livre : avec mes mots et mon cœur, mais en m'efforçant de ne pas en trahir la substance.

Comment Dieu écrit

P. 44. L'image de Dieu écrivant droit par des lignes courbes fait référence au célèbre proverbe hispano-portugais cité par Paul Claudel dans *Le Soulier de satin* : *Deus escreve direito por linhas tortas.*

Une citation coranique

P. 44. « Le jour où (le tremblement de l'Heure dernière) se produira, la nourrice oubliera son nourrisson » (Coran 22, 2).

L'intense solitude

P. 44. Le philosophe selon qui il y a trois moments où l'âme ressent une intense solitude est Sufyân Ibn 'Ubayda : « La créature est dans la pire des solitudes dans trois circonstances : le jour de son enfantement car elle voit son âme s'en aller de là où elle se trouvait ; le jour de sa mort car elle voit des êtres inconnus d'elle auparavant ; le jour de sa résurrection car elle verra son âme dans un rassemblement immense » (cité par Fakhr ad-Dîn Ar-Râzî, *Traité sur les noms divins,* t. II, trad. fr. Maurice Gloton, Dervy Livres).

Grandeur

P. 48. Olivier Lacombe, à qui j'emprunte la citation de Shankara, observe que cette notion de grandeur intensive, qui contient éminemment la grandeur extensive plutôt qu'elle ne s'y oppose peut signifier l'« aspect positif de l'infini » *(L'Absolu selon le vedânta. Les notions de brahman et d'âtman dans les systèmes de Shankara et Râmânuja*, Librairie orientaliste Paul Geuthner).

Une réalité sans nom

P. 50. Dans la famille des définitions larges du soufisme, il en existe une autre, désabusée, que nous devons à Al-Hujwîrî, soufi persan qui vécut au XIe siècle : « Le soufisme est aujourd'hui un nom sans réalité alors que c'était autrefois une réalité sans nom. » La déchéance des « gens de la Voie » – les soufis – est une plainte récurrente parmi ceux-ci.

2. L'éléphant nommé « réel »

Dieu identique au réel

P. 56. Le Coran atteste à maintes reprises l'identité entre Allâh et *al-Haqq*, par exemple dans les deux paroles suivantes : « Tous seront ramenés à Allâh, leur maître très proche, *al-Haqq*, et loin d'eux ira s'égarer ce qu'ils avaient imaginé » (10, 30) ; « Voilà Allâh, votre Seigneur, *al-Haqq*. Qu'y a-t-il donc hors *al-Haqq*, sinon l'égarement ? » (10, 32). De la même façon, l'hindouisme identifie le brahman au réel : « Le nom de ce brahman est *satya* », lit-on dans la *Chândogya Upanishad* (VIII-3-4) ; « Brahman est *satya* », dit la *Taittirîya Upanishad* (II, 1).

III. EXISTE-T-IL SEULEMENT ?

1. Pourquoi Dieu n'existe pas

Le langage défectueux

P. 63. Socrate dit du langage défectueux : « Sache bien en effet, excellent Criton, qu'un langage impropre n'est pas seulement défectueux en soi mais qu'il fait encore du mal aux âmes » (Platon, *Phédon,* 115e, trad. fr. Émile Chambry, Garnier-Flammarion).

Le rien

P. 64. Pour Basilide, maître gnostique qui enseigna à Alexandrie, le rien est l'essence de la réalité : « Il fut un temps où rien n'était. Quand je dis rien, cela ne signifie pas qu'il n'y avait rien, cela veut dire nettement, crûment, totalement que le rien lui-même n'existait pas » (cité par Jacques Lacarrière, *Les Gnostiques,* Gallimard, coll. « Idées »). Basilide parle à l'imparfait mais ce rien – rien de rien – n'entre pas dans les catégories du temps, qui en feraient forcément quelque chose de concevable (appartenant au passé, au présent ou à l'avenir) et donc pas rien. Or ce rien est si intensément rien qu'il irradie sa nature de rien au reste, à tous ces temps catégoriels, qui ne sont rien au fond, comme nous. Logiquement, Basilide nomme Dieu

« celui qui n'est pas ». Dieu n'est même pas ineffable, ce serait encore trop dire. Il est juste rien.

L'existence

P. 64. Dans une leçon sur l'être, Heidegger dit ceci : « "Existence", "exister" veut dire précisément pour les Grecs : ne-pas-être. L'indigence de pensée et la terne platitude avec lesquelles on dit "existence", "exister" pour désigner l'être attestent une fois de plus à quel point l'être nous est devenu étranger, et à quel point nous sommes loin de l'interpréter dans toute sa vigueur originale, avec tout son relief » (*Grammaire et étymologie du mot « être ». Introduction à la métaphysique*, chap. II, trad. fr. Pascal David, Seuil).

3. Maître Eckhart : dans le fond et le tréfonds

Dieu passe

P. 74. « Naturellement, Dieu se tient à des milliers de lieux au-dessus de lui (l'homme) : mais Dieu lui aussi devient et passe ! » (maître Eckhart, « De la sortie de l'esprit et de son retour chez lui », in *Œuvres. Sermons-traités*, trad. fr. Paul Petit, Gallimard, coll. « Tel »).

Unité divine

P. 75. Parmi les vingt-huit articles condamnés par la bulle de Jean XXII, nous pouvons lire cette affirmation claire et sans ambiguïté de l'unité divine, que pourrait adopter tout hindou ou musulman, et qui pourrait ainsi servir de base solide au dialogue dit « œcuménique ». Voici cet article (numéro 23) : « Dieu est un sous toutes les formes et sous tous les rapports, en sorte qu'il ne peut être trouvé en lui nulle pluralité réelle ou de raison ; quiconque voit dualité ou voit distinction ne voit pas Dieu, car Dieu est un, hors du nombre et au-dessus du nombre et il ne compose pas l'unité avec qui que ce soit. Il s'ensuit qu'il ne peut y avoir aucune distinction en Dieu lui-même et qu'on ne peut en comprendre aucune », *in* maître Eckhart, *Œuvres*, *op. cit.*).

Nature originelle

P. 77. La notion de « nature originelle » (*archaia phusis*), à quoi fait écho la notion eckhartienne de « fond originel » (*grunt*), figure dans plusieurs dialogues platoniciens, le *Timée, La République, Le Banquet*, ainsi que dans le *Traité 9* de Plotin, où il est dit que la nature originelle de l'âme coïncide avec « ce qu'on pourrait appeler le centre de toutes choses » (8, 14-15, trad. fr. Pierre Hadot, Cerf). On peut hasarder cette idée que la nature originelle de l'âme est Dieu tout comme la nature originelle de Dieu est la Déité.

IV. FRAGMENTS D'ÉLÉPHANT

1. L'homme relié

Le ciel

P. 91. Les propos de Pythagore sont rapportés ainsi : « Parmi ce qui existe, qu'est-ce donc ce pour quoi la nature et la divinité nous ont engendrés ? Interrogé là-dessus, Pythagore répondit : "Pour contempler le ciel." Et lui-même déclarait être un contemplateur de la nature et être venu à la vie en vue de cela » (Aristote, *Invitation à la philosophie. Protreptique*, trad. fr. Jacques Follon, Gallimard, coll. « Folio plus philosophie »).

P. 91. L'anecdote de l'apprivoisement de l'ours figure dans la *Vie de Pythagore* de Jamblique, celle de l'apprivoisement de l'aigle dans la « Vie de Numa » de Plutarque : « Pythagore avait apprivoisé un aigle qu'il faisait venir par le moyen de certaines paroles, et qui volait au-dessus de sa tête » (*Vies des hommes illustres*, t. II, trad. fr. Dominique Ricard, Bureau des éditeurs).

Yoga

P. 94. On trouve chez Mircea Eliade l'étymologie du mot « yoga » : « Il dérive de la racine *yuj*, qui signifie "lier ensemble", "tenir serré", "atteler", "mettre sous le joug", qui commande aussi le latin *jungere*, *jugum*, l'anglais *yoke*, etc. » (*Le Yoga, immortalité et liberté*, Petite bibliothèque Payot).

2. Fragment numéro un : l'hindouisme

L'hindou vit dans l'éternité

P. 97. La citation d'Alain Daniélou figure au début de l'ouvrage intitulé *Les Quatre Sens de la vie* (Buchet-Chastel). Les premières lignes de ce livre sont les suivantes : « L'hindou vit dans l'éternité. Il est profondément conscient de la relativité de l'espace et du temps, du côté illusoire du monde des apparences. Il n'attache donc qu'une importance secondaire aux événements auxquels il participe. »

Clarté de la langue indienne ?

P. 113. Schlegel écrit qu'« il n'existe peut-être aucune langue, sans en excepter même la langue grecque, qui possède la clarté et la précision philosophique de l'indien » (*Essai sur la langue et la philosophie des Indiens*, cité par Roger-Pol Droit, *L'Oubli de l'Inde*, Seuil, coll. « Points essais »).

3. Fragment numéro deux : l'islam

N'approchez pas de l'arbre

P. 120. Le rapprochement effectué par Ibn 'Arabî entre l'arbre (*shajara*) du paradis et l'enclenchement d'un processus de division (*tashâjur*) figure dans le chap. II des *Futûhât* (cité par Michel Chodkiewicz, *Un océan sans rivage. Ibn 'Arabî, le Livre et la Loi*, Seuil).

D'où vient notre bougeotte ?

P. 124. Jean Chardin, en 1711, observe que seuls les Européens voyagent par curiosité. Il attribue cette bougeotte au climat : « Comme notre air concentre davantage la chaleur naturelle, il rend le sang plus bouillant : ce qui communique à nos esprits ces mouvements inquiets dont ils sont agités. Or, c'est à nos besoins d'un côté et de l'autre à notre inquiétude naturelle que je rapporte notre inclination à voyager… Une des observations que l'on peut faire là-dessus, c'est qu'entre tous les peuples de l'Europe ce sont ou les plus nécessiteux ou les plus inquiets qui voyagent le plus » (*Voyages en Perse,* 10/18).

La Shahâdah

P. 129. Mon interprétation des « deux *Shahâdah* » s'inspire de celle de Frithjof Schuon, que voici : « Réaliser la première *Shahâdah,* c'est avant tout devenir pleinement conscient de ce que le Principe est seul réel et que le monde, tout en "existant" à son niveau, "n'est" pas, c'est donc, en un sens, réaliser le vide universel. Réaliser la seconde *shahâdah,* c'est avant tout devenir pleinement conscient de ce que le monde – la manifestation – n'est autre que Dieu ou le Principe, car dans la mesure où il a de la réalité, celle-ci ne peut être que celle qui "est", c'est-à-dire qu'elle ne peut être que divine ; c'est donc voir Dieu partout et tout en lui » (*Comprendre l'islam*, Seuil, coll. « Points sagesses »).

Dos et ventre

P. 136. Le hadîth selon lequel le Coran a « un extérieur et un intérieur – littéralement un dos et un ventre –, une limite et un point d'ascension » est rapporté par Ibn Hibbân (mort en 965) dans son *Sahîh*, l'un des derniers recueils originaux de hadîths (cité par Abd el-Kader, *Écrits spirituels*, trad. fr. Michel Chodkiewicz, Seuil).

Hara

P. 138. Les indications sur le *hara*, point d'ancrage de l'être dans la vision traditionnelle du Japon, figurent dans l'ouvrage de Karlfried Graf Dürckheim, *Hara, centre vital de l'homme,* trad. fr. Claude Vic, Le Courrier du livre.

« Le véritable Mahomet »

P. 145. La vision de Swedenborg sur le prophète se trouve dans *De Vera Christiana Religio* (1 770), où on lit ceci : « Le véritable Mahomet, celui qui rédigea le Coran, a cessé d'être visible à ses adeptes. On m'a dit qu'au commencement il les présidait, mais qu'il prétendit les dominer et qu'il fut exilé dans le Sud. Une communauté de musulmans fut poussée par les démons à reconnaître Mahomet comme Dieu. Pour apaiser ce trouble, Mahomet fut extrait des enfers et on l'exhiba. C'est en cette occasion que je le vis. Il ressemblait aux esprits incarnés qui n'ont pas de perception interne et son visage était très obscur. Il put articuler ces mots : “Je suis votre Mahomet” et il disparut immédiatement. »

L'homme misérable

P. 146. Vous trouverez l'histoire du prophète et de son compagnon, le pauvre misérable en tout, sauf en cela précisément qu'il se reconnaît misérable, dans *Le Livre du Dedans* de Rûmî (*op. cit.*). Je la rapporte ici légèrement modifiée.

4. L'expérience insigne

Éleusis

P. 151. Le cycéon est le breuvage que consommaient, après avoir jeûné, les initiés lors de la célébration des mystères d'Eleusis. L'hypothèse a été avancée que l'ergot de seigle, aux propriétés hallucinogènes, entrait dans sa composition. La vérité est que l'on n'en sait rien.

Tawhîd ésotérique

P. 152. Mon attention a été attirée sur la distinction entre *tawhîd* « ésotérique » et « exotérique » par Henry Corbin, qui écrit ceci en introduction au livre de Rûzbehân, *Le Jasmin des fidèles d'amour* (Verdier) : « Le jeune Rûzbehân ignore encore tout des difficultés théologiques qui se sont accumulées autour du *tawhîd,* la profession de foi énonçant la conception monothéiste de l'islam. Il serait encore incapable d'énoncer la différence entre le *tawhîd* exotérique, le monothéisme tel que l'entend la religion officielle et légalitaire, et le *tawhîd* ésotérique, le "théomonisme" tel que le comprend la théosophie du soufisme. » Remarquons-le bien, le *tawhîd* ne pose aucune difficulté théologique pour ceux qui en font l'expérience. Ils sont étrangers à toute difficulté théologique. L'idée qu'il existe une quelconque difficulté, dans un domaine de pensée qui s'appellerait « théologie », ne les effleure même pas. Ils sont à mille lieues des théologiens, comme Dieu lui-même. Henry Corbin, dans l'ouvrage cité, définit le *tawhîd* comme l'« attestation de l'unique ». Cette attestation peut venir des lèvres, c'est le *tawhîd* exotérique. Elle peut venir du cœur, c'est le *tawhîd* ésotérique.

Mort imminente

P. 152. Les expériences de mort imminente (EMI), en anglais *near death experience (*NDE), sont rapportées par des femmes et des hommes qui ont approché la mort puis sont revenus à la vie, souvent après avoir été plongés dans le coma. Les EMI ont donné lieu à un grand nombre d'articles, de livres, de recherches. Les visions expérimentées dans l'intervalle entre vie et mort se font souvent écho et elles sont dans l'immense majorité des cas positives.

Nirvâna et fanâ

P. 153. Annemarie Schimmel écrit sur la distinction entre *fanâ* et *nirvâna* : « Certains savants ont tenté de mettre en équivalence *fanâ* et le concept hindou ou bouddhiste de *nirvâna*, mais c'est incorrect. Ce n'est pas l'expérience d'une libération du cycle douloureux de l'existence, puisque l'islam n'a pas l'idée du karma et accepte la réalité de l'âme individuelle » (*Le Soufisme ou les dimensions mystiques de l'islam*, trad. fr. Albert Van Hoa, Cerf). Personne n'irait entrer dans une controverse avec une spécialiste aussi éminente que Mme Schimmel, mais il est bien clair que l'islam, même s'il n'a pas le mot, possède la notion de rétribution, donc de karma, et que l'affirmation centrale de l'unité de Dieu, équivalent au réel (*al-Haqq*), relativise la réalité de l'âme individuelle.

Les supports de l'illusion

P. 154. L'image des lunettes à double verre est empruntée à ce texte de Schopenhauer : « En réalité, la naissance constante de nouveaux êtres et l'anéantissement constant des êtres existants doivent être regardés comme une illusion produite par un appareil de deux verres polis (fonctions du cerveau), par lesquels seuls nous pouvons voir quelque chose. Ils se nomment espace et temps et, dans leur pénétration réciproque, causalité. Car tout ce que nous percevons dans ces conditions est un simple phénomène ; mais nous ne connaissons pas les choses telles qu'elles peuvent être en elles-mêmes, c'est-à-dire indépendantes de notre perception » (« Sur la doctrine de l'indestructibilité de notre être réel par la mort », in *Parerga et Paralipomena*, trad. fr. Auguste Dietrich, Alcan).

Le vrai philosophe

P. 156. Nietzsche écrit à propos du « vrai philosophe » : « Aujourd'hui lorsqu'on entend dire de quelqu'un qu'il vit "en sage" ou "en philosophe", l'éloge ne signifie guère plus que ceci : "C'est un homme avisé et prudent qui se tient à l'écart." Pour le populaire, la sagesse est une espèce de fuite, un moyen et un art de tirer son épingle d'un jeu dangereux ; mais le vrai philosophe – n'est-ce pas notre sentiment, mes amis ? – mène une vie "non philosophique" et "non sage", avant tout une vie imprudente ; il assume le fardeau et le devoir des cent tentatives, des cent tentations de la vie : il se risque continuellement *lui-même*, il joue *le* jeu dangereux » (*Par-delà bien et mal*, trad. fr. Cornelius Heim, Gallimard, coll. « Folio essais »).

V. L'ÉLÉPHANT NOMMÉ « CELA »

1. « Tu es cela »

Le lièvre à sept peaux

P. 172. Nietzsche, comparant l'homme et le lièvre, écrit : « Mais comment nous retrouver nous-mêmes ? Comment l'homme peut-il se connaître ? Il est une chose obscure et voilée ; et si le lièvre a sept peaux, l'homme peut bien se dépouiller de soixante-dix fois sept peaux, il ne pourra pas encore se dire : "Voilà ce que tu es vraiment, ce n'est plus l'enveloppe... Car ton essence vraie n'est pas cachée au fond de toi, elle est placée infiniment au-dessus de toi ou du moins de ce que tu prends pour ton moi" » (« Schopenhauer éducateur », in *Considérations inactuelles III et IV*, trad. fr. Henri-Alexis Baatsch *et al.*,. Gallimard, coll. « Folio essais »).

2. L'éthique : une question de reconnaissance

Everest

P. 183. Les propos des deux Japonais, recueillis par le journaliste du *Financial Times*, Richard Cowper, sont cités dans le remarquable livre de Jon Krakauer, *Tragédie à l'Everest* (trad. fr. Christian Molinier, 10/18).

3. Cela ne pose pas de problème

La providence l'a dans le cul

P. 190. La citation de Voltaire est extraite de l'ouvrage de Dieter Gembicki, *Clio au XVIIIe siècle. Voltaire, Montesquieu et autres disciples* (L'Harmattan), où figure cette phrase : « Selon (Abraham) Freudenreich, Vernet est l'objet d'une raillerie assez lourde à propos du tremblement de terre de Lisbonne : "Il (Voltaire) a dit à M. Vernet que la providence en a dans le cul !" » Voltaire récuserait sans doute la paternité de ce mot.

Le monde ne peut être pire qu'il n'est

P. 191. La citation intégrale de Schopenhauer est celle-ci : « Or ce monde est disposé comme il devait l'être pour pouvoir subsister selon une exacte nécessité : s'il était légèrement plus mauvais encore, il ne pourrait déjà plus subsister. Il s'ensuit qu'un monde plus mauvais, ne pouvant subsister, n'est même pas possible ; ainsi, parmi les mondes possibles, il est lui-même le pire » (« De la vanité et des souffrances de la vie », in *Le Monde comme volonté et représentation*, trad. fr. Marianne Dautrey *et al.*, Gallimard, coll. « Folio essais »).

VI. QUI A CACHÉ L'ÉLÉPHANT ?

1. Illusion

La surimposition

P. 197. La définition de la surimposition (*adhyâsa, adhyâropa*) comme une « présentation apparente en forme de mémoire, sur un autre fond objectif, de manières d'être déjà perçues antérieurement » figure dans la grande thèse d'Olivier Lacombe : *L'Absolu selon le vedânta. Les notions de brahman et d'âtman dans les systèmes de Shankara et Râmânuja, op. cit.* Olivier Lacombe commente ainsi : « Une présence s'offre qui emporte notre créance, convainc notre sens du réel, et pourtant ce n'est qu'apparence et illusion destinées à s'évanouir devant une réalité plus authentique. »

2. Réalisation

Le Réalisateur

P. 204. La citation complète de maître Eckhart est : « Il n'y a rien en Dieu qui détruise ce qui a un être quelconque, mais il est un réalisateur de toutes choses » (*Instructions spirituelles,* Gallimard, coll. « Tel »).

Trois variantes

P. 204. Vous trouverez la phrase de Issa à laquelle ce chapitre est consacré dans les trois évangiles dit « synoptiques » (parce qu'ils se ressemblent), avec de menues différences : « Car à celui qui a l'on donnera, et à celui qui n'a pas on enlèvera même ce qu'il n'a pas » (Marc 4, 25) ; « Car à celui qui a l'on donnera, et à celui qui n'a pas on enlèvera même ce qu'il croit avoir » (Luc 8, 18) ; « Car à tout homme qui a l'on donnera, et il aura du surplus ; mais à celui qui n'a pas, on enlèvera même ce qu'il a » (Matthieu 25, 29).

3. Ti, une syllabe à la peine

Satyam

P. 208. La *Brhadâranyaka Upanishad* dit ceci : « À l'origine il n'y avait que les eaux. Les eaux produisirent le réel, le réel brahman, brahman Prajâpati, Prajâpati les dieux. Ces dieux ne connaissent que le réel. Ce réel compte trois syllabes, *sa-ti-yam.* La première et la dernière syllabe sont le réel, au milieu le faux (l'irréel) : ainsi l'irréel, encadré de part et d'autre par le réel, participe lui-même au réel. Le faux ne blesse pas qui sait ainsi » (V 1, trad. fr. Émile Senart, Les Belles Lettres).

VII. L'ÉLÉPHANT EN SITUATION DE MONOPOLE

1. L'unique dévorant

L'homme à l'heureux destin

P. 213. Dans un prologue au livre de Rûzbehân, *Le Jasmin des fidèles d'amour* (*op. cit.*), Henry Corbin donne les indications suivantes sur le grand soufi : il est né en 1128 à Pasâ, petite ville située à quelque cent quarante kilomètres au sud-est de Chiraz ; son nom est de pure consonance iranienne, il signifie « à l'heureux destin », « dont le jour est heureux », Rûzbehân, l'homme à l'heureux destin, est mort à Chiraz en 1209.

Combien de prophètes ?

P. 213. Le nombre de cent vingt-quatre mille prophètes, fréquemment mentionné par les historiens, figure dans les *Chroniques* de Tabari (IXe-Xe siècle). Dans *Les Sept Piliers de la sagesse*, T. E. Lawrence indique : « Les Arabes prétendent avoir fourni au monde quarante mille prophètes : nous possédons des témoignages historiques de quelques centaines au moins. Leurs vies ont toutes le même dessin. Ils naissent, non pas dans la solitude mais au sein d'une foule humaine. Un élan passionné et inintelligible les en chasse vers le désert. Ils passent là un temps plus ou moins long dans la méditation et le mépris des exigences corporelles. Enfin, leur inspiration ayant pris forme, ils s'en reviennent l'insuffler à leurs vieux compagnons assaillis de doutes » (trad. fr. Charles Mauron, Petite bibliothèque Payot). Notons qu'il n'y a pas de contradiction entre les deux nombres, le second ne concernant que les prophètes arabes, d'où nous pouvons déduire que les prophètes non arabes furent au nombre de quatre-vingt-quatre mille.

2. L'unique connaissant

Un enseignement de Paul

P. 216. Dans la première épître aux Corinthiens, Paul dit : « Lorsque j'étais enfant, je parlais en enfant, je pensais en enfant, je raisonnais en enfant ; une fois devenu homme, j'ai fait disparaître ce qui était de l'enfant. Aujourd'hui, certes, nous voyons dans un miroir, d'une manière confuse, mais alors ce sera face à face. Aujourd'hui, je connais de manière imparfaite ; mais alors je connaîtrai comme je suis connu » (13, 11-12).

Dieu est ignorant

P. 217. La « merveilleuse ignorance » divine fait référence à Scot Érigène : « Du fait de sa merveilleuse ignorance, Dieu ne se connaît pas lui-même », écrit le philosophe (*De la division de la nature. Livres I et II*, II, 590 d., trad. fr. Francis Berlin,

PUF). Schopenhauer, qui cite cette parole, commente que « la cognoscibilité en général, avec ses formes essentielles, c'est-à-dire toujours nécessaires, du sujet et de l'objet, n'appartient qu'au phénomène et non à l'essence en soi des choses » (*Le Monde comme volonté et représentation*, *op. cit.*).

3. L'unique agissant

La tragédie selon Nietzsche

P. 223. « Je crois que le Grec civilisé avait, à la vue du chœur satyrique, le sentiment d'être aboli, écrit Nietzsche. Tel est du reste l'effet le plus immédiat de la tragédie : l'État et la société, tout ce qui généralement, en fait d'abîme, sépare l'homme de l'homme, cède le pas devant un sentiment d'unité tout-puissant qui reconduit au sein même de la nature » (*La Naissance de la tragédie*, trad. fr. Michel Haar *et al.*, Gallimard, coll. « Folio essais »).

VIII. L'ÉLÉPHANT NOMMÉ TOUT AUTREMENT

1. Deux premières paroles éclatantes

Connaître, c'est relier

P. 230. À la fin du *Ménon*, Socrate souligne la différence entre les opinions, qui sont changeantes comme les statues de Dédale, et les connaissances qui demeurent stables : « Dès que les opinions ont été reliées, d'abord elles deviennent connaissances, et ensuite elles restent à leur place. Voilà précisément la raison pour laquelle la connaissance est plus précieuse que l'opinion droite et sache que la science diffère de l'opinion vraie en ce que la connaissance est lien » (98 a-c, trad. fr. Monique Canto-Sperber, Garnier-Flammarion).

La visite à Mme Récamier

P. 231. La parole de Chateaubriand est rapportée dans les *Mémoires d'outre-tombe.* Entre quelques mots sur Lucien, frère de Bonaparte, et sur Mme de Beaumont, il écrit ceci : « Christian de Lamoignon, mon camarade d'exil, me conduisit chez Mme Récamier : le rideau se baissa subitement entre elle et moi » (« Année de ma vie 1801 : Mme de Beaumont, sa société », II, 1).

Amoureux par essence

P. 233. À propos de Chateaubriand et de Rûmî, je note : *Quand ils ne sont pas amoureux, ils ne sont tout simplement pas eux-mêmes.* J'emprunte cette formulation à Sandrine Willems, qui dans son livre *Carnets de l'autre amour* (Les Impressions nouvelles) écrit ceci : « Quand je ne suis pas amoureuse, je ne suis pas moi-même. » Et précise : « Amoureuse, non comme un état, mais par essence. »

Bram

P. 235. Les paroles du peintre hollandais sont rapportées par Charles Juliet, *Rencontres avec Bram Van Velde* (POL).

2. Philippa : troisième parole éclatante

Mania

P. 247. Socrate, le plus sage des hommes, était conscient des liaisons intimes et dangereuses entre folie et sagesse. Dans le *Phèdre*, il dit ceci : « Le délire est pour nous la source des plus grands biens quand il est l'effet d'une faveur divine. C'est dans le délire en effet que la prophétesse de Delphes et les prêtresses de Dodone ont rendu maints éminents services à la Grèce, tant aux États qu'aux particuliers ; de sang-froid elles n'ont guère ou n'ont point été utiles. Ne parlons pas de la Sibylle et des autres devins inspirés par les dieux qui, par leurs prédictions, ont mis dans le droit chemin bien des gens » (XXII, 243 e, trad. fr. Émile Chambry, Garnier Flammarion).

IX. APPARITIONS FURTIVES

1. Le désert croît

Une pensée de Heidegger

P. 251. Commentant Nietzsche, Heidegger écrit ceci : « On trouve que le monde n'est pas seulement en dislocation, mais qu'il roule au néant du non-sens. Nietzsche dit – qui voyait bien au-delà de tout cela des sommets où il se tenait dans les années quatre-vingt du siècle passé –, Nietzsche dit sur ce sujet cette parole *simple parce que pensée* : “Le désert croît...” Ce qui veut dire : la désolation s'étend » (*Qu'appelle-t-on penser ?*, trad. tr. Aloys Becker et Gérard Granel, PUF).

2. Modernité

La modernité et les Lumières

P. 256. La définition que je propose de la modernité est un décalque de celle, fameuse, que Kant donna du mouvement des Lumières, si nous acceptons l'idée que l'« état de minorité » est aussi un état d'enfermement. Voici cette définition : « Les Lumières, écrit Kant, se définissent comme la sortie de l'homme hors de l'état de minorité où il se maintient par sa propre faute. La minorité est l'incapacité de se servir de son entendement sans être dirigé par un autre. Elle est due à notre propre faute quand elle résulte non pas d'un manque d'entendement mais d'un manque de résolution et de courage… *Sapere aude* ! Aie le courage de te servir de ton propre entendement ! Voilà la devise des Lumières ! » (« Réponse à la question : qu'est-ce que les Lumières ? », in *Œuvres philosophiques*, t. II, trad. fr. Heinz Wismann *et al.*, Gallimard, coll. « Bibliothèque de la Pléiade »).

X. LES YEUX OUVERTS

1. Méditation

Un aperçu de Michaux

P. 265. La stratégie du miroir, qui consiste à voir sans juger, est parfois nommée « observation nue ». Henri Michaux, ce voyant, avait compris le processus : « C'est le secret, celui de toute clairvoyance. Être très *éveillé* et suprêmement *détaché.* Il faut cesser, j'ai cessé d'être investigateur ; totalement (ou presque). Penser démobiliser, voilà ce qu'il faut » (« Survenue de la contemplation », in *Face à ce qui se dérobe*, Gallimard).

3. Méditation (suite et fin)

Action et contemplation

P. 271. La parabole des deux oiseaux a nourri la pensée et l'iconographie indiennes. Elle figure notamment dans la *Svetâsvara* et la *Mundaka Upanishad.* Elle est relatée de façon concise dans le *Rig-Veda* (hymne 1, 164) : « Deux oiseaux, un couple d'amis, sont perchés sur le même arbre. L'un d'eux mange une douce baie du *pippal* ; l'autre, sans manger, regarde. » Cette traduction figure dans *L'Ardeur* de Roberto Calasso (*op. cit.*), qui ajoute ce commentaire : « Il n'y a pas de révélation qui aille au-delà de celle-ci, tout élémentaire qu'elle soit. »

Table analytique

DU MÊME AUTEUR

Les choses comme elles sont.
Une initiation au bouddhisme ordinaire
Gallimard, « Folio essais », 2011

Composition Nord Compo
Impression CPI Bussière en mars 2016
Éditions Albin Michel
22, rue Huyghens, 75014 Paris
www.albin-michel.fr
ISBN : 978-2-226-32619-5
N° d'édition : 22140/01 – N° d'impression : 2020693
Dépôt légal : avril 2016
Imprimé en France